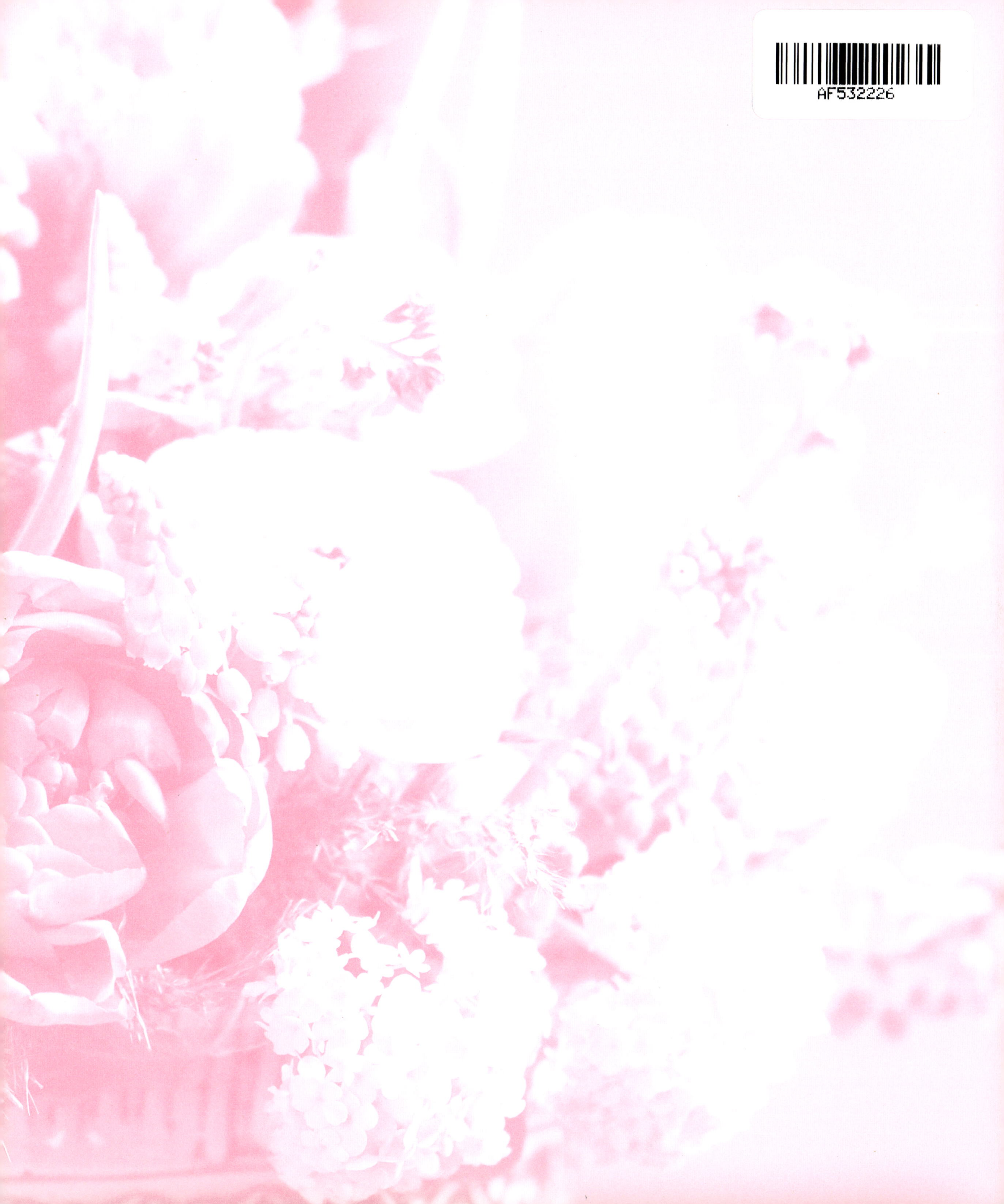

Carolin Wübbels

Die Blumen-binderin

Meine Blütenideen durchs Jahr

Sträuße, Kränze und Co.

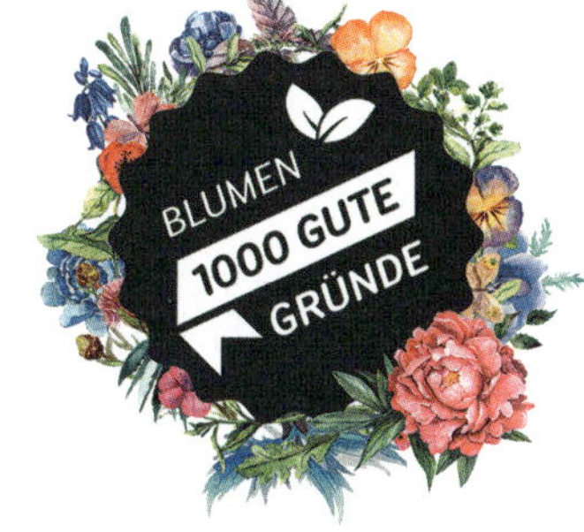

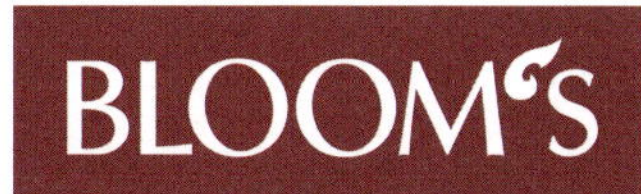

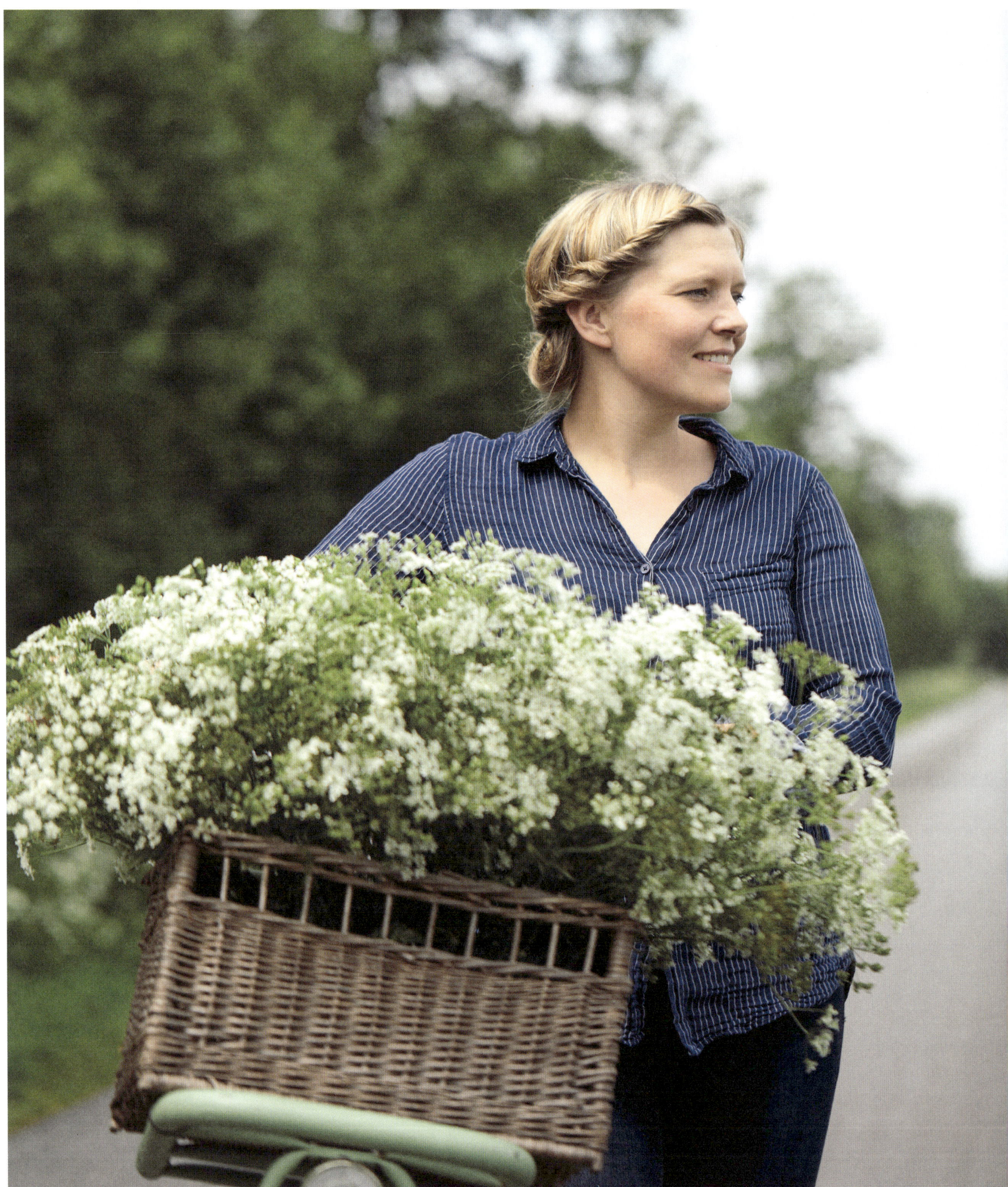

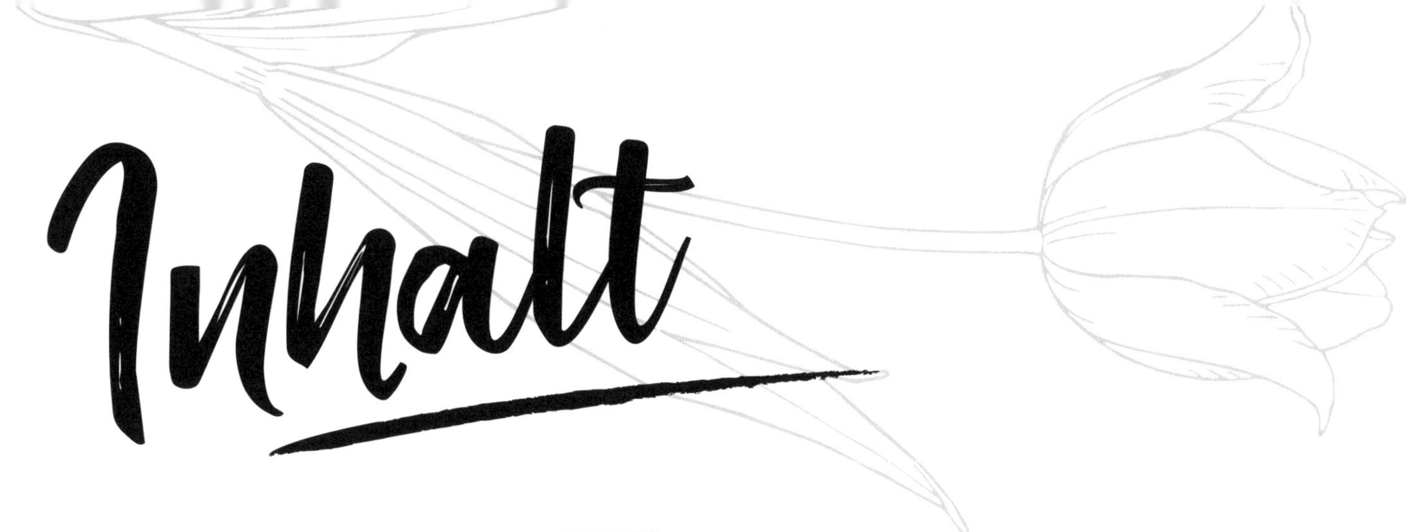

Inhalt

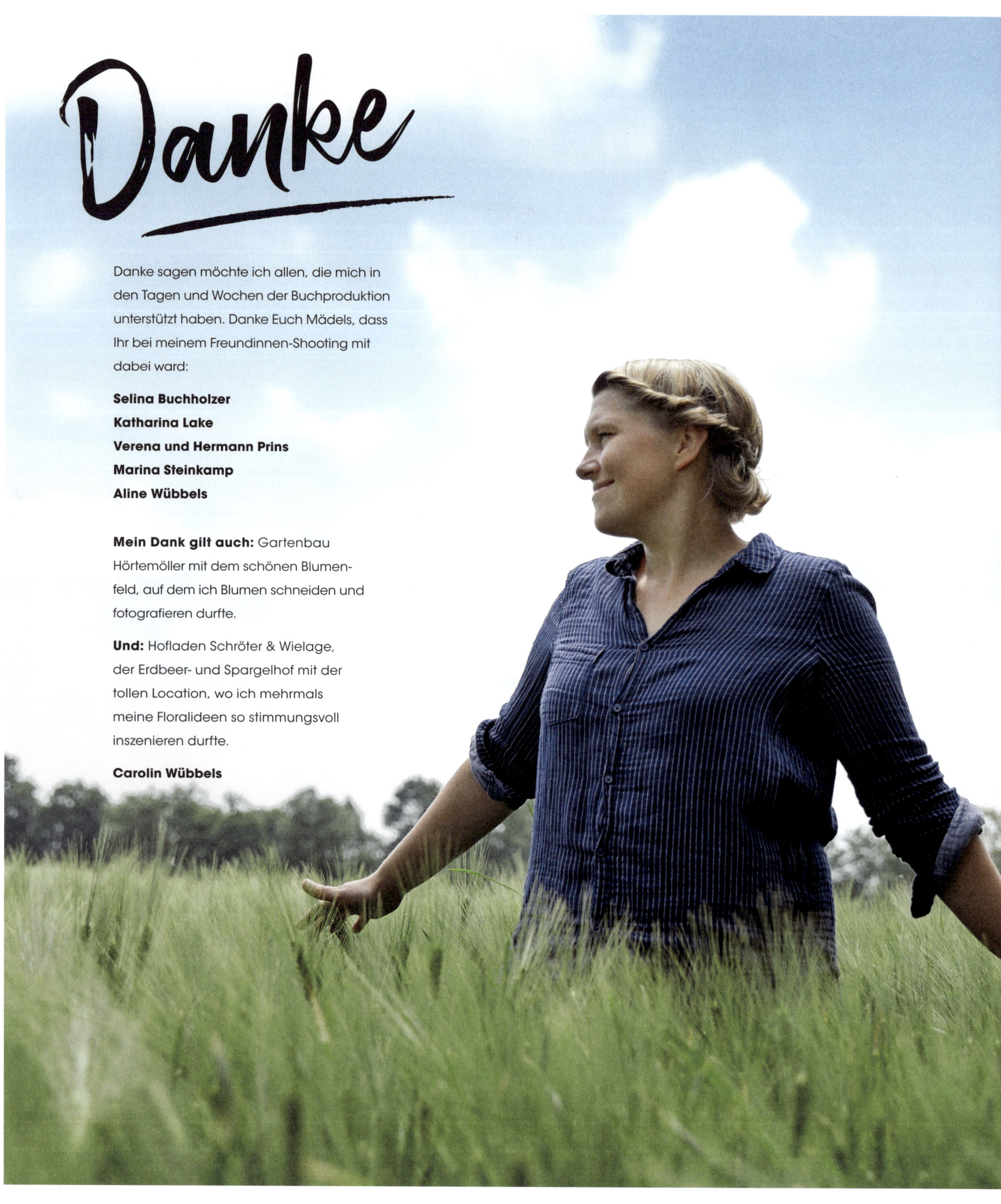

Danke

Danke sagen möchte ich allen, die mich in den Tagen und Wochen der Buchproduktion unterstützt haben. Danke Euch Mädels, dass Ihr bei meinem Freundinnen-Shooting mit dabei ward:

Selina Buchholzer
Katharina Lake
Verena und Hermann Prins
Marina Steinkamp
Aline Wübbels

Mein Dank gilt auch: Gartenbau Hörtemöller mit dem schönen Blumenfeld, auf dem ich Blumen schneiden und fotografieren durfte.

Und: Hofladen Schröter & Wielage, der Erdbeer- und Spargelhof mit der tollen Location, wo ich mehrmals meine Floralideen so stimmungsvoll inszenieren durfte.

Carolin Wübbels

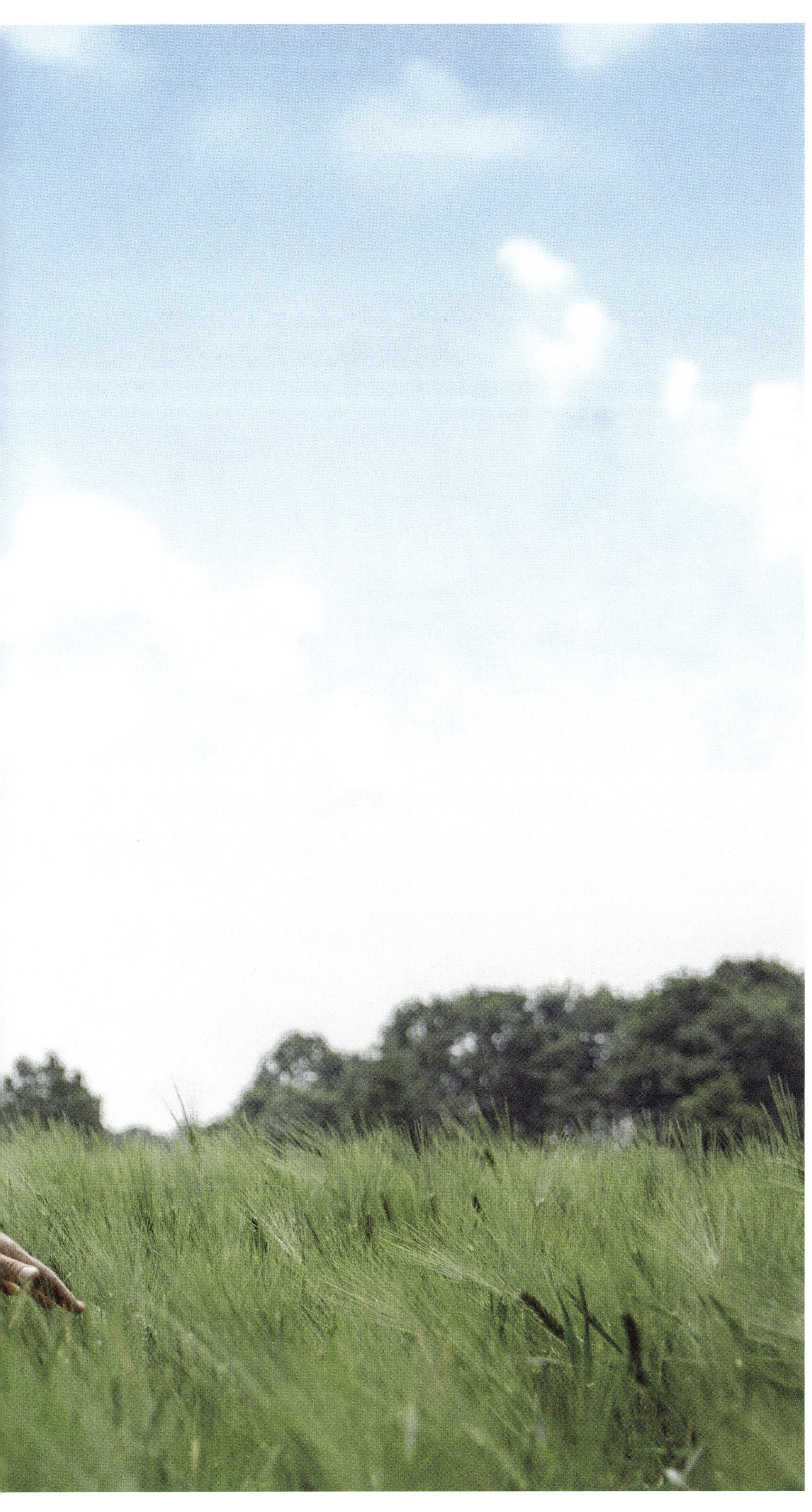

Herausgeber
BLOOM's GmbH, Ratingen
www.blooms.de

Idee und Konzeption
Carolin Wübbels

Redaktion + Text
Hella Henckel (vwtl.)

Fotos
Alex Heide

Grafikdesign
Adriani Schmidt

DTP
Gordian Jenal

Am Potekamp 6, 40885 Ratingen,
T 02102 9644-0, F 02102 896073,
E-Mail: info@blooms.de
Internet: www.blooms.de
1. Auflage 2019
ISBN: 978-3-945429-38-9

Aus meiner Blumenwerkstatt

Als Floristin auf dem Lande wohnend, umgeben von einem großen Garten, von Wiesen, Weiden, Feldern und Wäldern, verleitet mich die Natur immer wieder, mit ihren Blüten, Gräsern, Früchten, Wurzeln, Zweigen und sonstigen Schätzen zu gestalten. Für mich gibt's keinen Monat und keine Jahreszeit, die nicht unendlich viele Inspirationen fürs eigene florale Gestalten bereithält. Da wundert es nicht, dass mein Lieblingsplatz meine Blumenwerkstatt ist! Hier erstelle ich laufend Kränze, Sträuße, Gestecke, Tischdekorationen, Geschenke und vieles mehr.

Natürlich schmücke ich mit meinen Kreationen wann immer es passt, vor allem aber zu besonderen Anlässen, die rustikalen Holztische im Café unseres Kräuterhofs (kraeuterhof-rosen.de). Immer wieder bestaunen unsere Gäste die natürlichen wie raffinierten Floralideen. Und immer wieder tragen sie den Wunsch an mich heran, solch florales Kreieren auch erlernen zu wollen. So biete ich mittlerweile Kurse und Workshops an, in denen ich mit Interessierten jahreszeitliche Dekorationen erstelle, wie z. B. Ostergestecke, Frühlingsnester, Herbstkränze, Adventsschmuck, Türkränze und vieles mehr, und ihnen zeige, wie sie aus den Schätzen unserer ländlichen Umgebung zauberhafte Dekorationen erstellen können.

Für dieses Buch habe ich nun ein Jahr lang meine schönsten Ideen zusammengetragen. Liebe Leserin, lieber Leser, ich nehme Euch mit auf meine Blumenfelder, auf denen ich armweise das blühende Bunt ernten kann. Kommt mit in die nahe gelegenen Wälder, die besonders im Herbst einen reichhaltigen Schatz für mich bereithalten. Und werft einen Blick in meinen Garten, der unerschöpfliche Fülle bietet. Ich zeige Euch, wie mit wenig Aufwand und all dem, was wir alle ohnehin zu Hause griffbereit haben, wie Kannen, Vasen, Töpfe oder Schalen, Blütendekorationen entstehen, die Freude machen. Und wenn Ihr mal auf die Schnelle ein persönliches, liebevoll gemachtes Geschenk für eine Freundin oder Eure Großmutter braucht, meine kleinen Mitbringsel sind alle mit leichter Hand und unaufwändig nachzumachen. Lasst Euch inspirieren. So werdet auch Ihr immer wieder Euch selbst, aber auch allen lieben Menschen um Euch herum, Freude bereiten und ihnen ein Lächeln ins Gesicht zaubern!

Viel Spaß beim eigenen Kreativwerden!
Carolin Wübbels

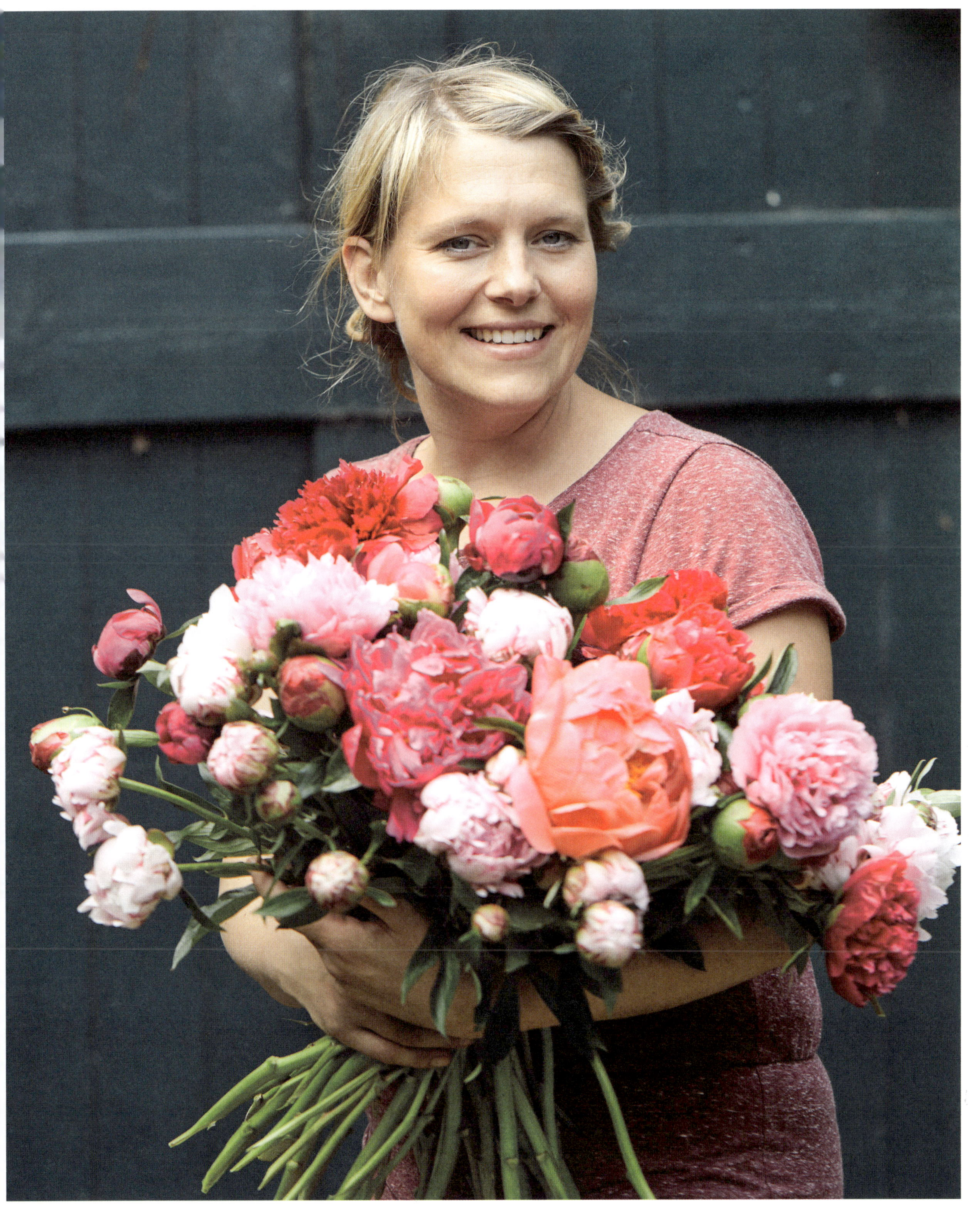

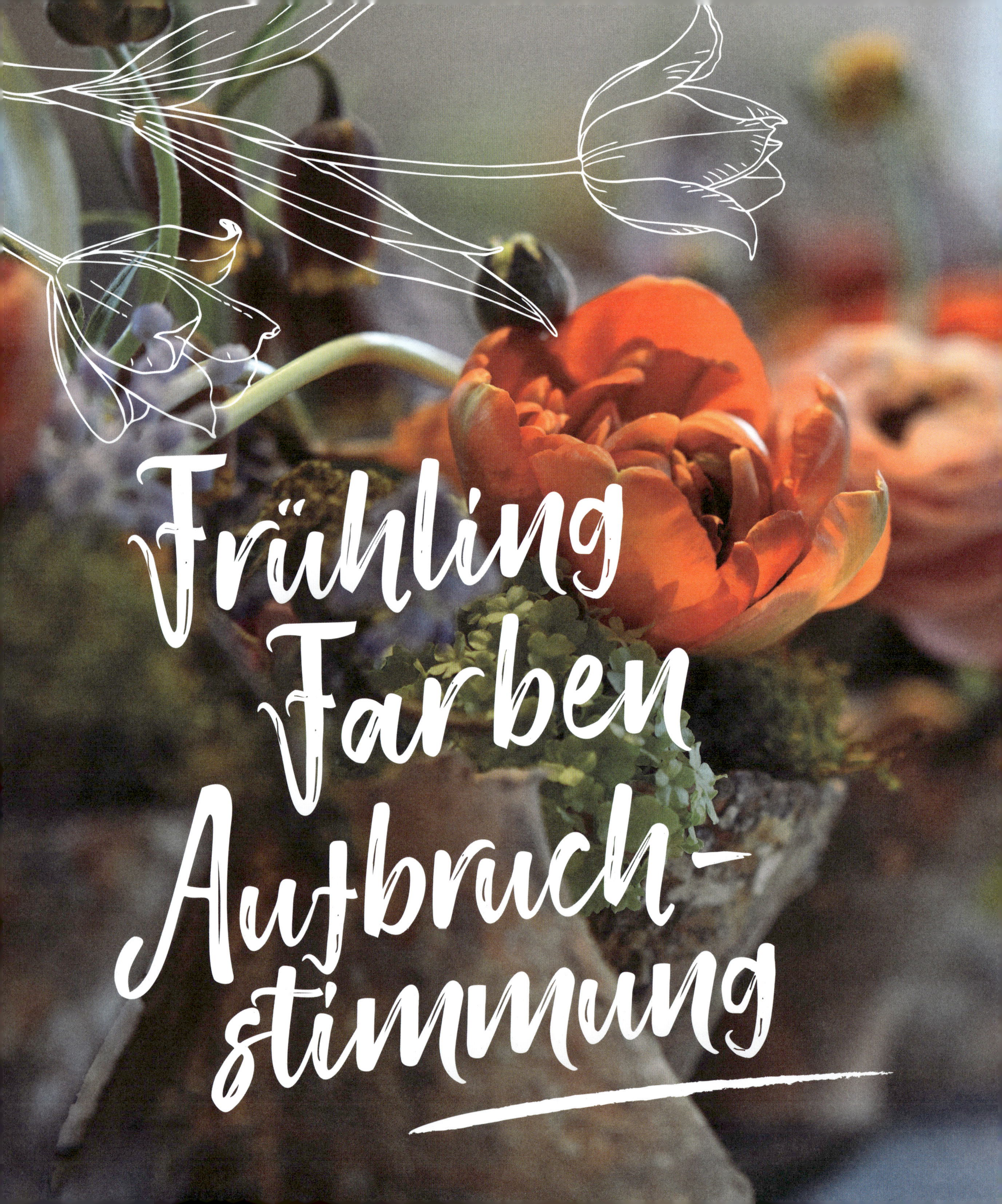

Frühling Farben Aufbruch-stimmung

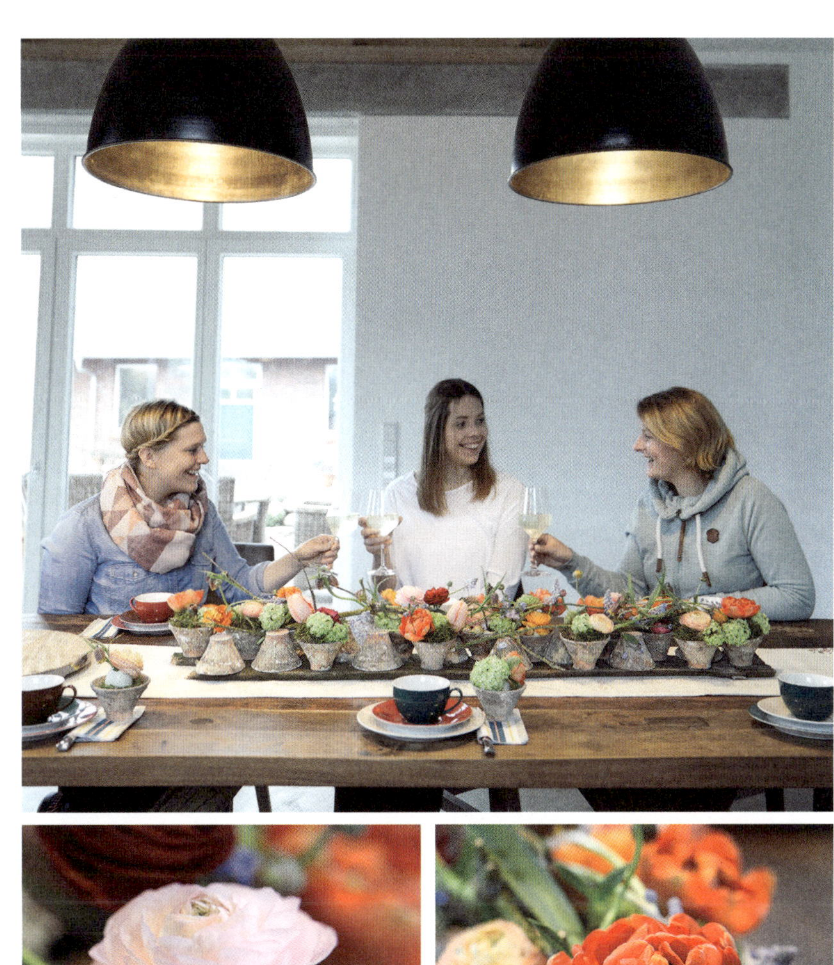

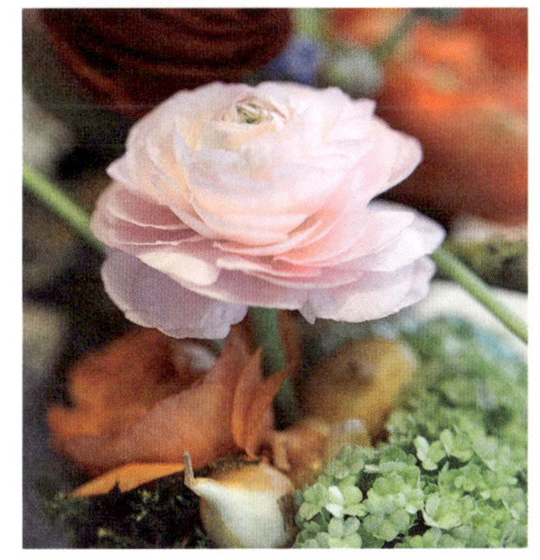

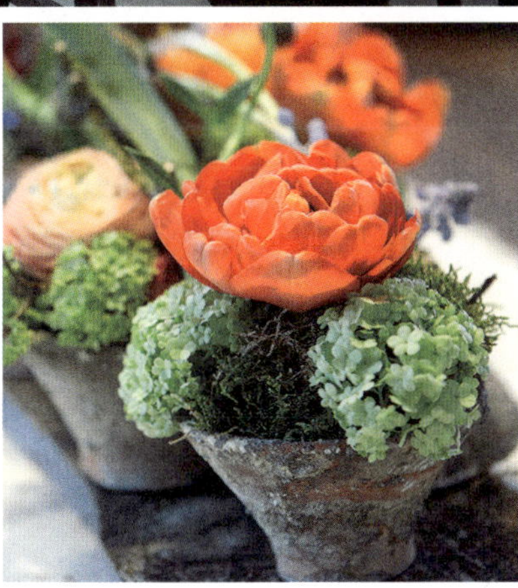

ERSTE FARBEN UND DÜFTE

Jetzt ist die Zeit des beginnenden Blühens und Ergrünens gekommen. Endlich kann ich loslegen und mein sehnsüchtiges Bedürfnis nach vielen Blumen um mich herum verwirklichen. Ich freue mich über das reichhaltige Angebot meines Blumenhändlers und Floristen, das ich mit den ersten Blühern aus meinem Garten mische und kombiniere. Und was gibt's dann Schöneres, als die Freundinnen in mein blühendes Zuhause einzuladen?

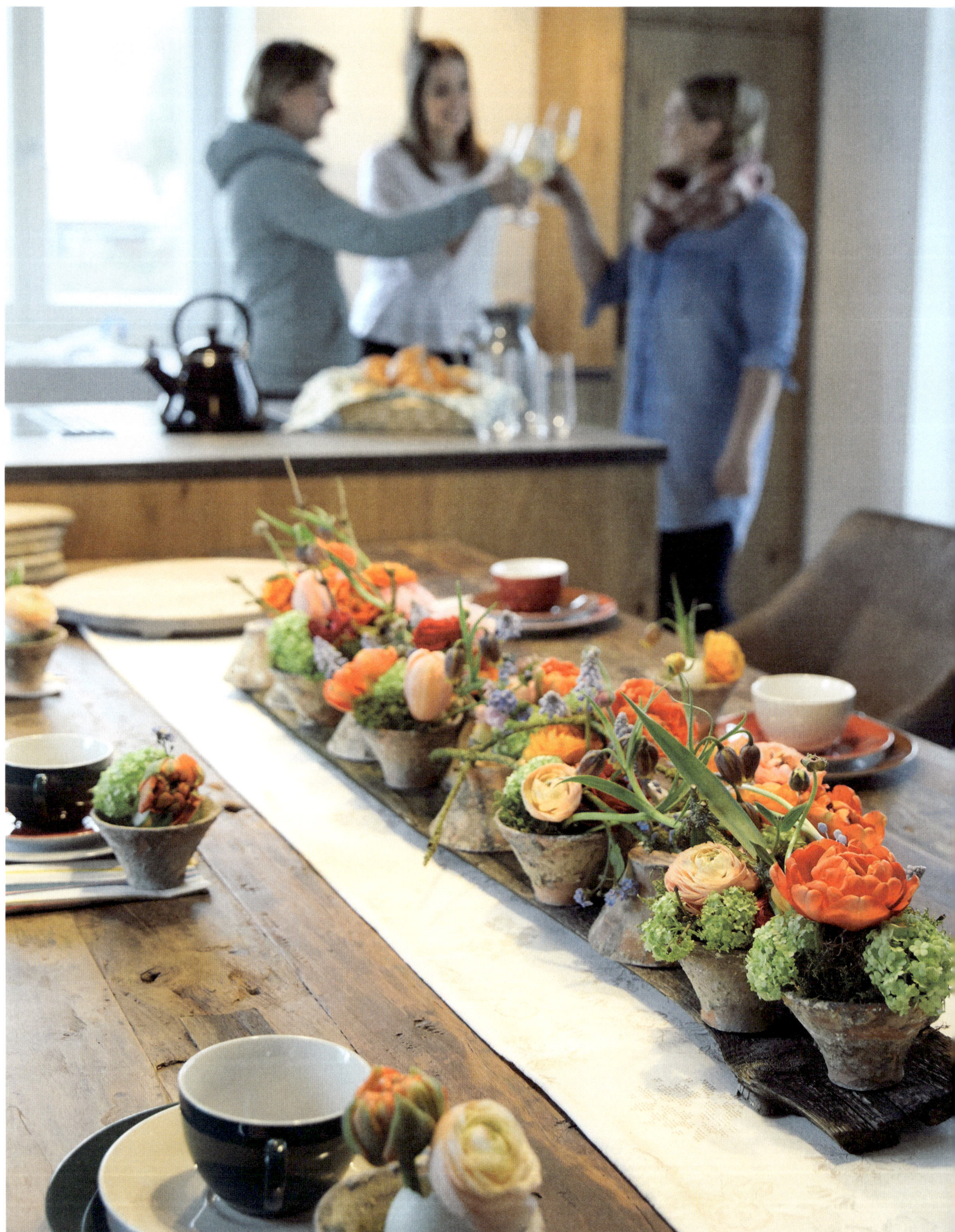

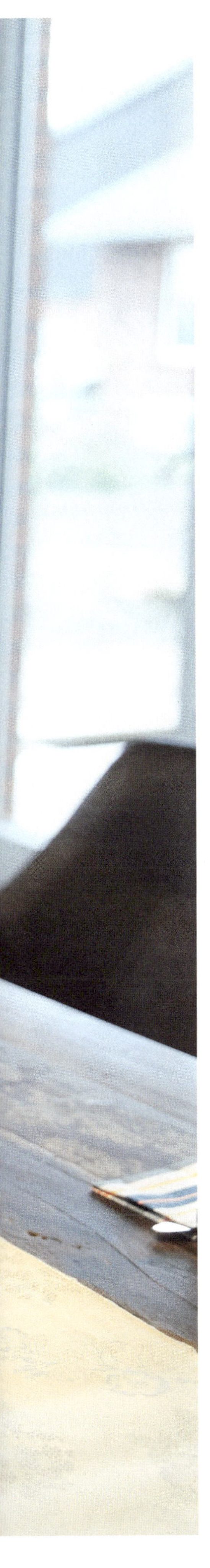

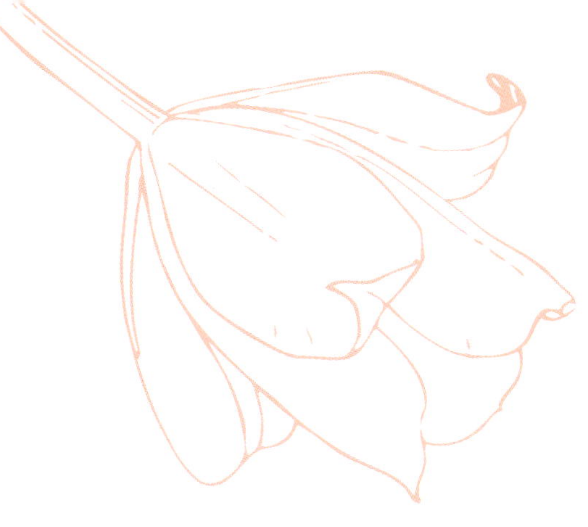

TISCHFRIES AUS EINZELNEN TÖPFEN

Meine geliebte Holzbohle kommt mal wieder zum Einsatz. Auf ihr platziere ich die vielen kleinen, alten Anzuchttöpfe aus Ton mit ihrer wunderbaren Patina. Sie sind gerade groß genug, um etwas Frischblumensteckschaum hineinzugeben, sie mit den kurzgeschnittenen Frühlingsblüten zu bestecken und die Oberfläche mit etwas Moos zu kaschieren. Dicht an dicht gestellt, entsteht so ein wunderschöner Tischschmuck, für den Tulpen, Ranunkeln, Traubenhyazinthen, Fuchstrauben-Fritillarien, Vergissmeinnicht und die ersten zarten Blütenbälle des Sommerschneeballs zum Einsatz kommen. Auch die alte Bauernhenkeltasse fülle ich mit diesem bunten Blütenmix.

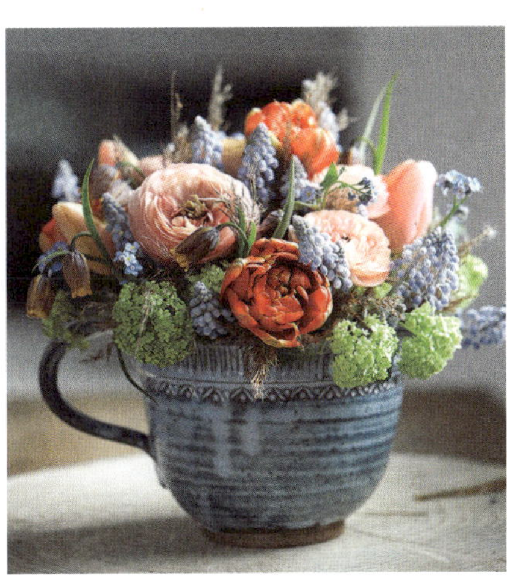

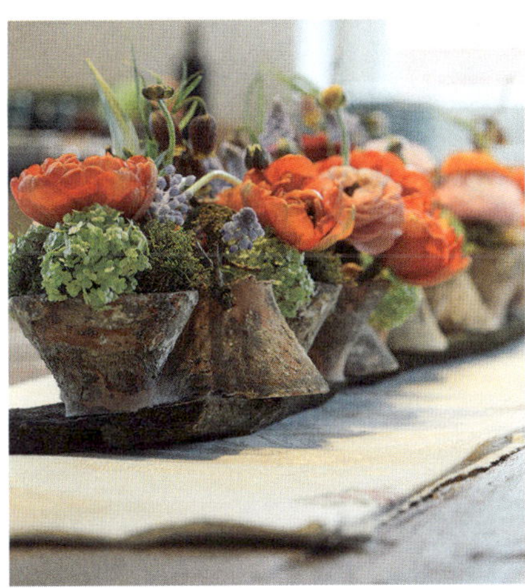

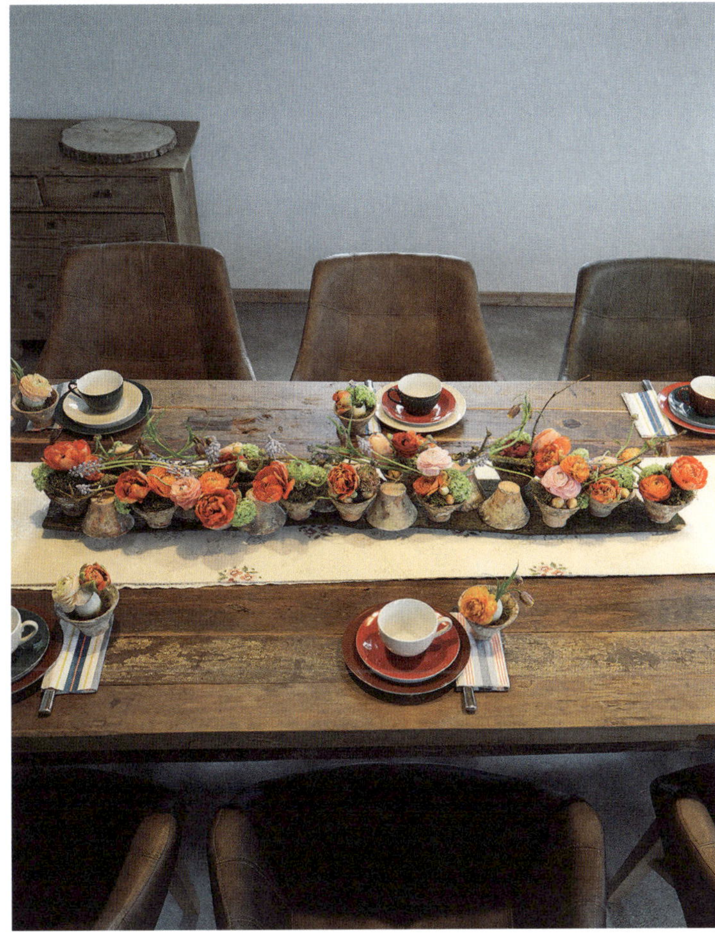

SCHNELLER TULPEN-STRAUSS

Besonders Tulpen mag ich am liebsten pur. Gerade mit ihnen lässt sich aus dem Vollen schöpfen, erhält man sie doch in der entsprechenden Zeit günstig vom Gärtner, Floristen oder direkt vom Tulpenbauern. Dann nehme ich oft nur zwei, drei Bunde, platziere etwas Heu dazwischen, umwickele das Ganze mit einer dicken, farbigen Kordel und fertig ist ein Mitbringsel, das so in eine höhere Vase eingestellt immer wieder Begeisterung auslöst!

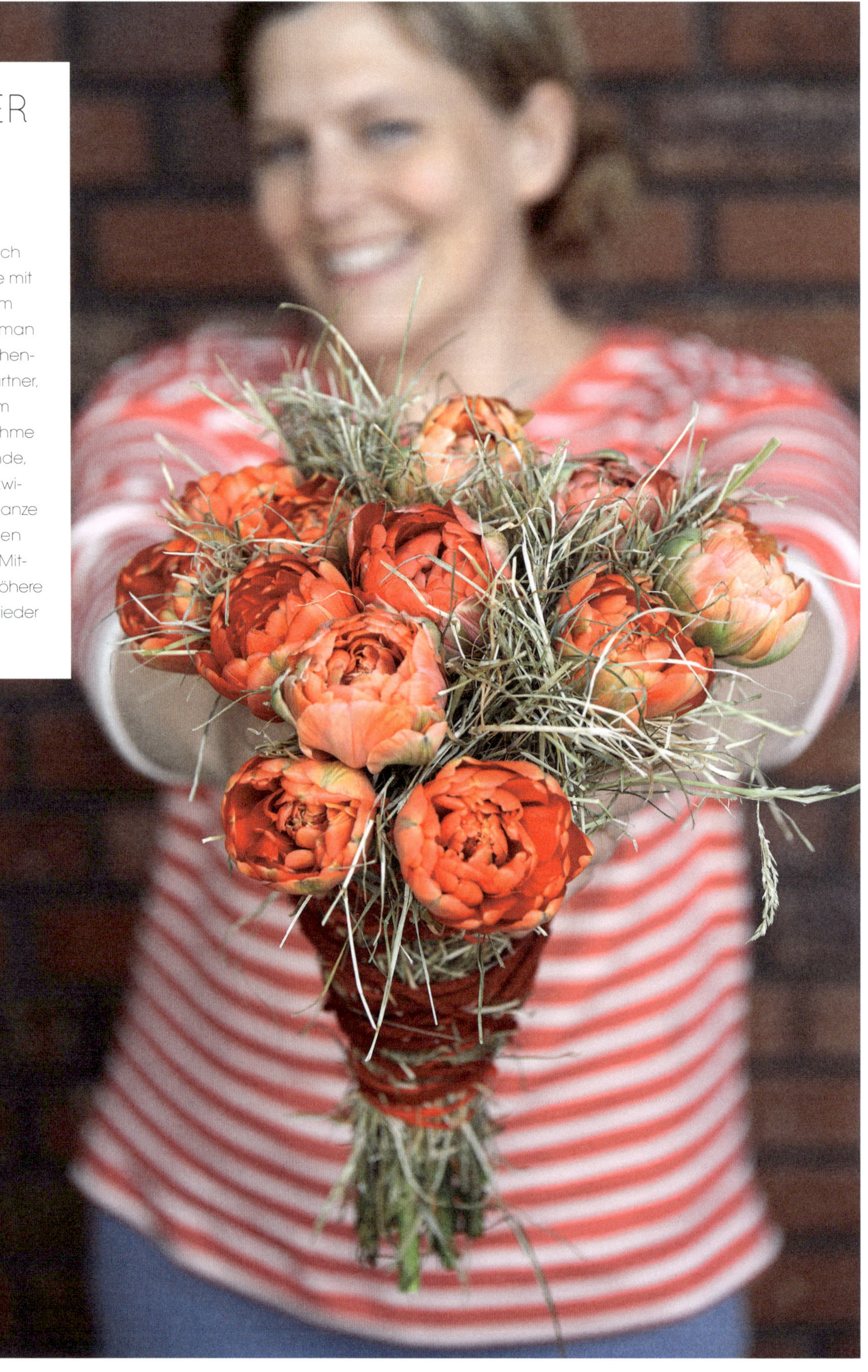

Blütenmenge Pur

TULPEN IN EISENSCHALE

Manchmal macht's aber auch die Kombination: Im rostigen Eisengefäß wirken die rot-gefüllten Tulpen perfekt. Die Basis habe ich mit getrocknetem Farnkraut ausgekleidet, das sieht toll aus und hält die eingesteckten Blüten an Ort und Stelle.

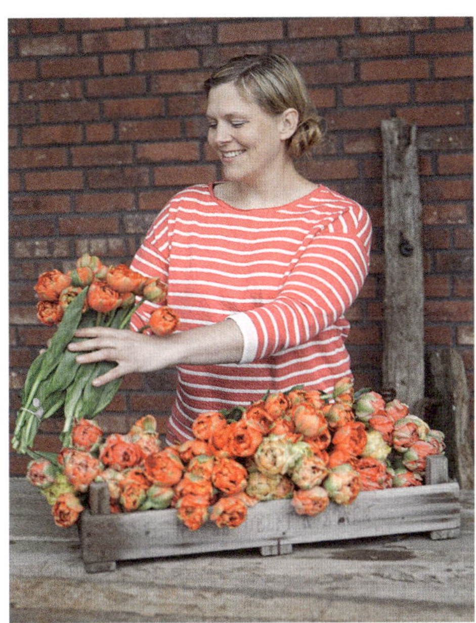

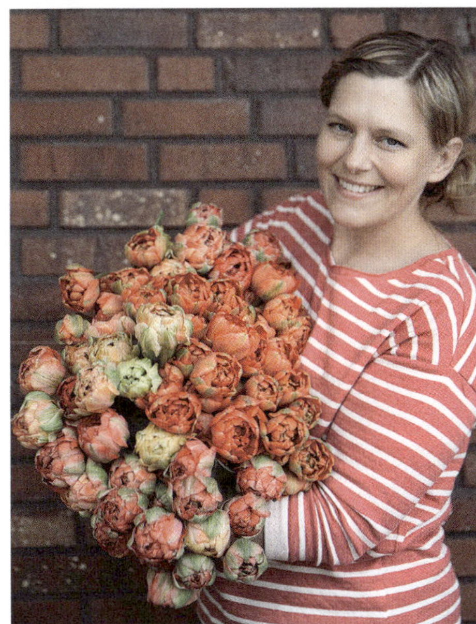

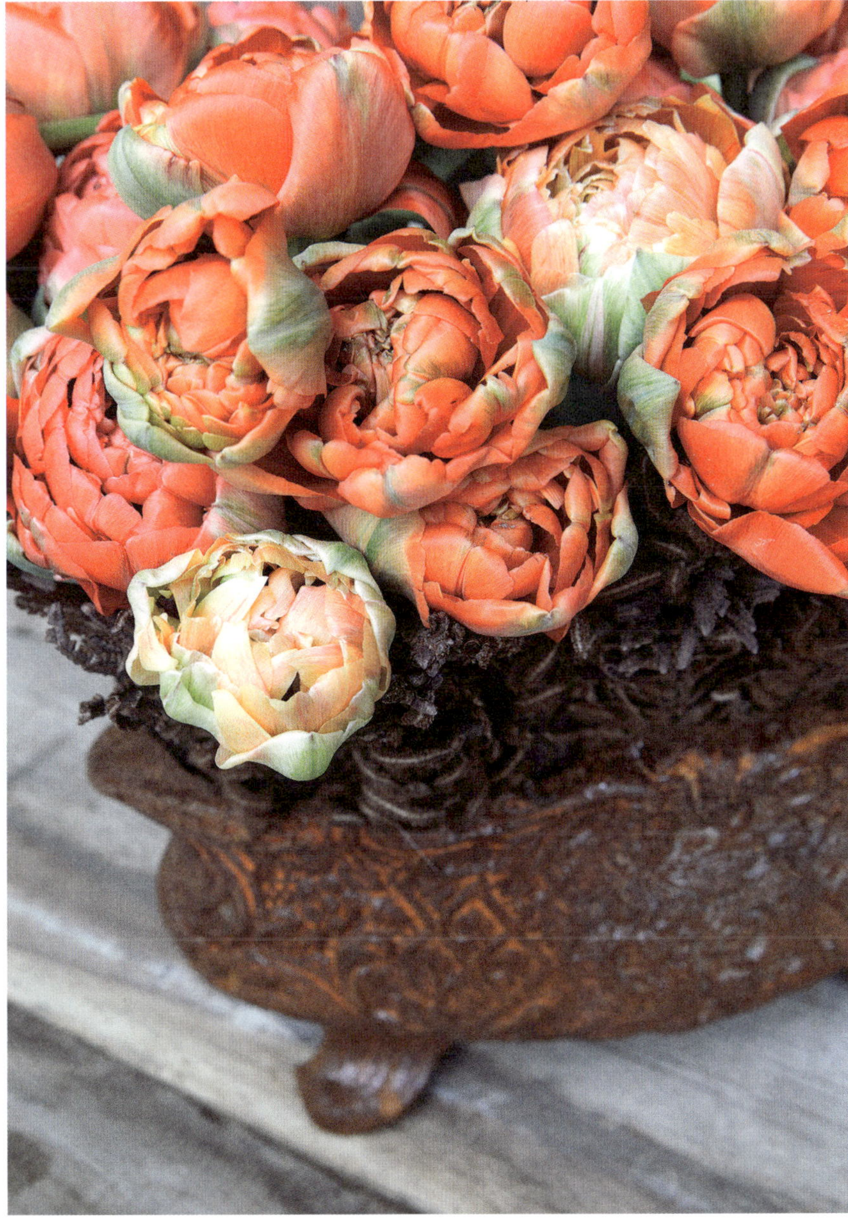

Ab in den Topf!

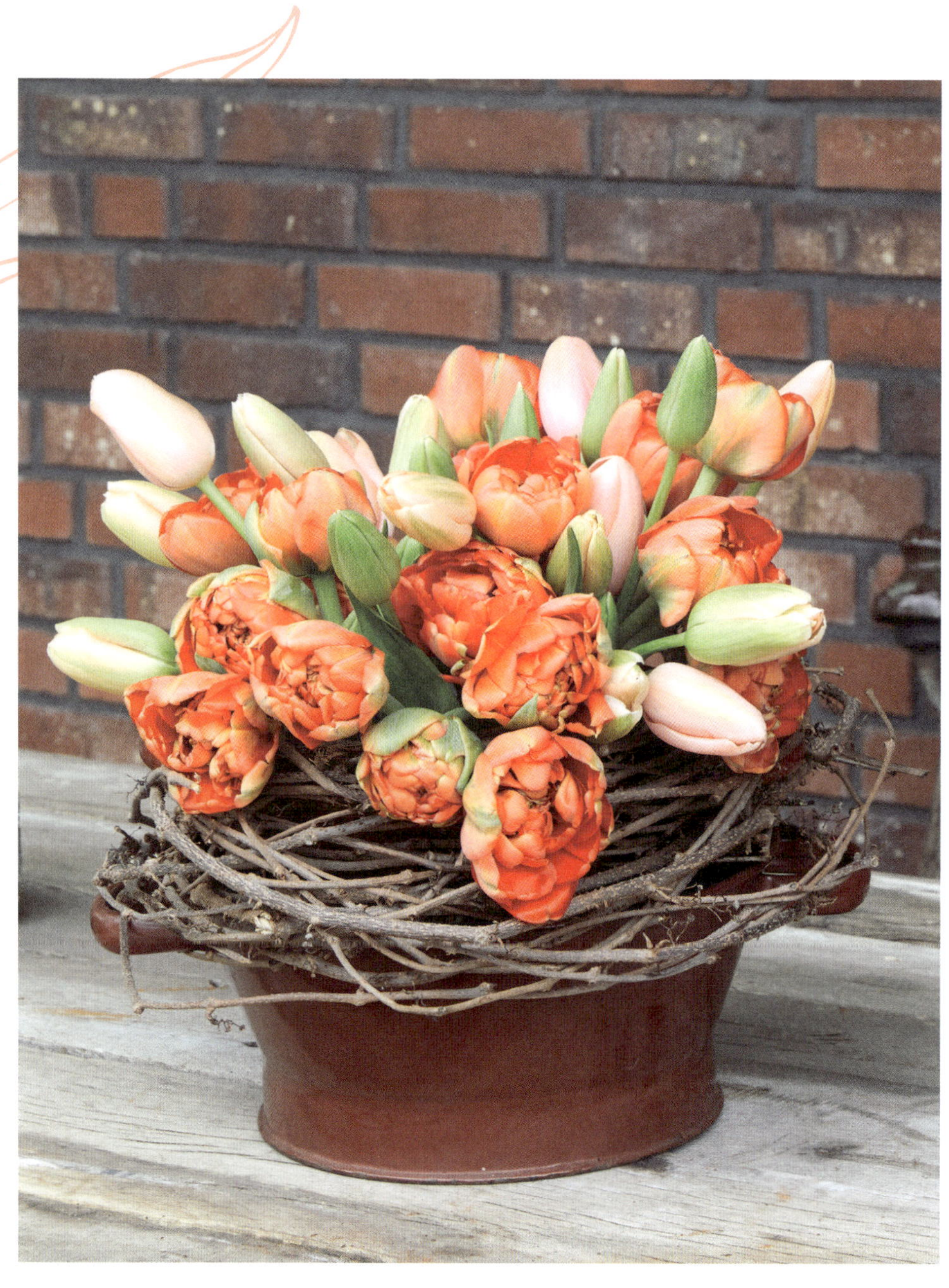

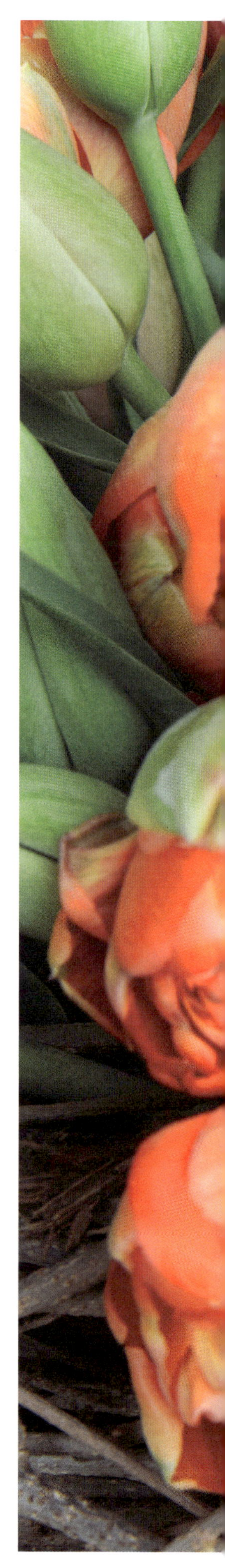

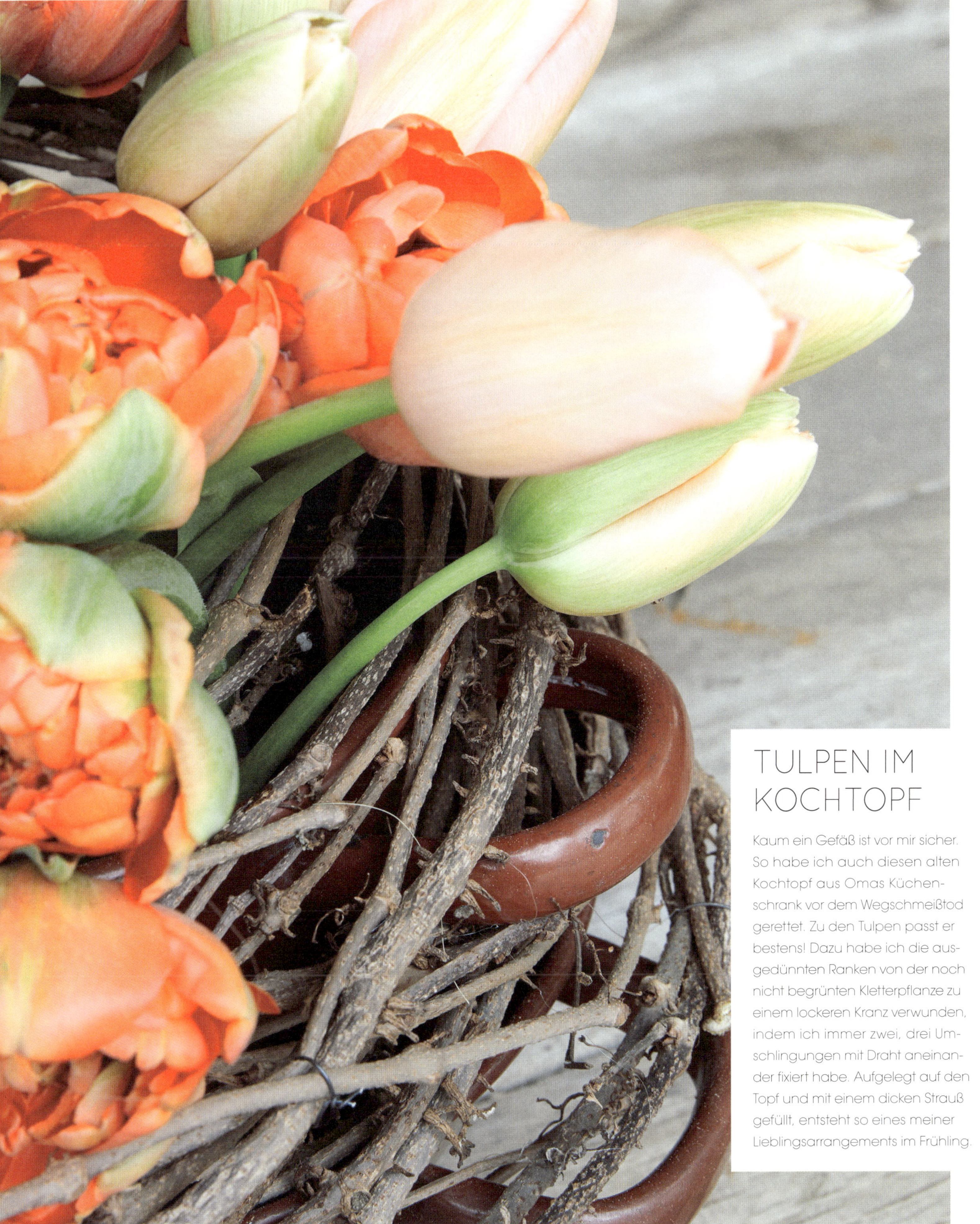

TULPEN IM KOCHTOPF

Kaum ein Gefäß ist vor mir sicher. So habe ich auch diesen alten Kochtopf aus Omas Küchenschrank vor dem Wegschmeißtod gerettet. Zu den Tulpen passt er bestens! Dazu habe ich die ausgedünnten Ranken von der noch nicht begrünten Kletterpflanze zu einem lockeren Kranz verwunden, indem ich immer zwei, drei Umschlingungen mit Draht aneinander fixiert habe. Aufgelegt auf den Topf und mit einem dicken Strauß gefüllt, entsteht so eines meiner Lieblingsarrangements im Frühling.

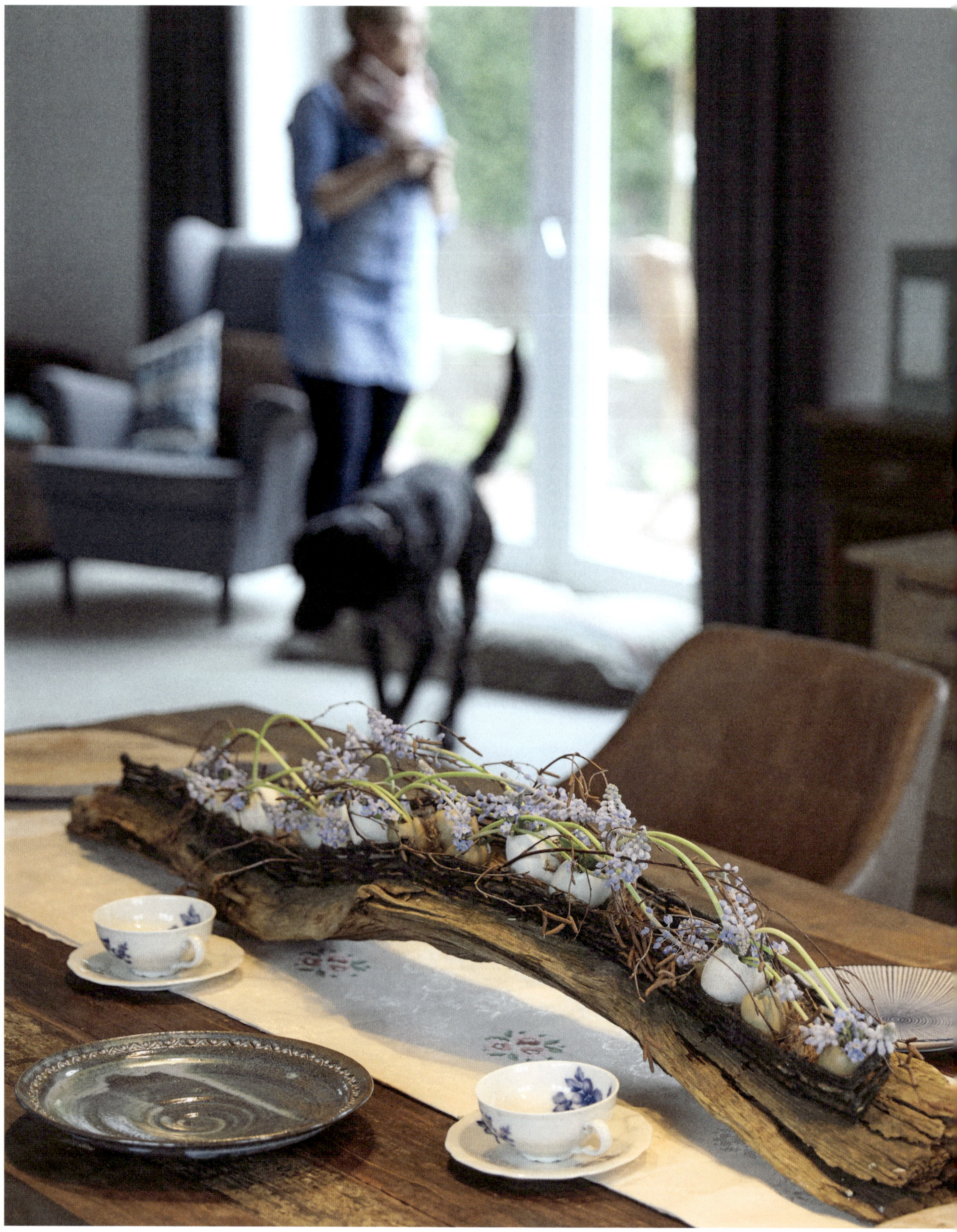

Kleine Liebes-botschaften

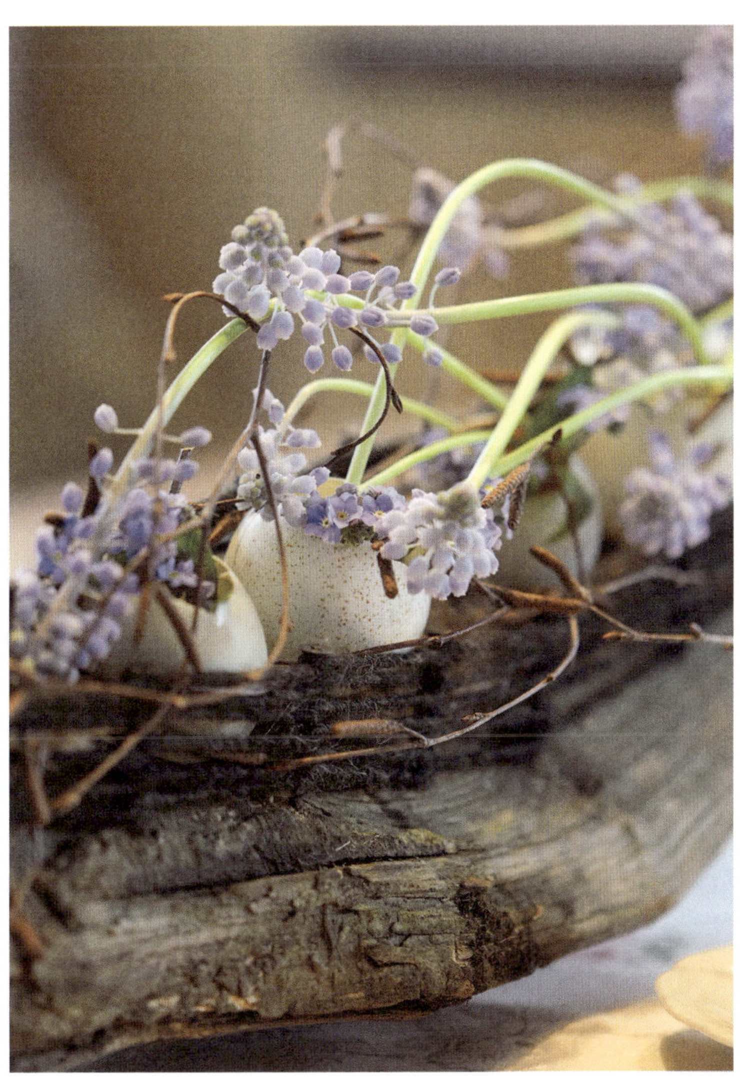

RUSTIKALER TISCHSCHMUCK

Der alte, verwitterte, krumme Zaunpfahl hat's mir mal wieder angetan. Er kommt im Frühling mehrmals auf den Tisch. Dieses Mal platziere ich Eierschalen darauf. Sie sind von einer Wollumrahmung umgeben, die ich um eingeschlagene Nägel herum flechte. Sie werden mit Wasser gefüllt zu kleinen Väschen für die zarten Traubenhyazinthenstängel und Vergissmeinnicht. Mit ein paar hinzugelegten Birkenzweigen lasse ich es möglichst natürlich aussehen und wirken.

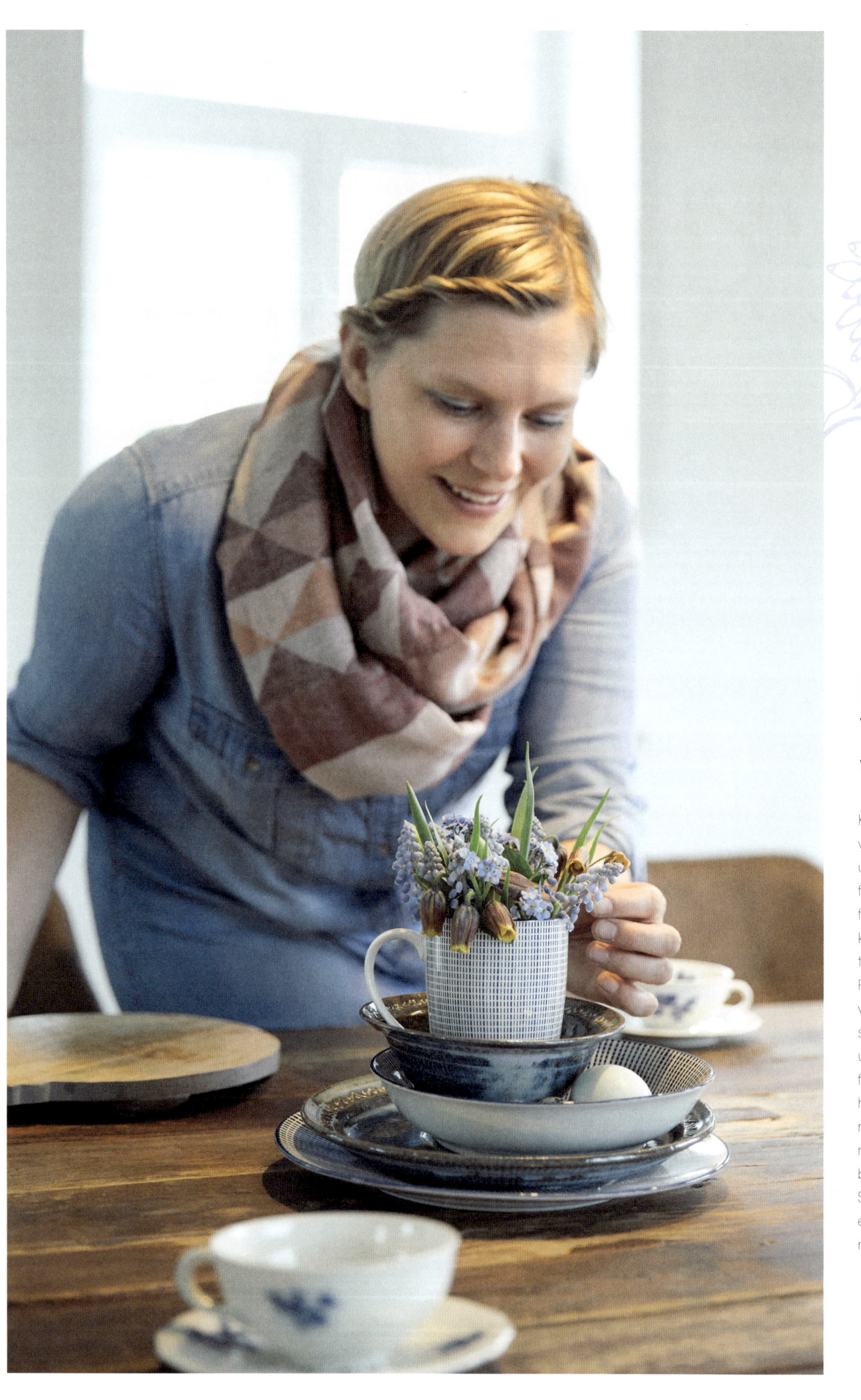

MEINE VASEN-VIELFALT

Krüge, Tassen, Becher – nichts, was ich nicht irgendwie zur Vase umfunktionieren könnte. Mit flechtenbesetzten Holunderästen fülle ich einen Steinkrug. Hinzu kommen noch ein paar Fuchstrauben-Fritillarien. Für ihre Frischhaltung stecken sie in wassergefüllten Glasröhrchen, so werden die Äste nicht nass und faulig. Den anderen Krug fülle ich mit blauen Traubenhyazinthen. In Gusseisenamphoren ergänzen Vergissmeinnicht meine Blütenauswahl. Diese bündle ich zu kleinen, dichten Sträußen, die auf den gusseisernen Amphorenvasen wie rundliche Blütenbälle wirken.

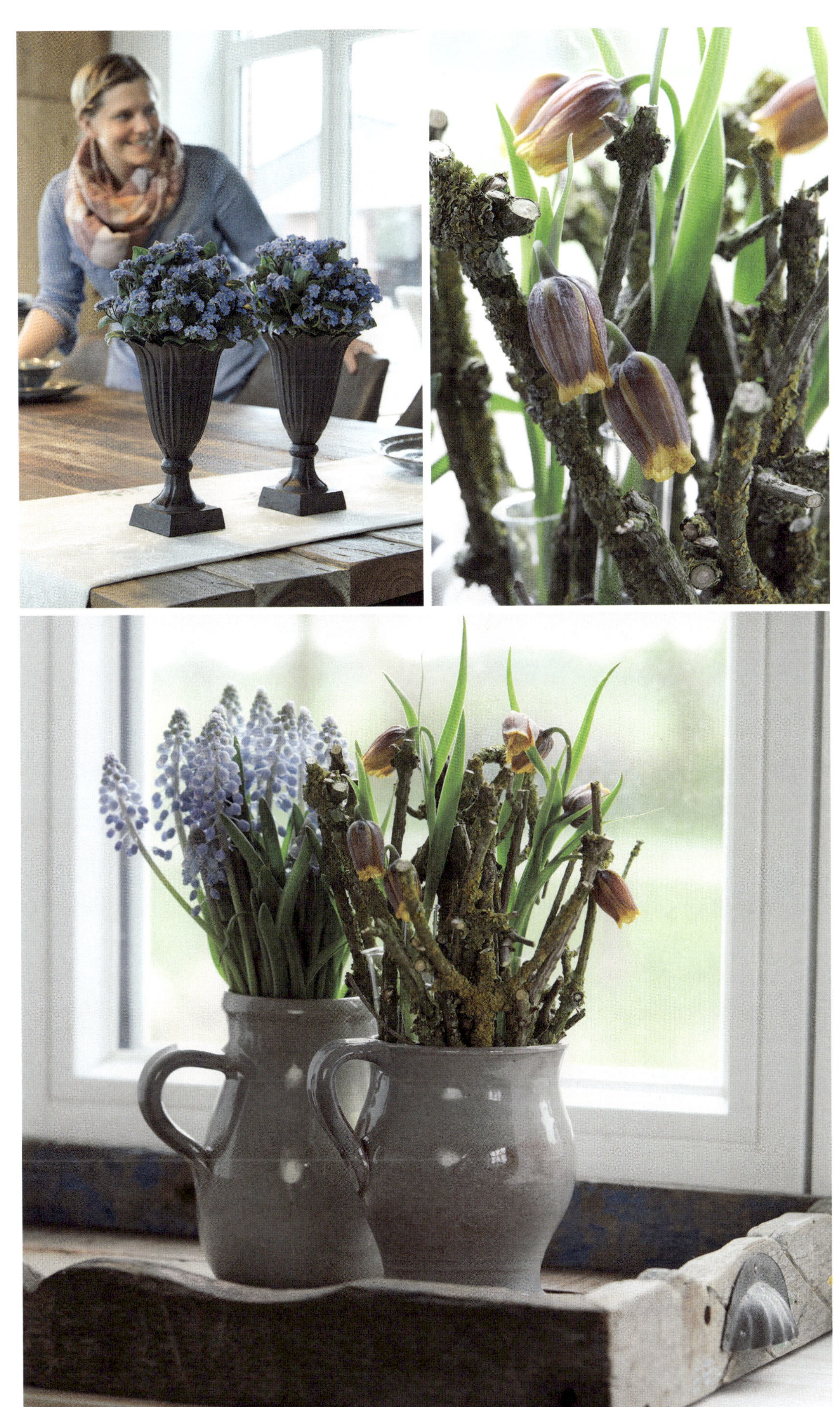

Für Überraschungen gut!

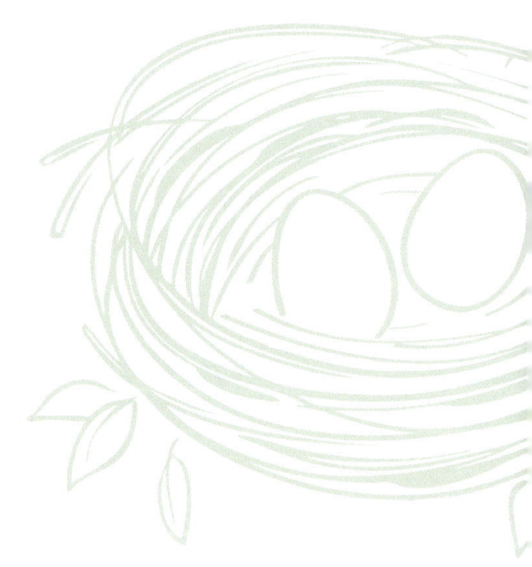

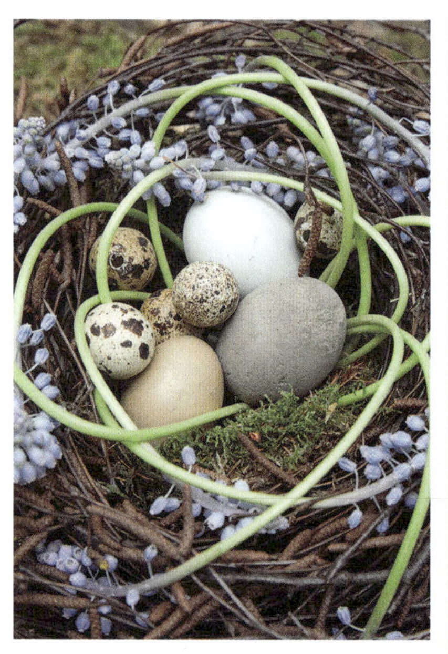

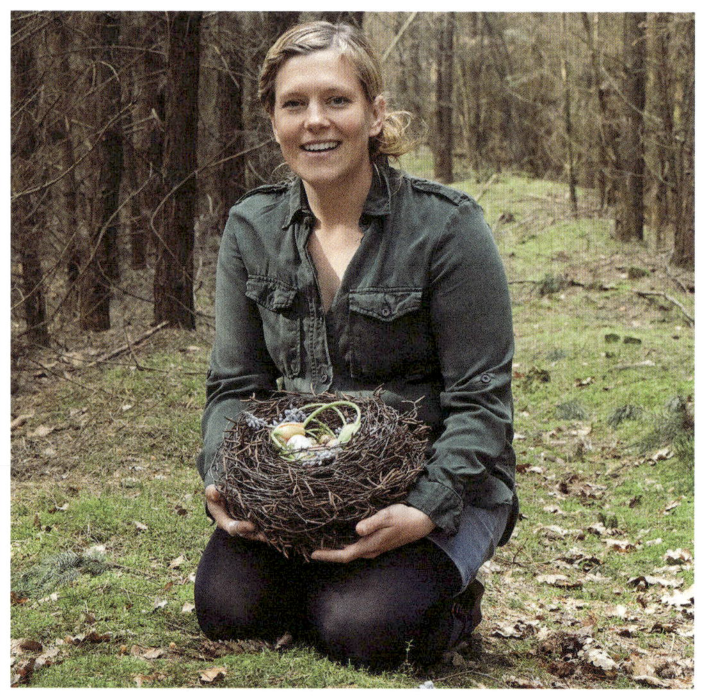

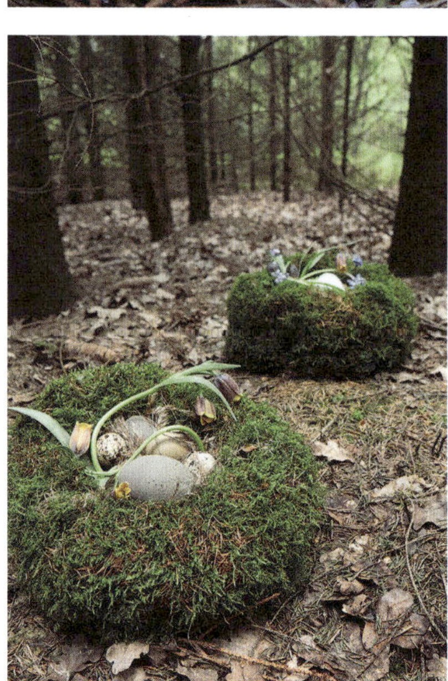

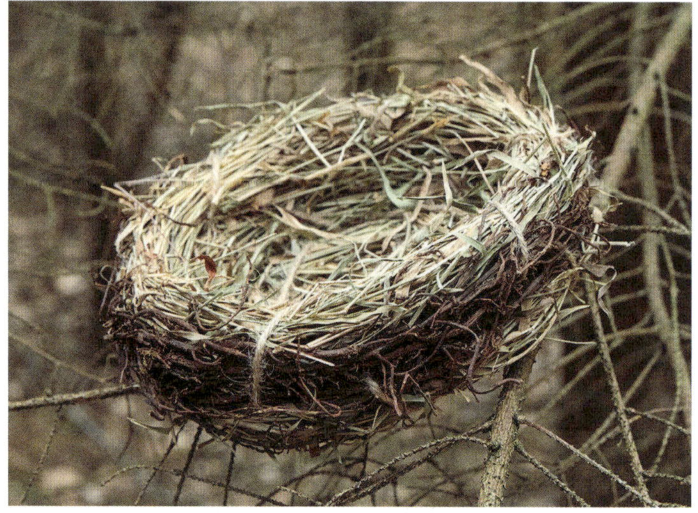

OSTERNESTER MIT BLÜTEN

Wenn's aufs Frühlingsfest zugeht, probiere ich immer mal wieder neue Nesterideen aus. Soll's schnell gehen, nehme ich fertige Moosformen. Ansonsten winde ich die Nester aus den elastischen, langen Zweigen der Trauerbirke oder aus stehen gebliebenem Wintergras. Ob mit Süßigkeiten, selbst gegossenen Betoneiern und ein paar Stängeln Trauben-hyazinthen, Ranunkeln oder Tulpen gefüllt, ist Geschmackssache. In jedem Fall sind diese Nester tolle Ostergeschenke.

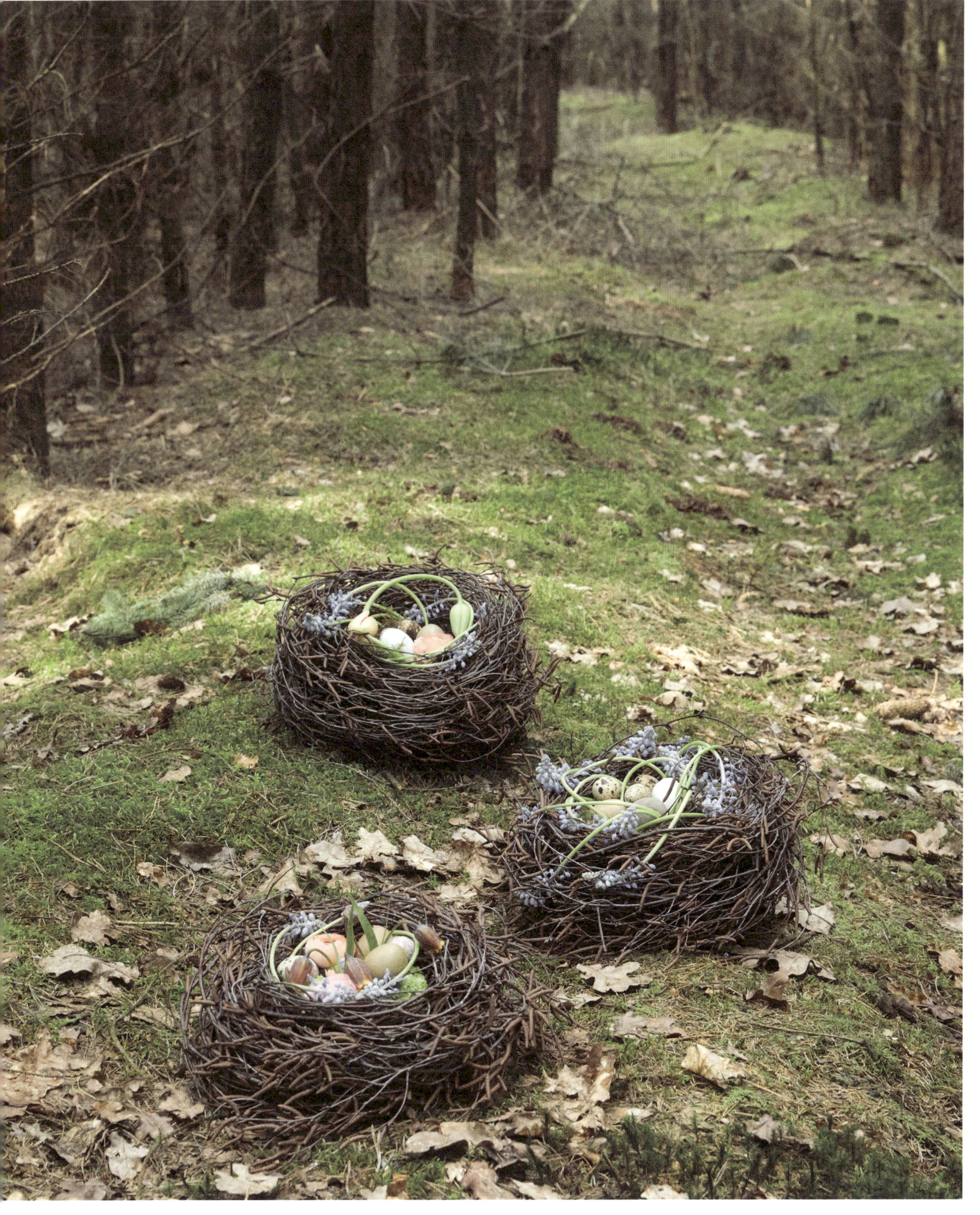

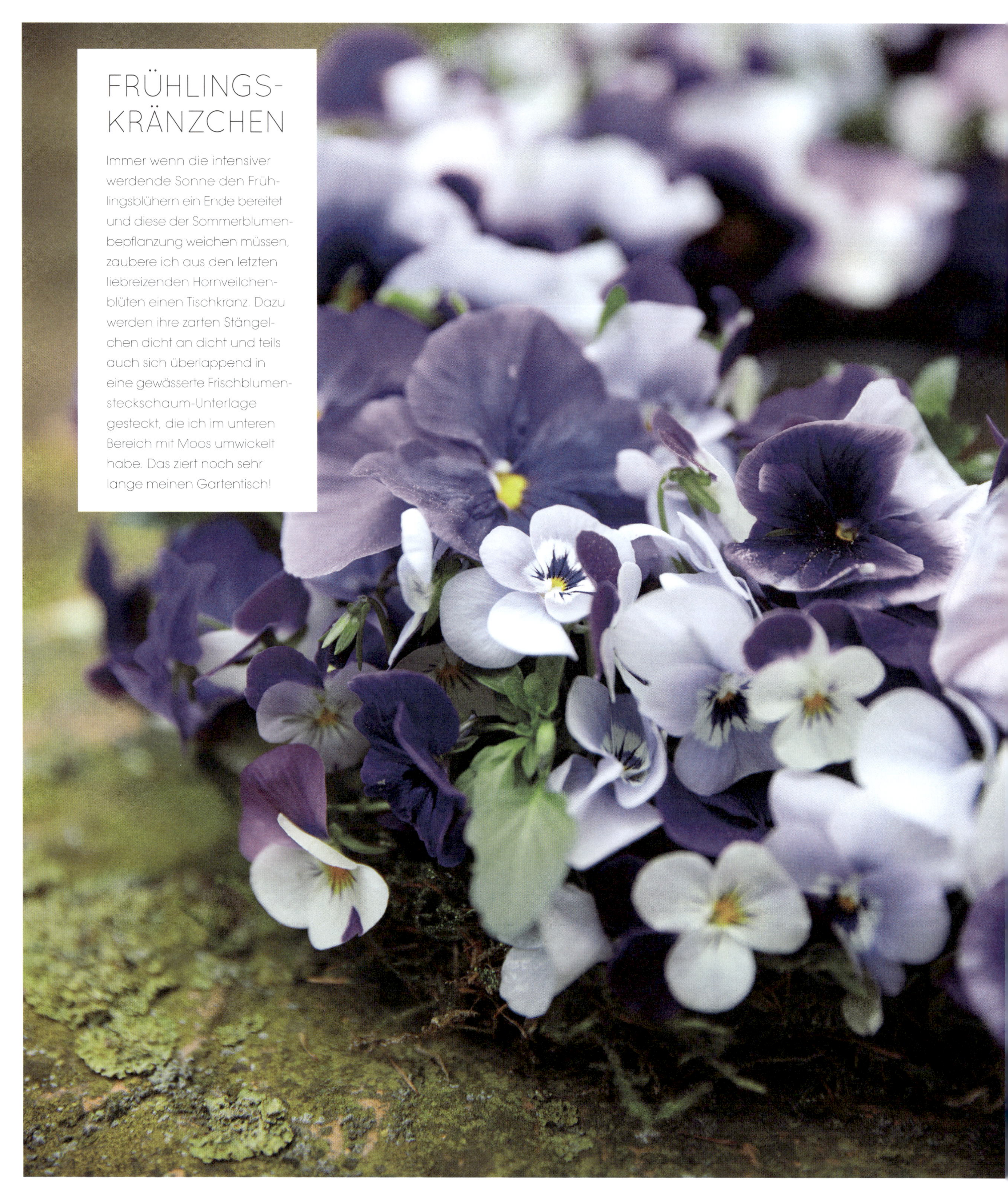

FRÜHLINGS-KRÄNZCHEN

Immer wenn die intensiver werdende Sonne den Frühlingsblühern ein Ende bereitet und diese der Sommerblumenbepflanzung weichen müssen, zaubere ich aus den letzten liebreizenden Hornveilchenblüten einen Tischkranz. Dazu werden ihre zarten Stängelchen dicht an dicht und teils auch sich überlappend in eine gewässerte Frischblumensteckschaum-Unterlage gesteckt, die ich im unteren Bereich mit Moos umwickelt habe. Das ziert noch sehr lange meinen Gartentisch!

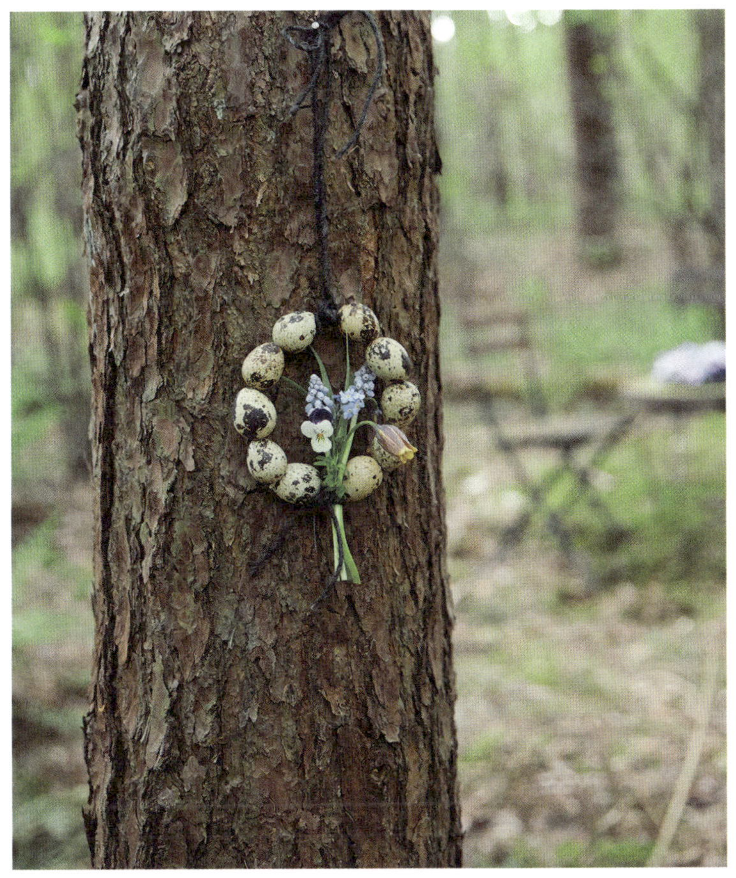

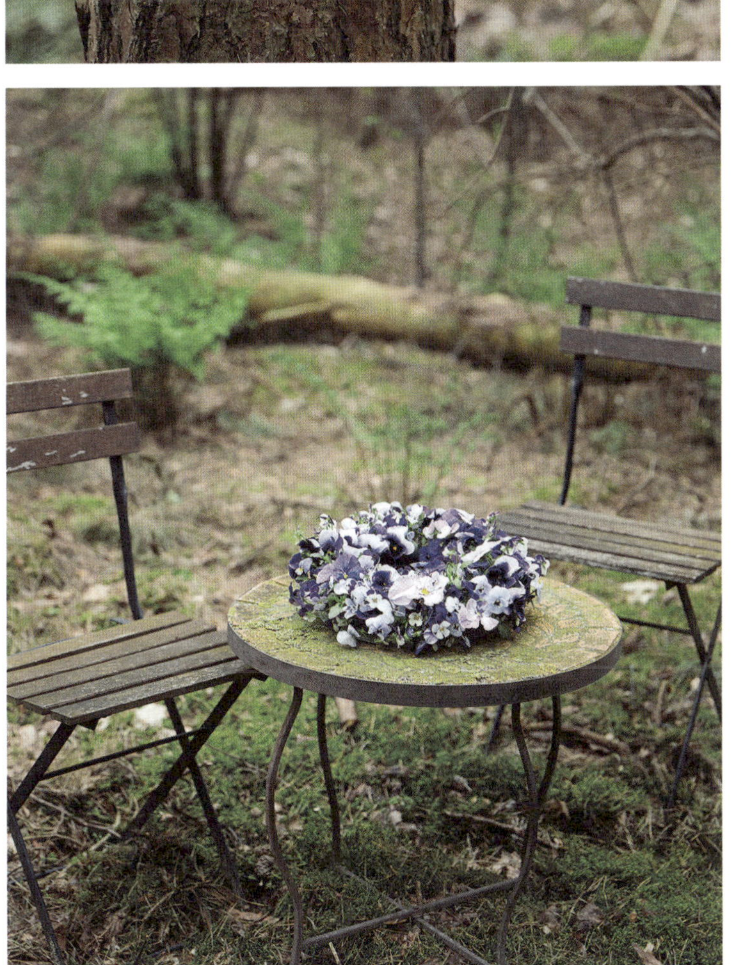

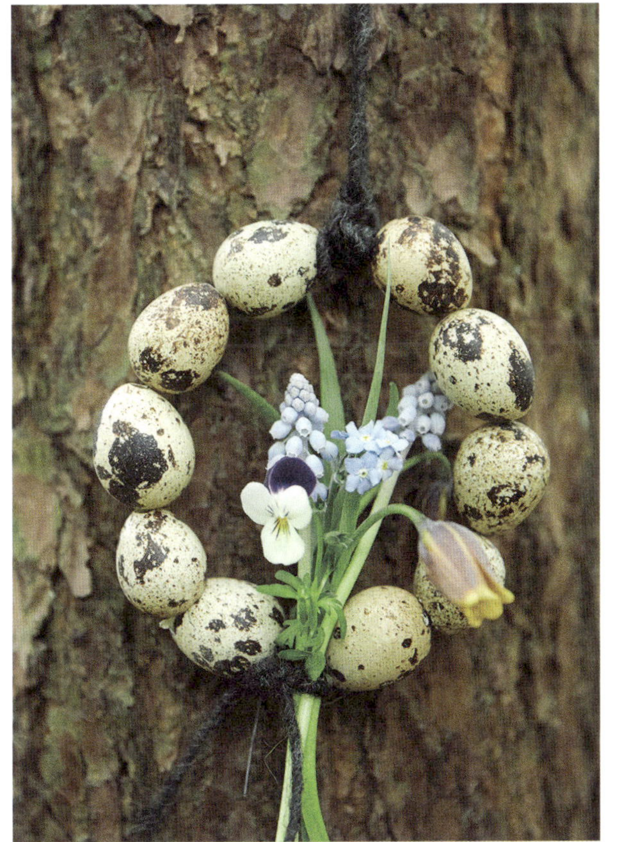

WACHTELEIER-KRÄNZCHEN

Auch die Blütenstängel, die einfach zusammen mit den auf schwarzem Strick gefädelten Wachteleiern eingebunden werden, stellen einen besonderen Hingucker am Gartenbaum dar.

Charaktervolles Tête-à-Tête

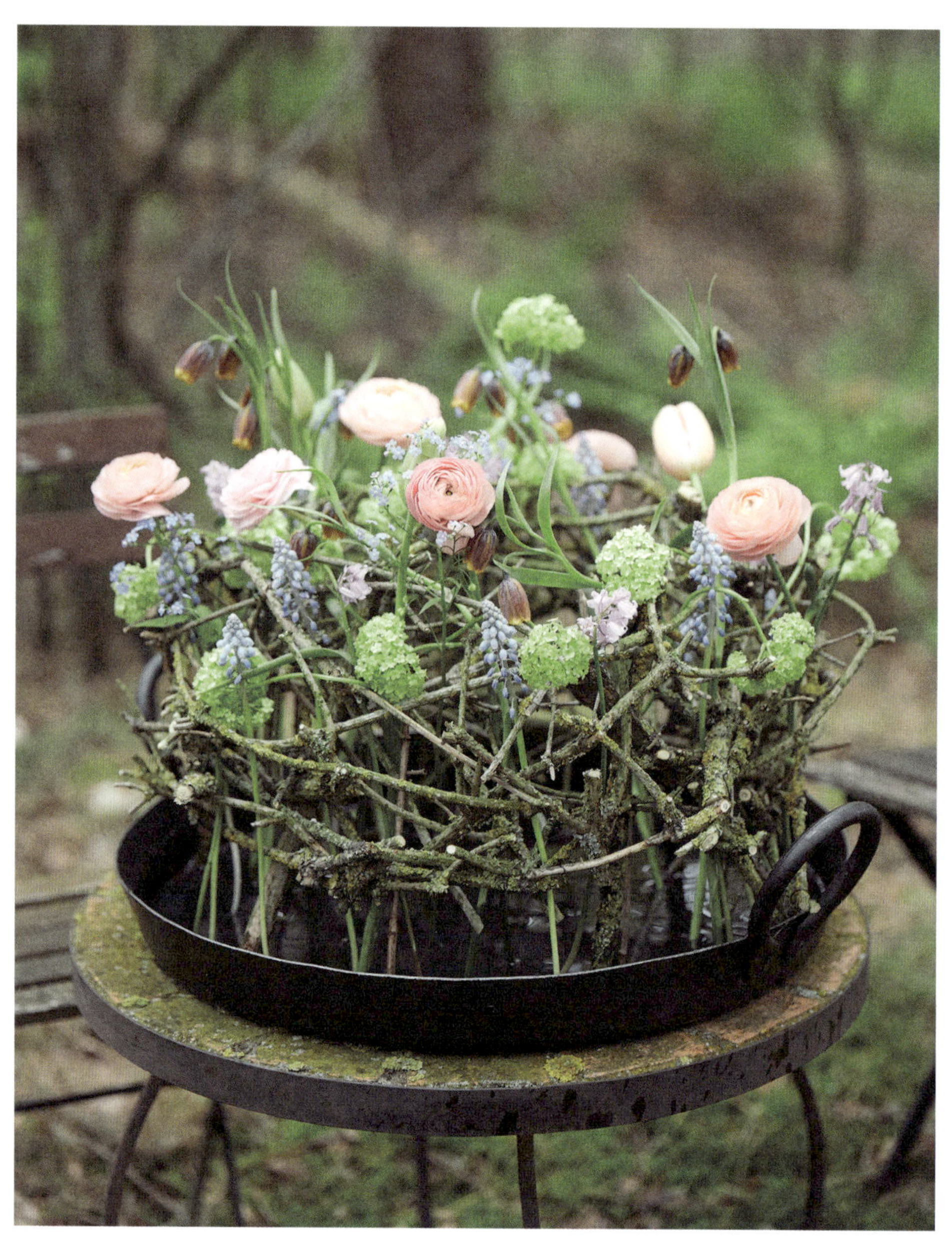

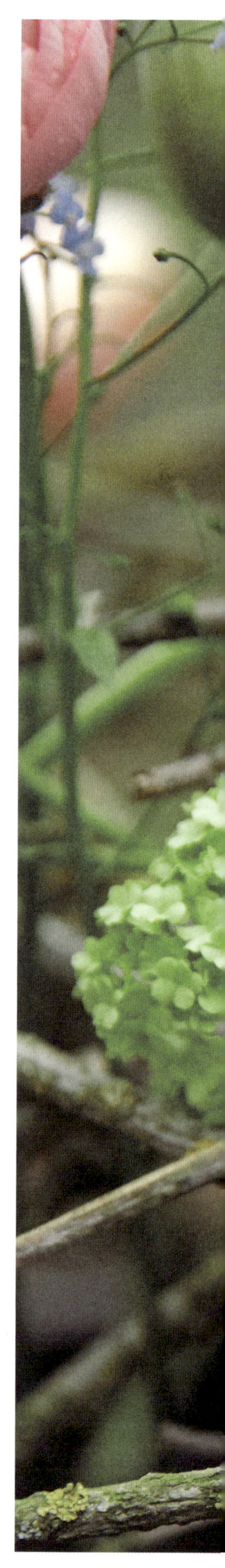

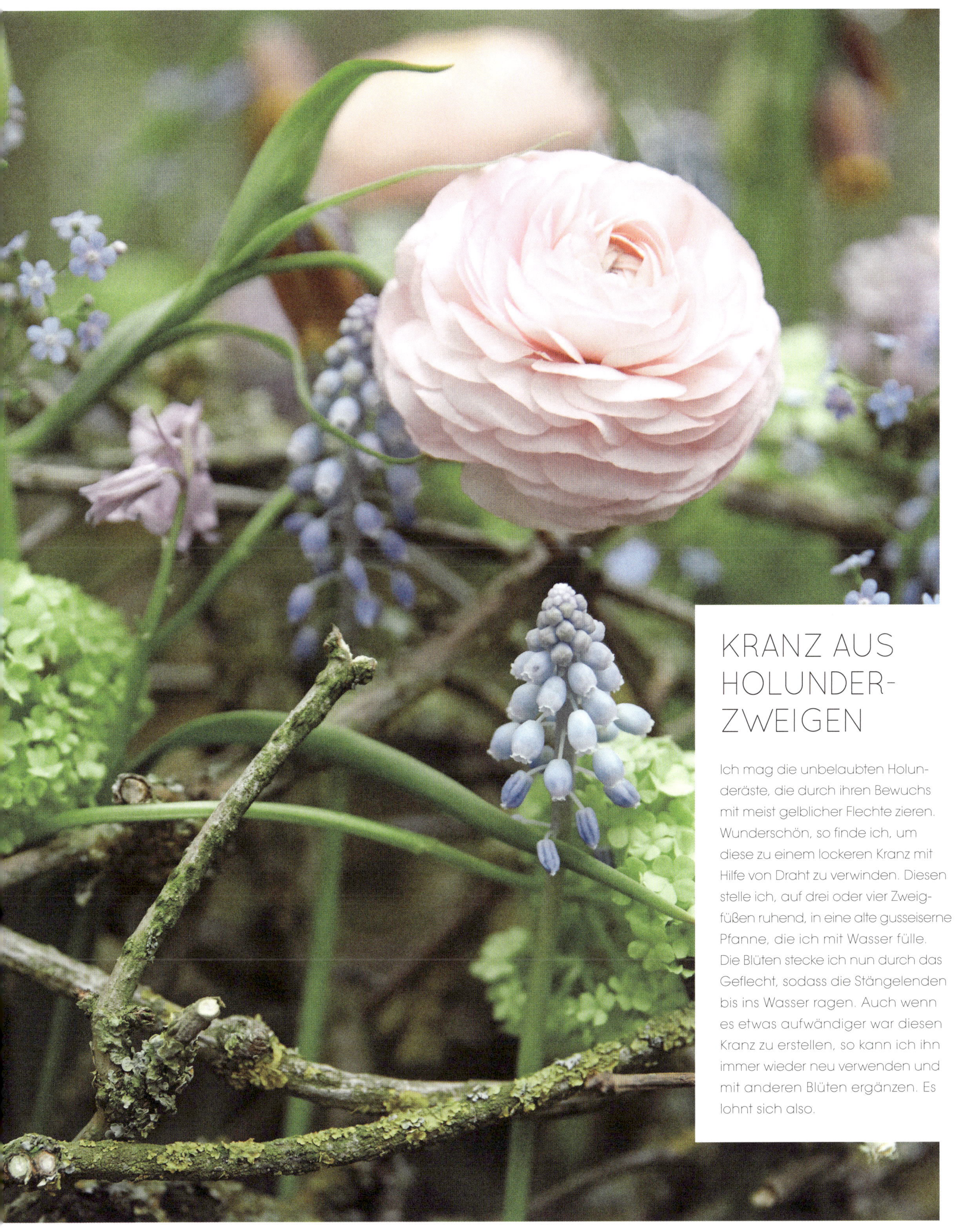

KRANZ AUS HOLUNDER-ZWEIGEN

Ich mag die unbelaubten Holunderäste, die durch ihren Bewuchs mit meist gelblicher Flechte zieren. Wunderschön, so finde ich, um diese zu einem lockeren Kranz mit Hilfe von Draht zu verwinden. Diesen stelle ich, auf drei oder vier Zweigfüßen ruhend, in eine alte gusseiserne Pfanne, die ich mit Wasser fülle. Die Blüten stecke ich nun durch das Geflecht, sodass die Stängelenden bis ins Wasser ragen. Auch wenn es etwas aufwändiger war diesen Kranz zu erstellen, so kann ich ihn immer wieder neu verwenden und mit anderen Blüten ergänzen. Es lohnt sich also.

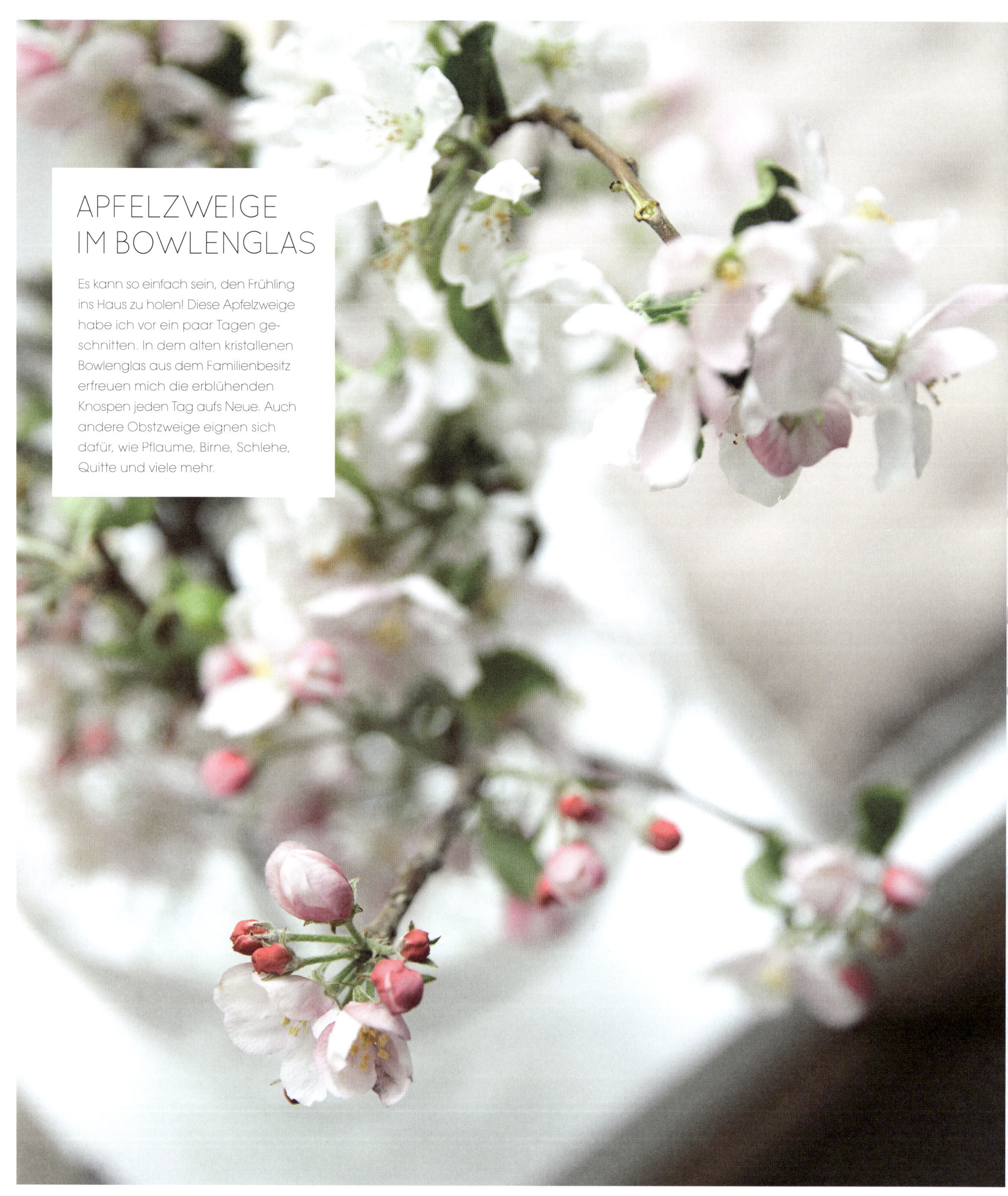

APFELZWEIGE IM BOWLENGLAS

Es kann so einfach sein, den Frühling ins Haus zu holen! Diese Apfelzweige habe ich vor ein paar Tagen geschnitten. In dem alten kristallenen Bowlenglas aus dem Familienbesitz erfreuen mich die erblühenden Knospen jeden Tag aufs Neue. Auch andere Obstzweige eignen sich dafür, wie Pflaume, Birne, Schlehe, Quitte und viele mehr.

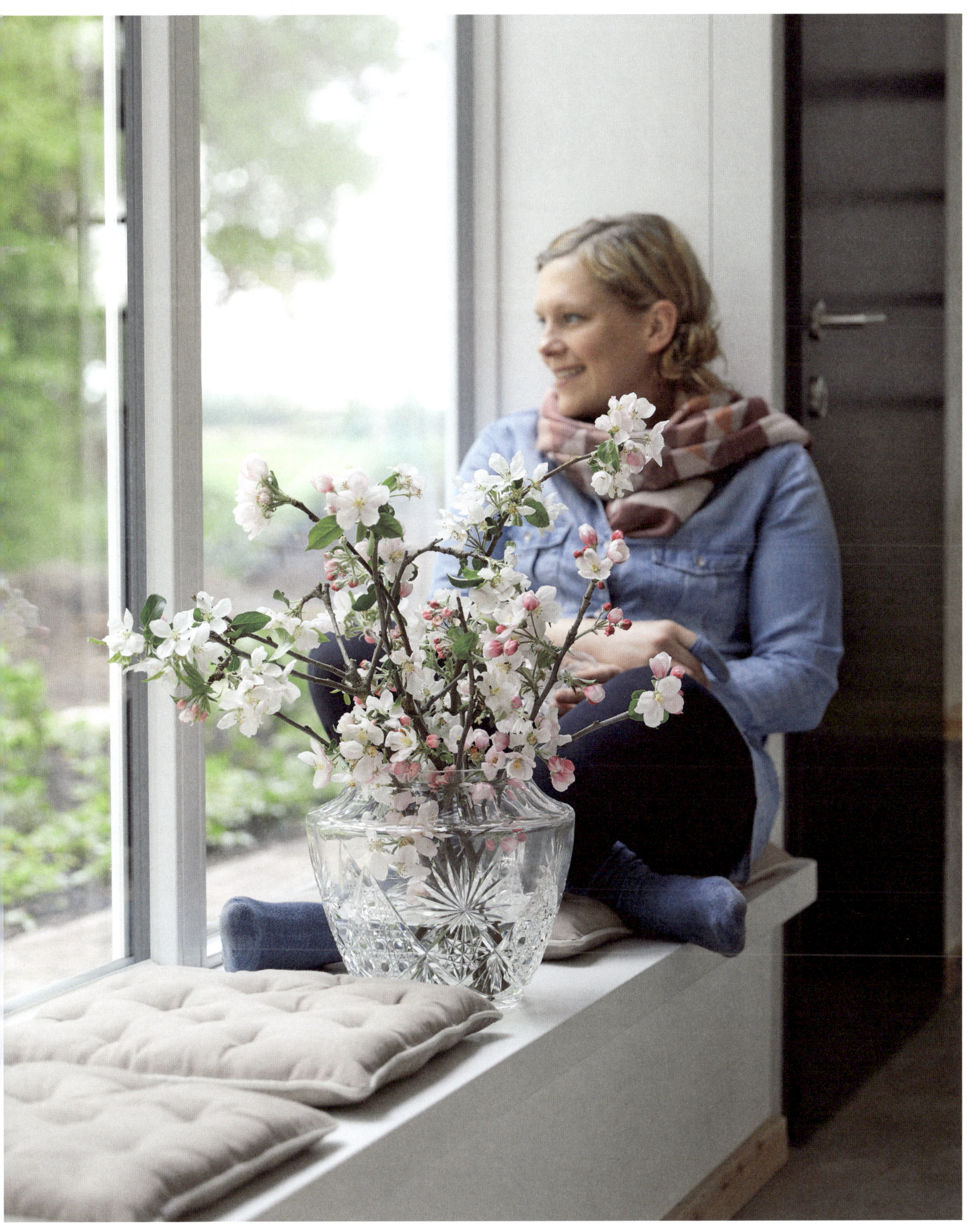

Maienduft!

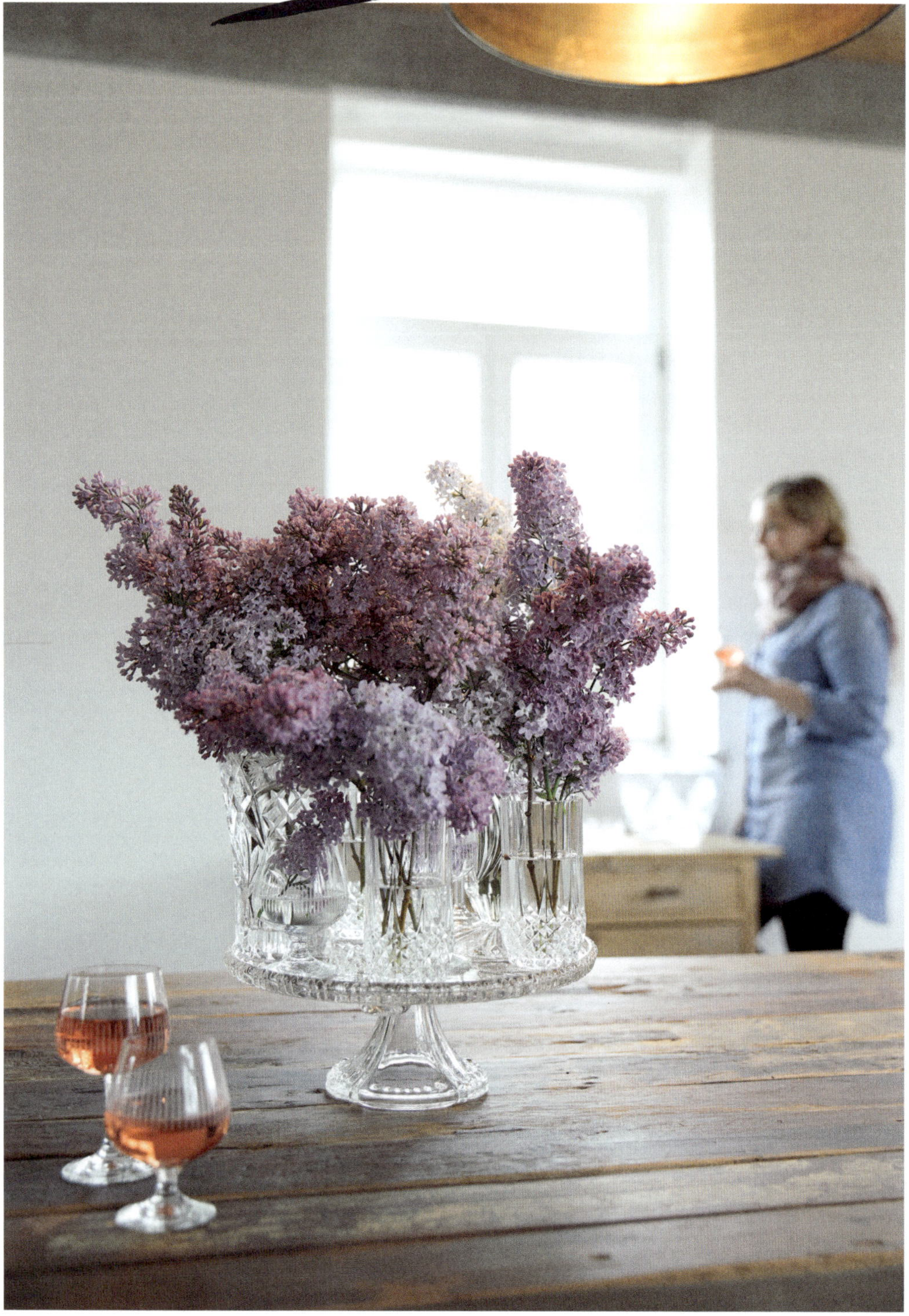

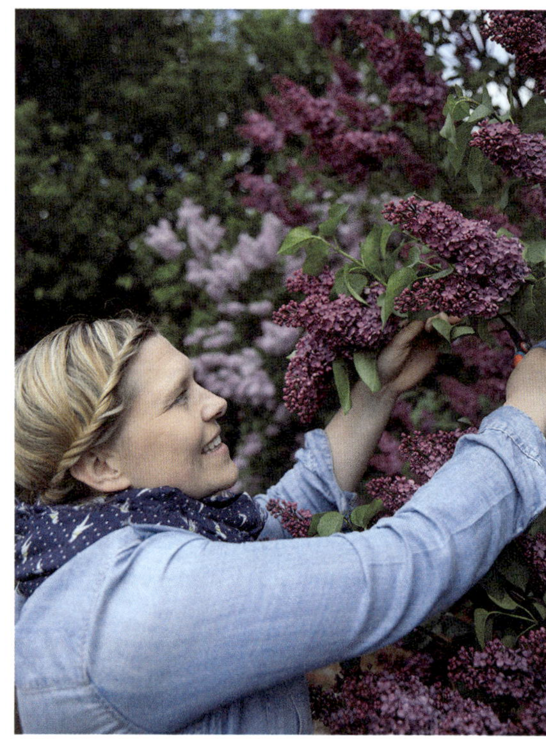

FLIEDER IM KRISTALL-GEFÄSS

Der Vorteil meines Landlebens ist, dass ich viele Nachbarn und ihre Gärten kenne und immer wieder eingeladen werde, mir ein paar Zweige von den großen, alten Fliederbüschen schneiden zu dürfen. Am liebsten stelle ich diese auf die gläserne Kristallplatte mit Fuß, immer zwei, drei Stängel zusammen in Kristalltrinkgläsern, die ich auf Flohmärkten gesammelt habe. So bekommen die verholzten Stiele genügend Wasser und das wolkige Dicht-an-Dicht der Fliederblütenstände in ihrem changierenden Farbspiel erhält die volle Aufmerksamkeit.

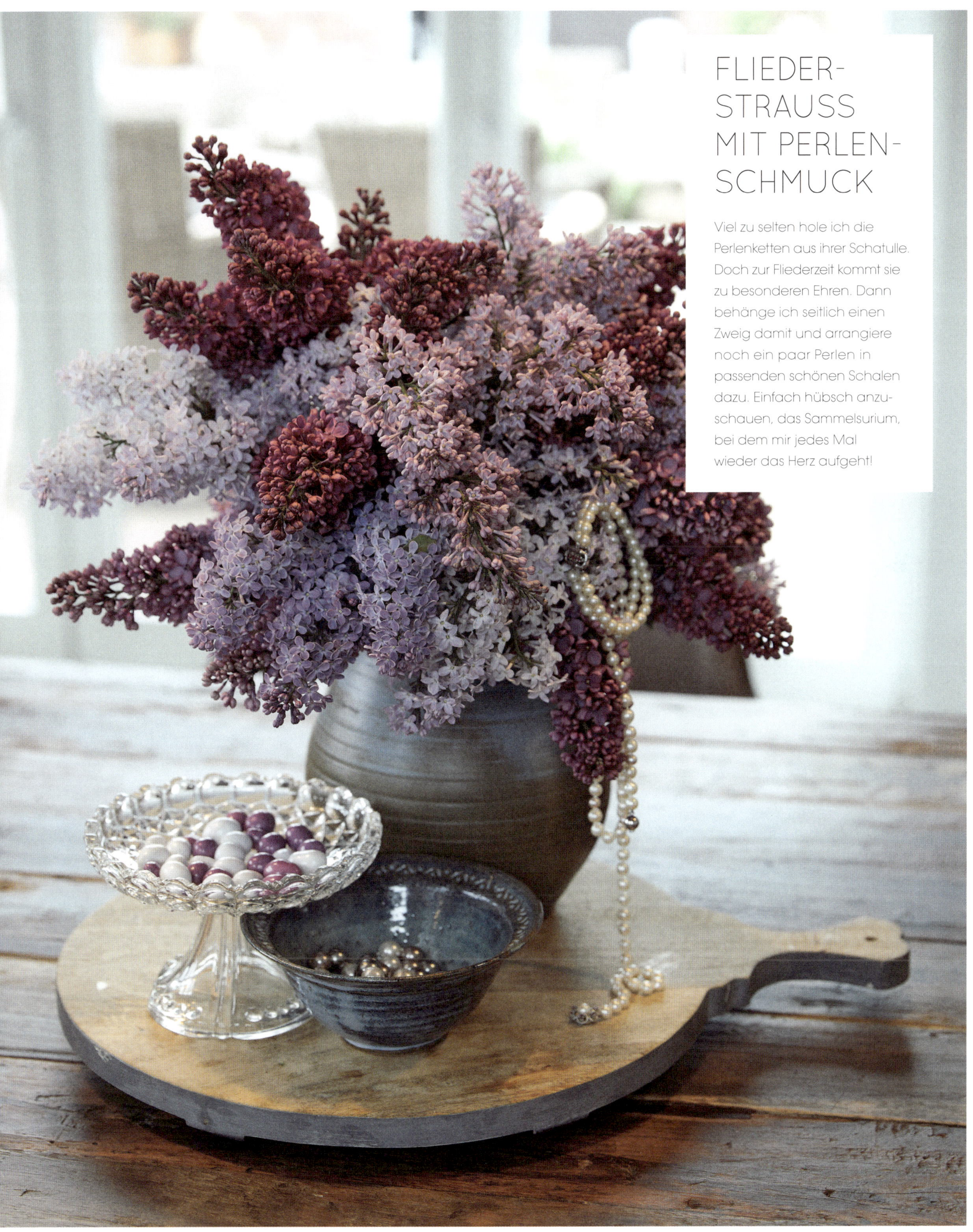

FLIEDER-STRAUSS MIT PERLEN-SCHMUCK

Viel zu selten hole ich die Perlenketten aus ihrer Schatulle. Doch zur Fliederzeit kommt sie zu besonderen Ehren. Dann behänge ich seitlich einen Zweig damit und arrangiere noch ein paar Perlen in passenden schönen Schalen dazu. Einfach hübsch anzuschauen, das Sammelsurium, bei dem mir jedes Mal wieder das Herz aufgeht!

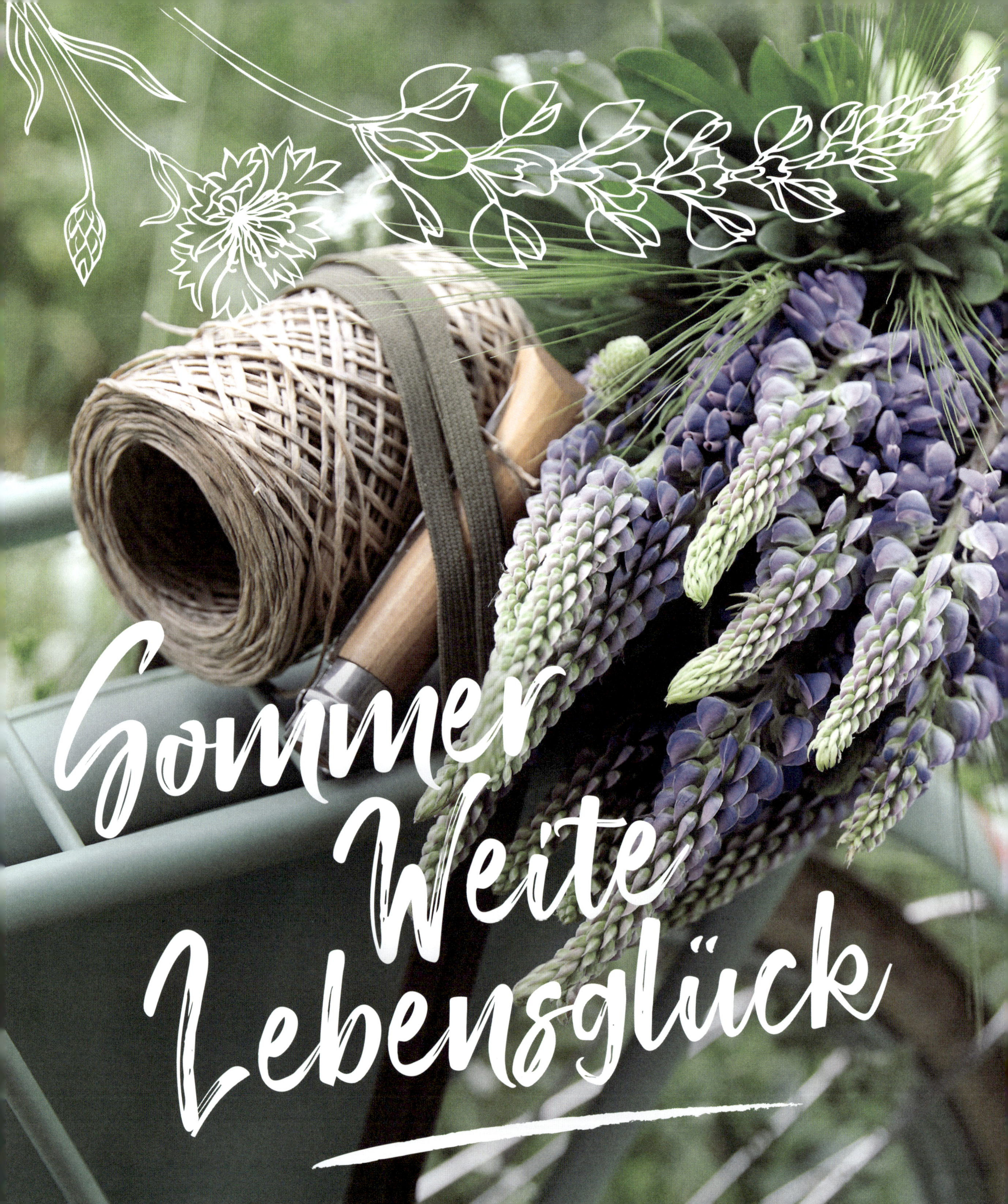
Sommer
Weite
Lebensglück

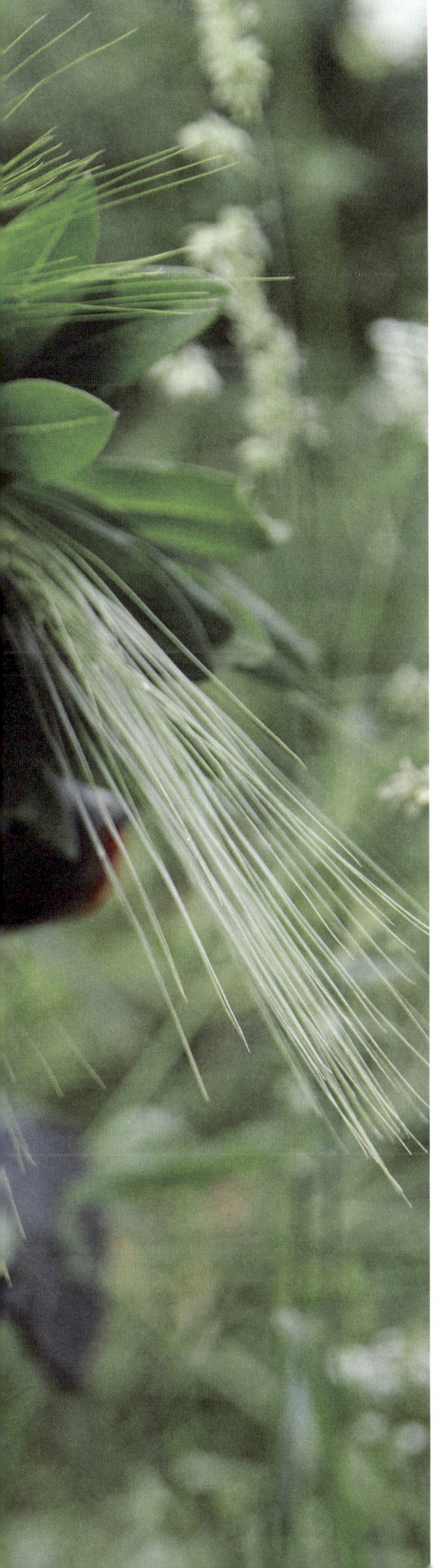

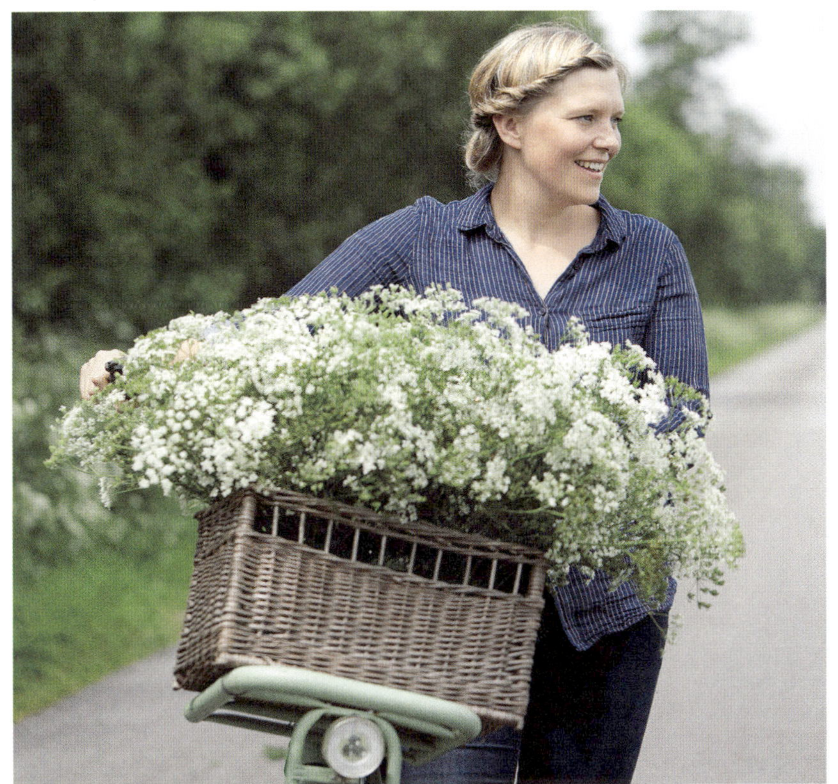

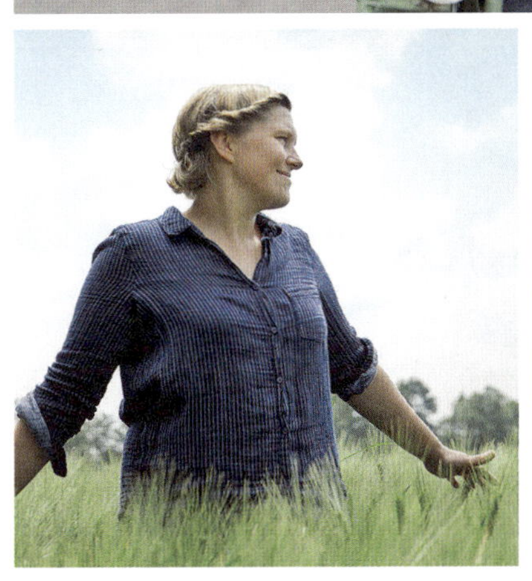

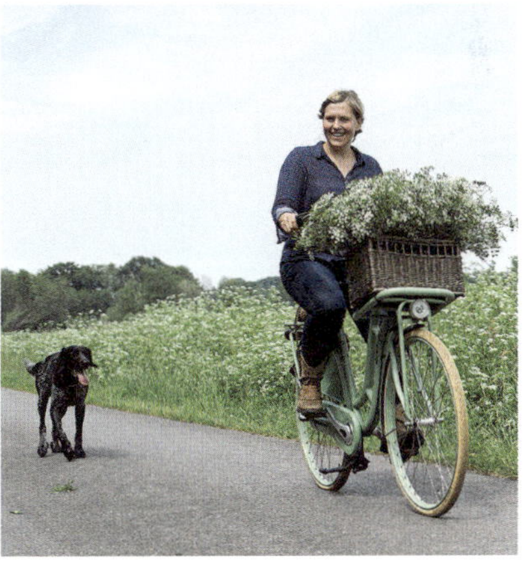

DRAUSSEN UNTERWEGS

Was genieße ich die Zeit des wachsenden Getreides und der üppig sprießenden Wiesenkräuter! Besonders die Wilde Möhre, die in unserer Gegend die Straßenränder säumt, hat es mir angetan. Geradezu im Vorbeifahren mit dem Fahrrad kann ich sie ernten. Zusammen mit blauen Kornblumen und Lupinen, sowie weißen Margeriten gestalte ich dann Sträuße, die schnell gepflückt und gebunden mir den strahlend blauen Himmel und seine watteweißen Wolken auf der Erde spiegeln.

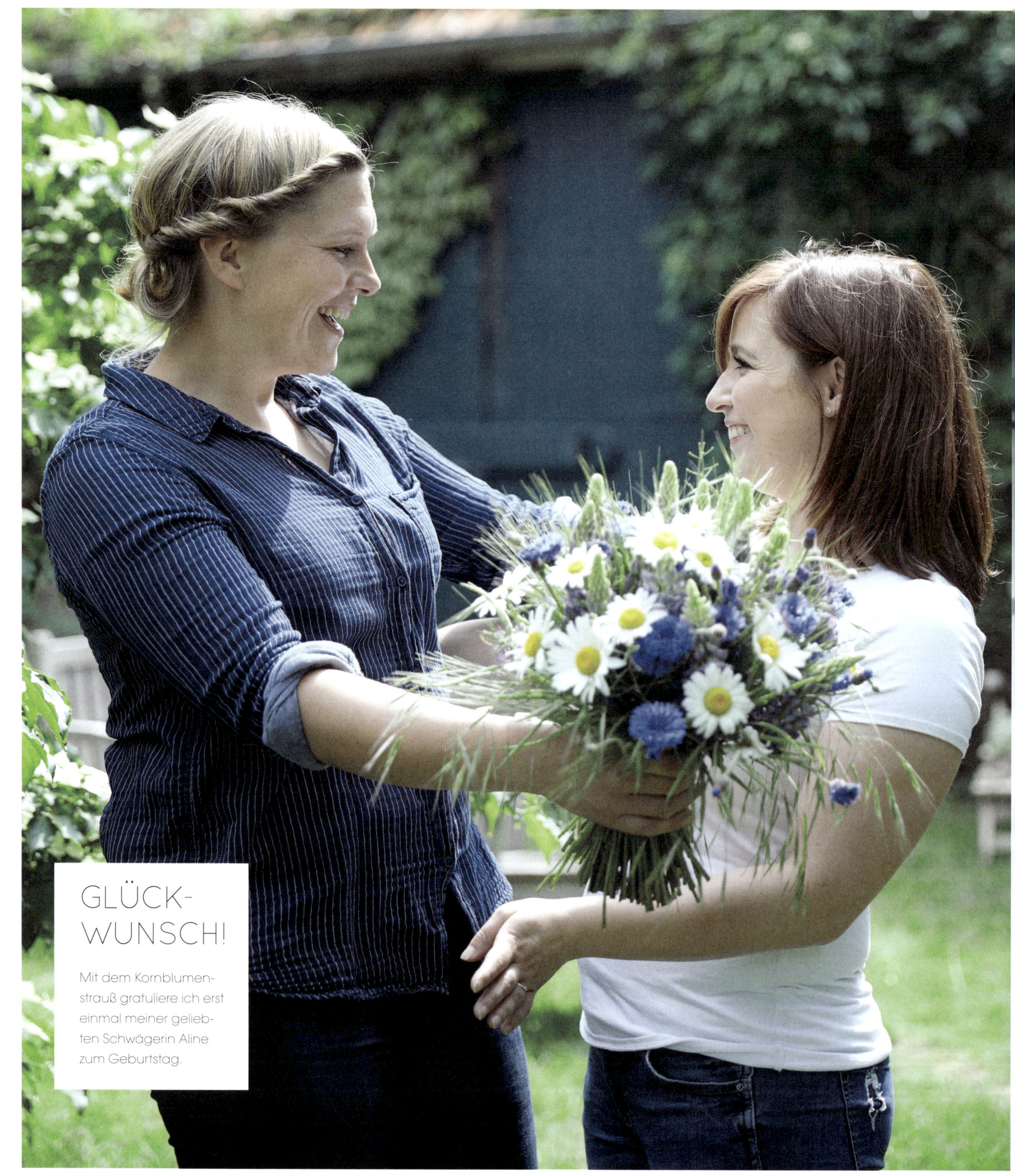

GLÜCK-WUNSCH!

Mit dem Kornblumenstrauß gratuliere ich erst einmal meiner geliebten Schwägerin Aline zum Geburtstag.

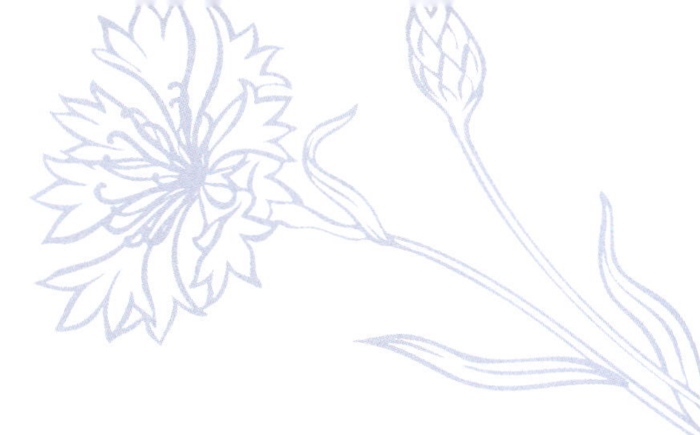

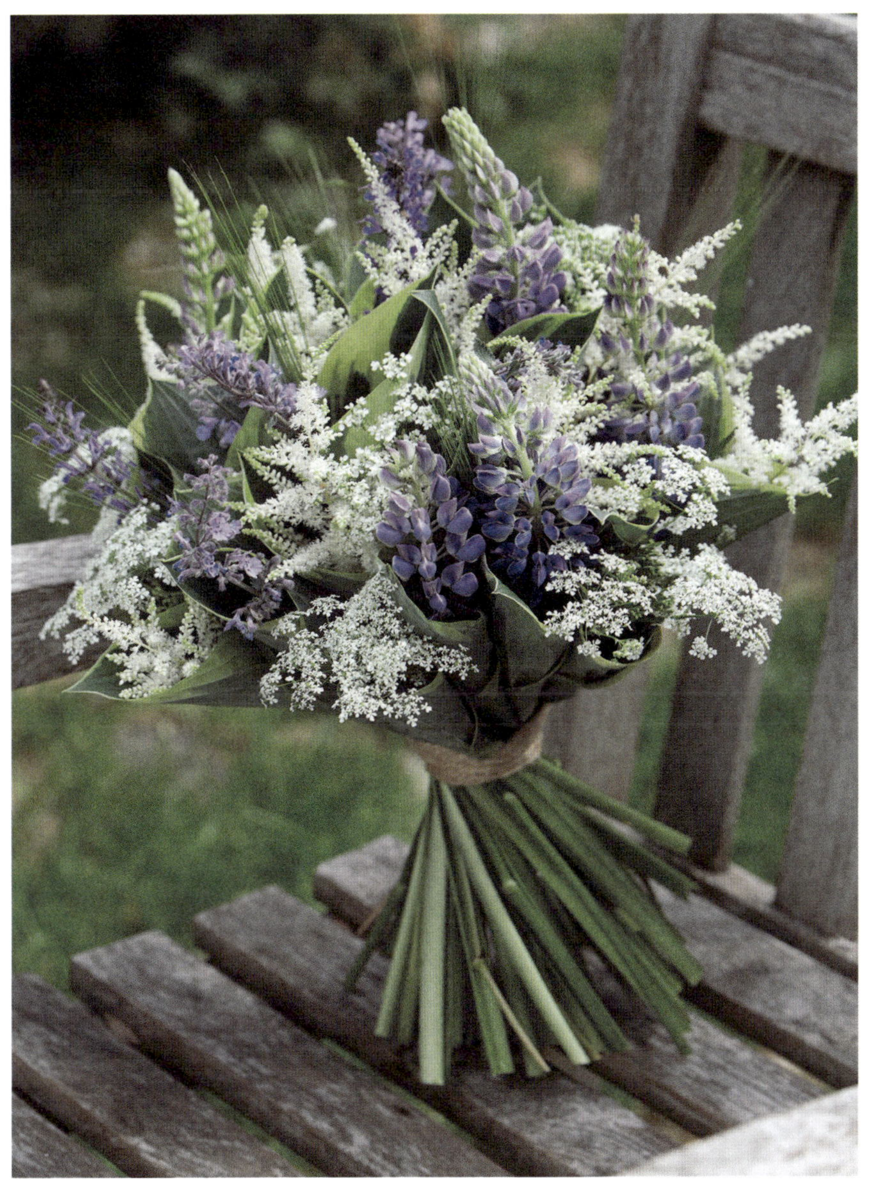

KOMBINIERTE STRÄUSSE

Ob Himmelblau und Wolkenweiß gemischt mit beschwingten Gräsern oder wippendem Hafer, entscheide ich Tag für Tag aufs Neue. Auch ganz in Weiß aus traumhaft schönen Margeriten, umspielt von den federleicht wirkenden Blütenständen der Wilden Möhre, liebe ich die Sträuße sehr.

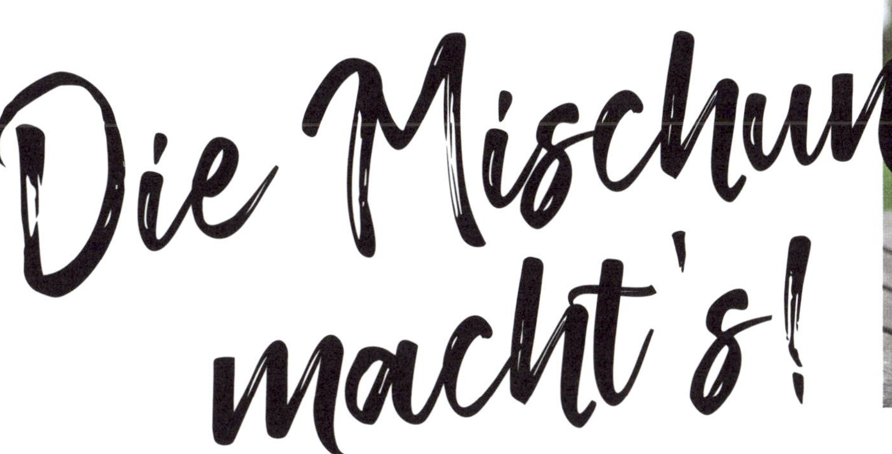

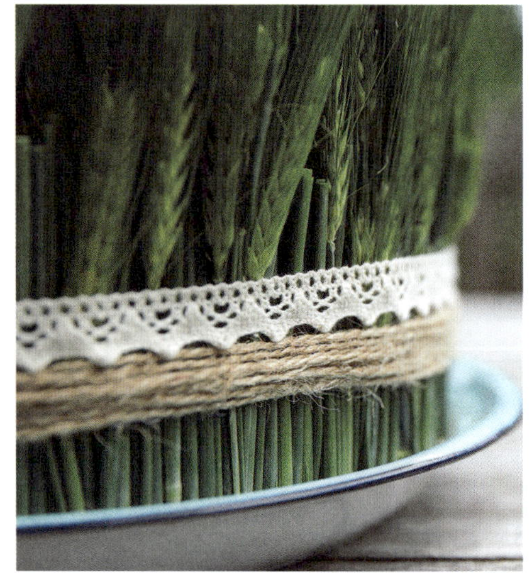

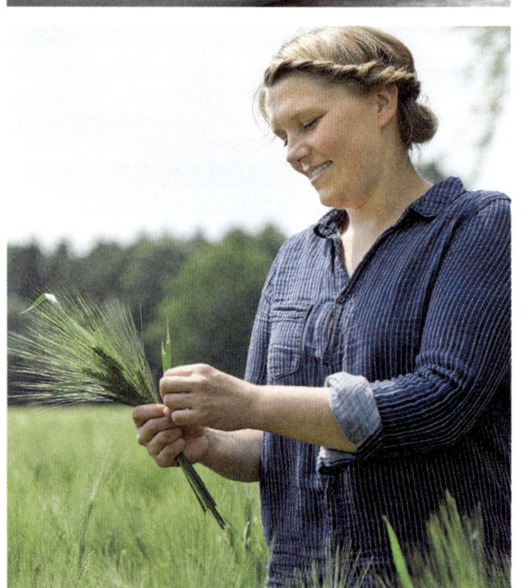

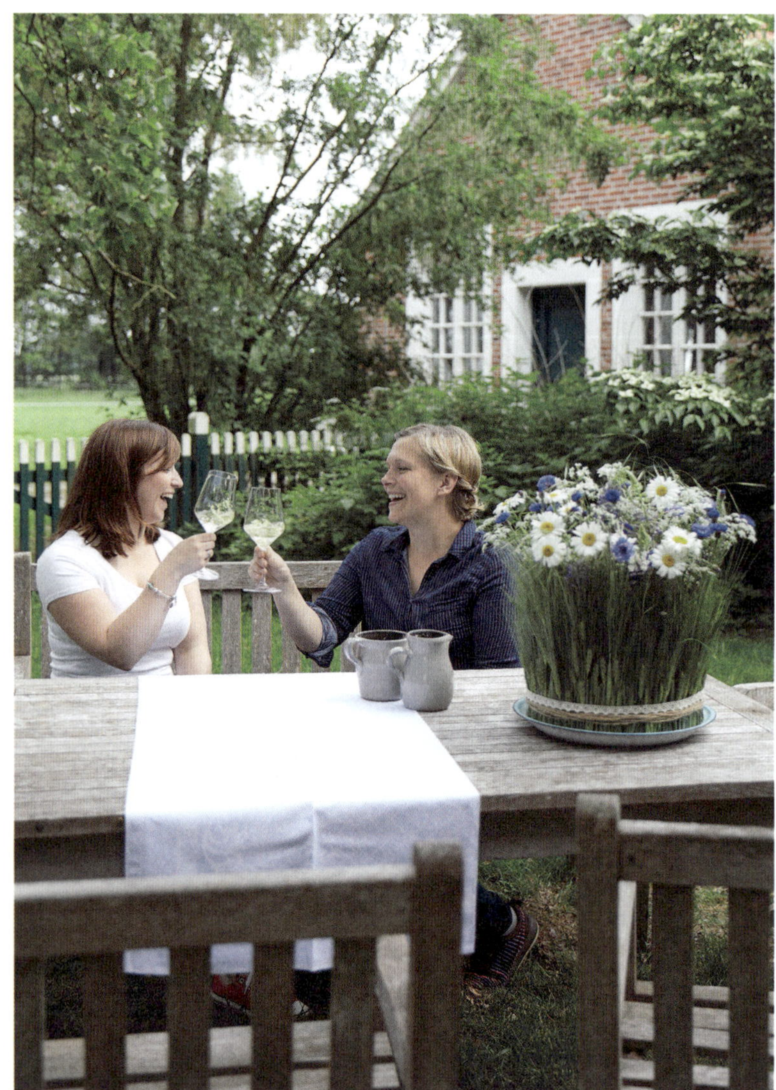

WIESIGES TISCHGESTECK

Wie ein Ausschnitt aus unseren norddeutschen Wiesen wirkt das runde Gesteck, bei dem alle Blumen, wie Kornblume, Margerite, Wilde Möhre und dazu wippende Gräser, senkrecht in einen flachen Steckschaum-Zylinder gesteckt werden. Außen herum ordne ich die kurz geschnittenen grünen Gerstenhalme mit ihren langen Grannen an, fixiert von einer Bindfadenumwicklung und Spitzenband aus Omas Nähkästchen. Damit nichts ausläuft und immer gut mit Wasser versorgt werden kann, stelle ich noch einen Teller drunter.

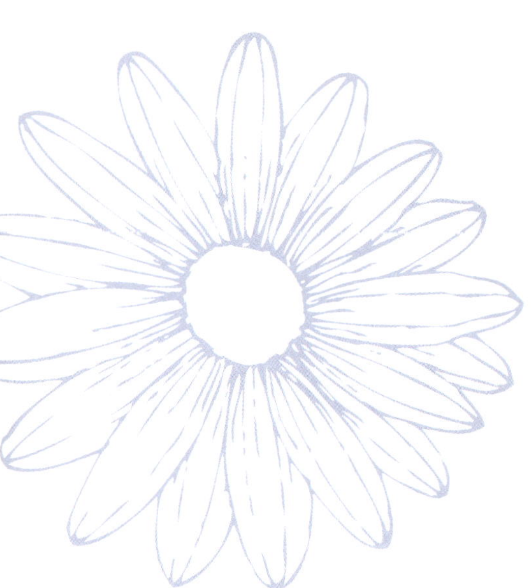

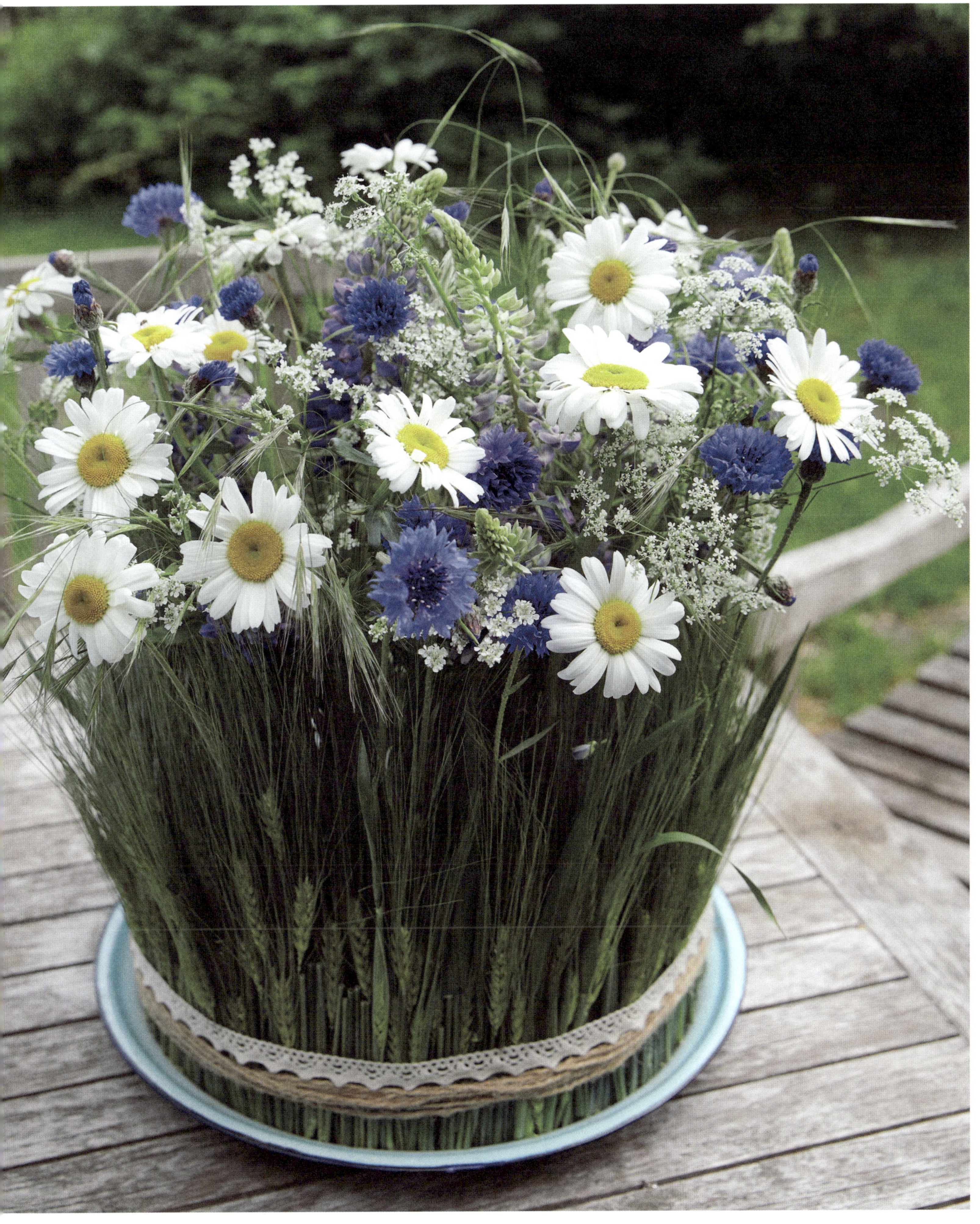

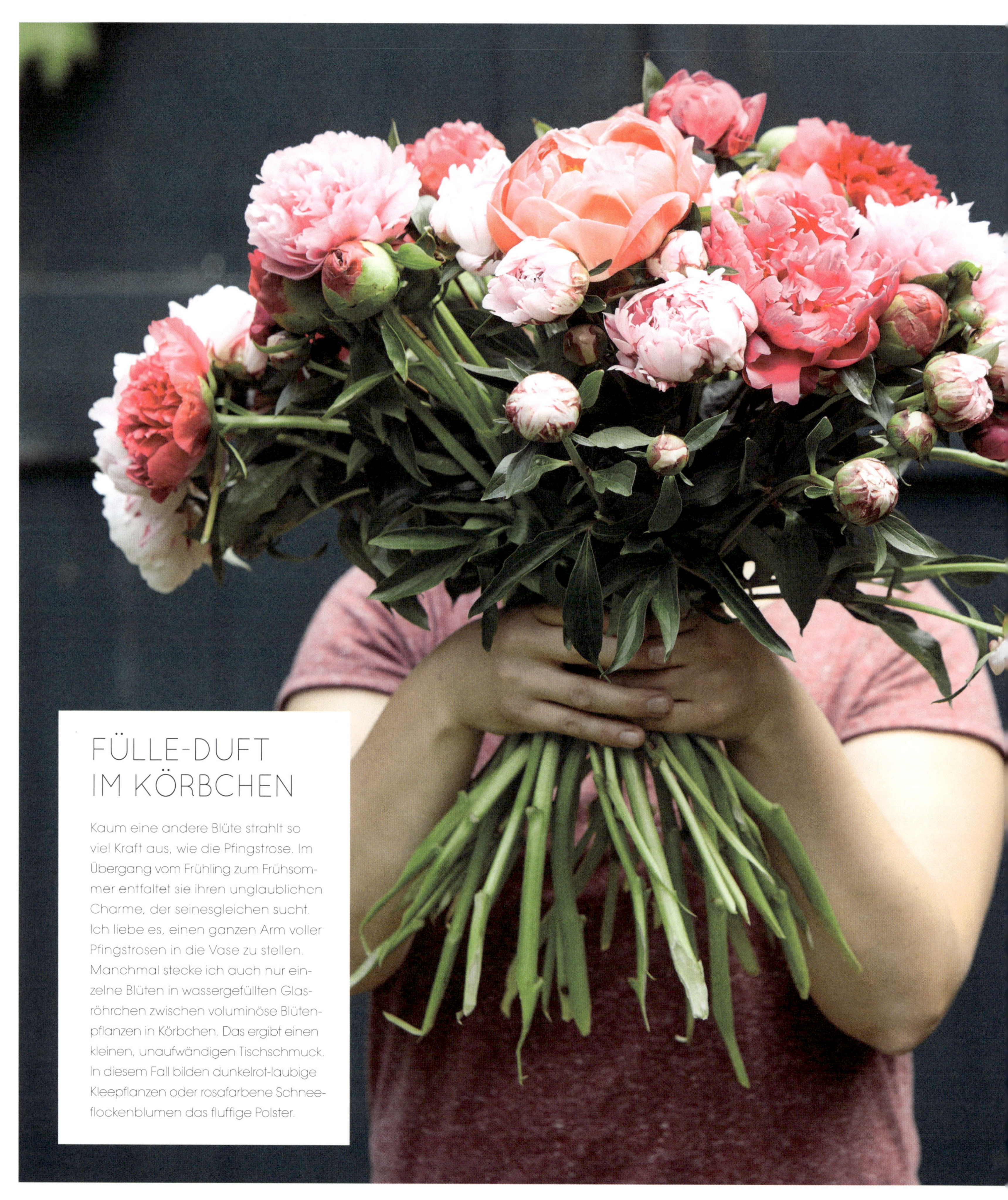

FÜLLE-DUFT IM KÖRBCHEN

Kaum eine andere Blüte strahlt so viel Kraft aus, wie die Pfingstrose. Im Übergang vom Frühling zum Frühsommer entfaltet sie ihren unglaublichen Charme, der seinesgleichen sucht. Ich liebe es, einen ganzen Arm voller Pfingstrosen in die Vase zu stellen. Manchmal stecke ich auch nur einzelne Blüten in wassergefüllten Glasröhrchen zwischen voluminöse Blütenpflanzen in Körbchen. Das ergibt einen kleinen, unaufwändigen Tischschmuck. In diesem Fall bilden dunkelrot-laubige Kleepflanzen oder rosafarbene Schneeflockenblumen das fluffige Polster.

Eine Nase voller Duft!

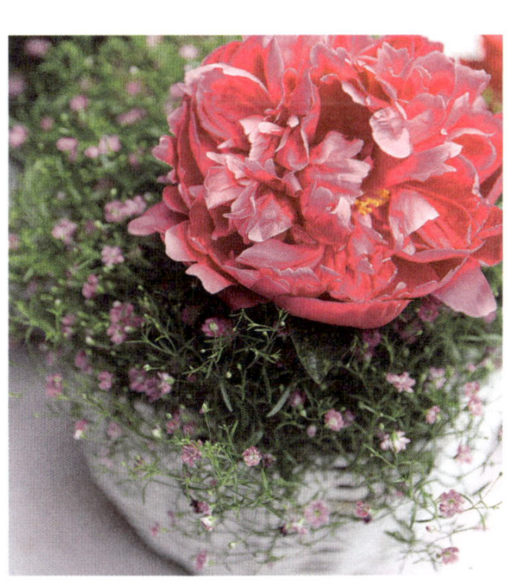

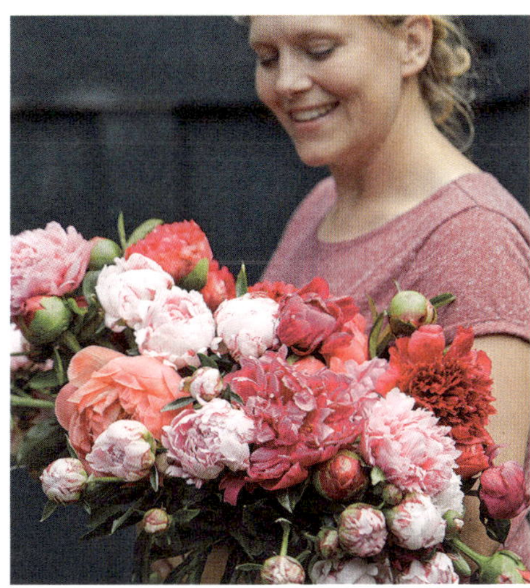

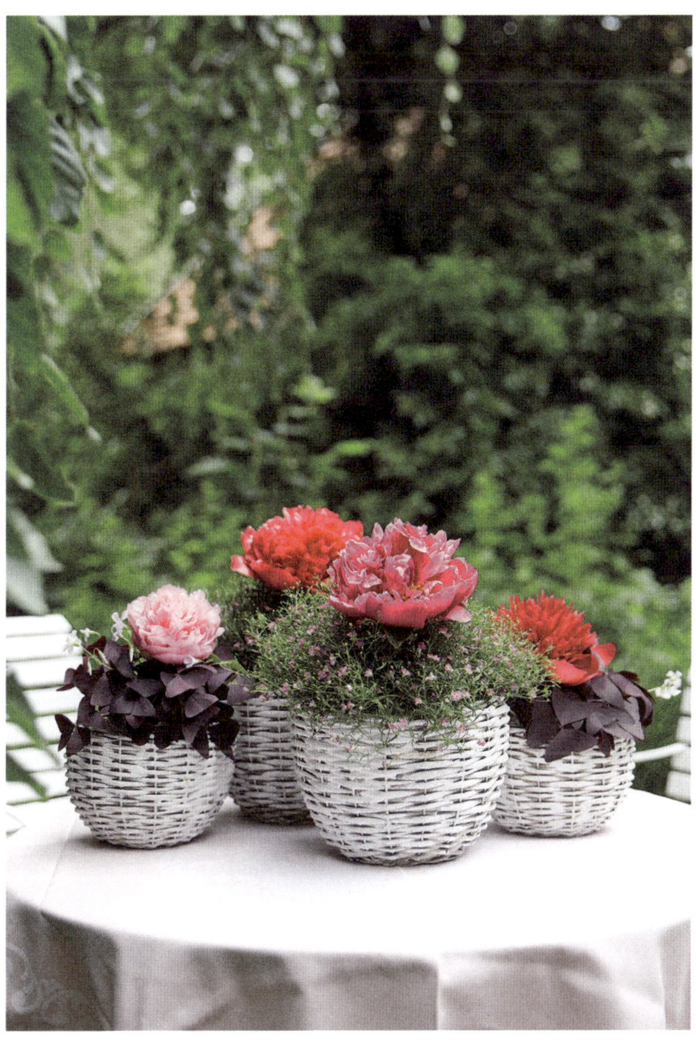

Blumig aufgetafelt

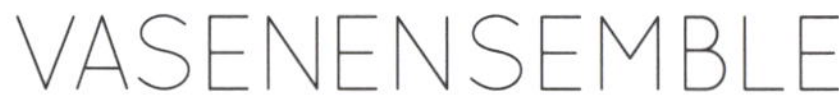

VASENENSEMBLE

Wenn ich keine Körbchen zur Hand habe, stelle ich auch einzelne Blüten in unterschiedliche Vasen. Das sieht immer schmückend und zierend aus. Oder ich mache flugs aus ein paar hohen, zylindrischen Trinkgläsern stimmungsvolle Vasen. In diesem Fall habe ich Kölsch-Biergläser verwendet, meine über alles geliebten Allzweckgefäße. Teils umwickele ich diese mit großen Blättern von Pflanzen aus meinem Garten, wie Hosta, teils aber auch mit farblich passendem Stoff oder Papier. Dazu schneide ich einfach Rechtecke aus und fixiere diese mit Stecknadeln und Bändern um die runden Gläser. Dicht an dicht gestellt, ergibt das drinnen wie draußen eine blütenreiche Mitte auf einem runden Tisch.

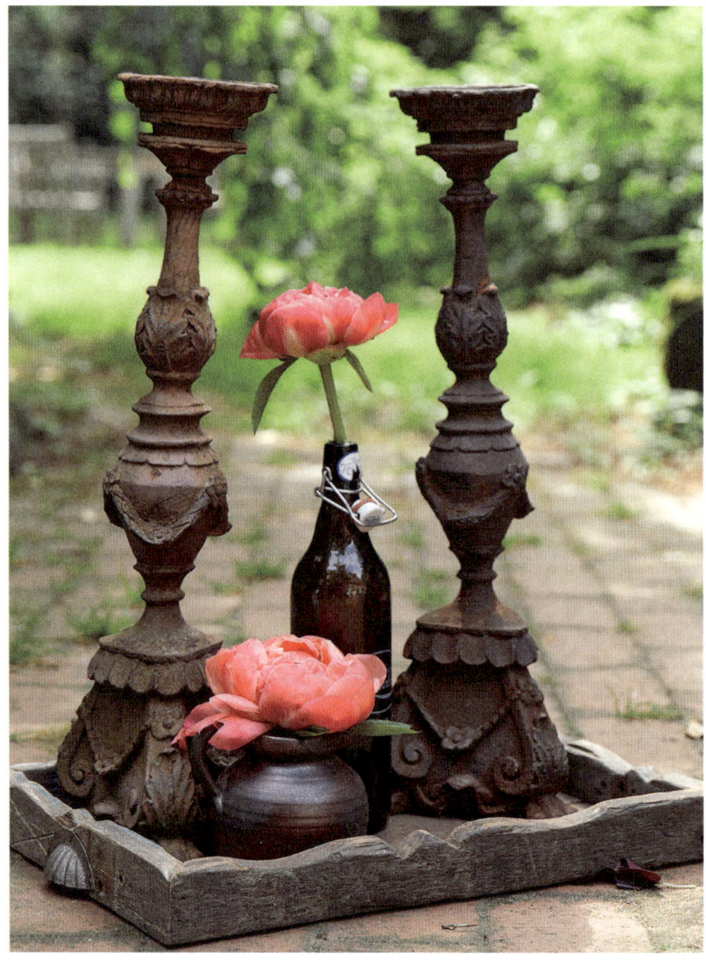

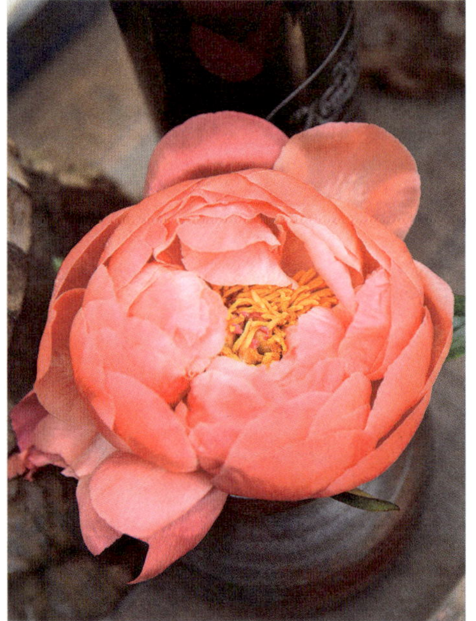

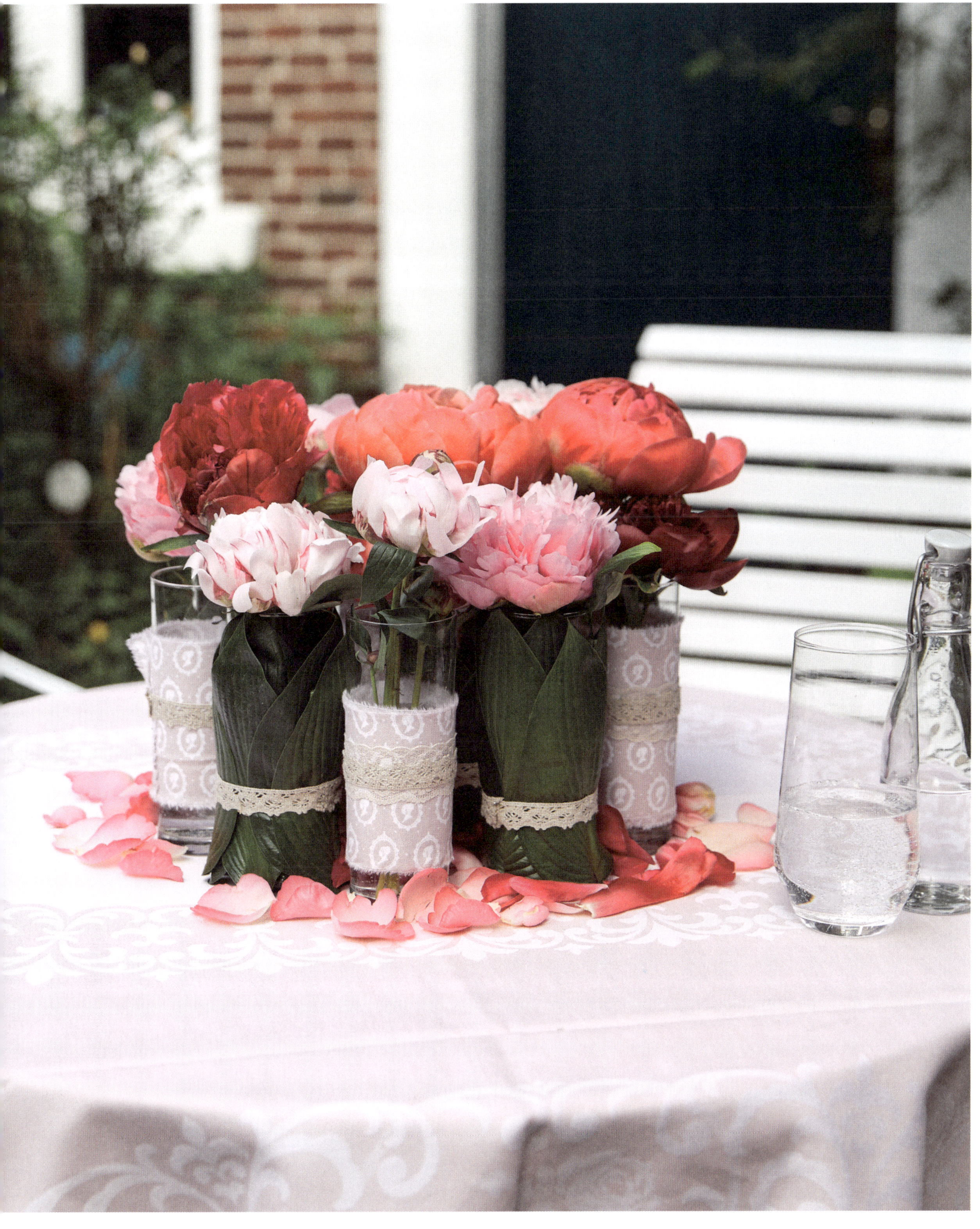

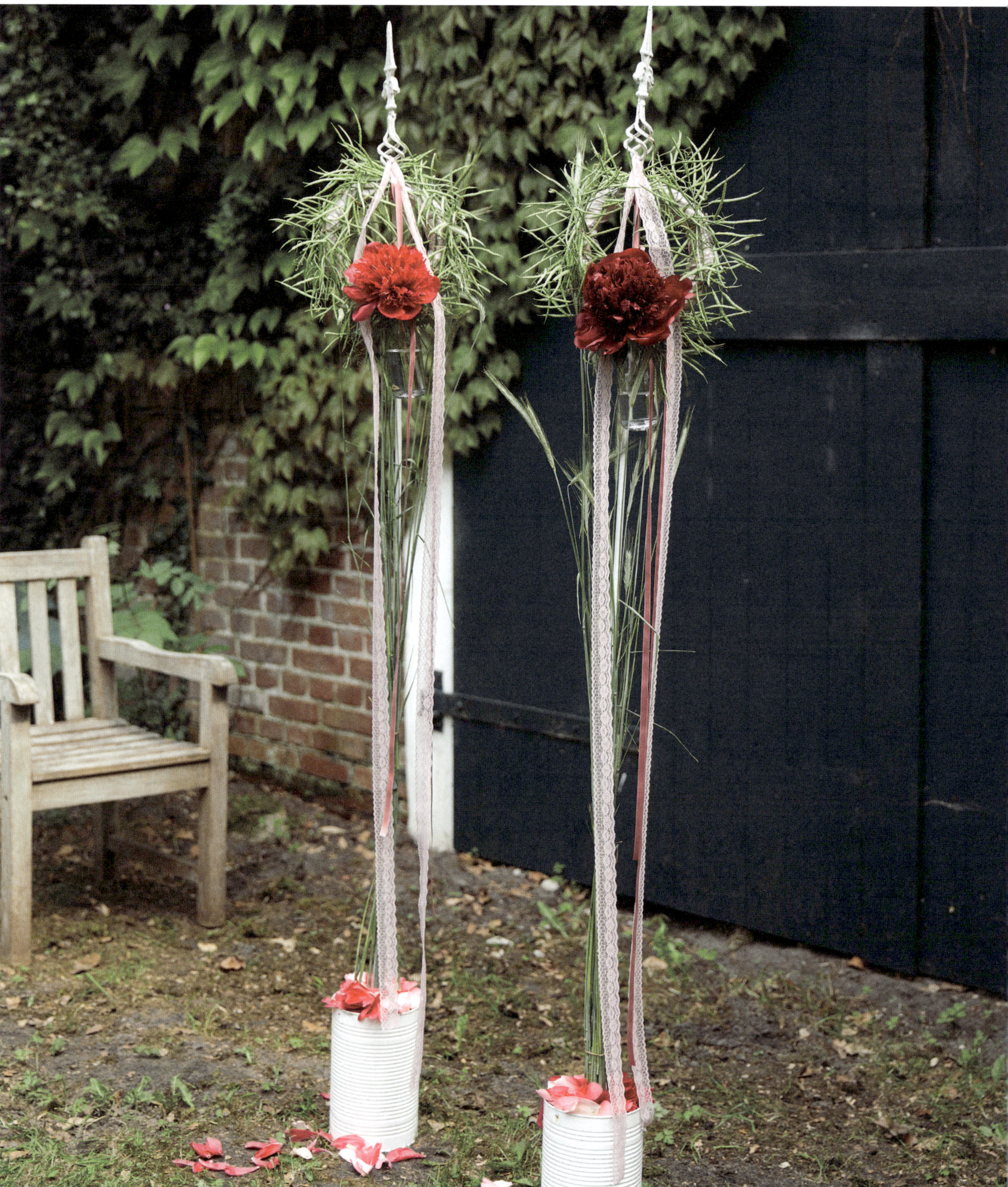

STRAUSS UND KRANZ-SCHMUCK

Die Zeit der Pfingstrosenblüte ist auch die des reifenden Rapses und der blühenden Wiesengräser. Insofern wähle ich sie gerne als grüne Begleiter zu den prunkvollen Blüten. Das wippende, zarte und sprungvolle Trespengras verleiht den Sträußen aus kurz gestielten und dicht gebundenen Pfingstrosen Leichtigkeit und Charme. Den grünschotigen Raps winde ich gerne zu kleinen Kränzchen. Als farbliche Akzentuierung hänge ich eine einzelne Pfingstrose in einem wassergefüllten Glasröhrchen zusammen mit sommerlich wirkenden Bändern dran.

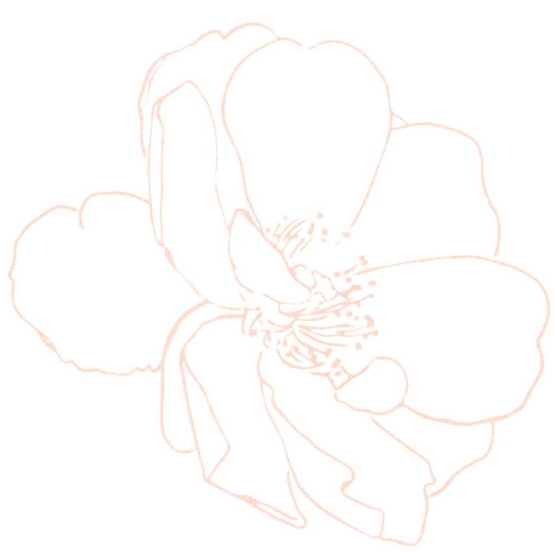

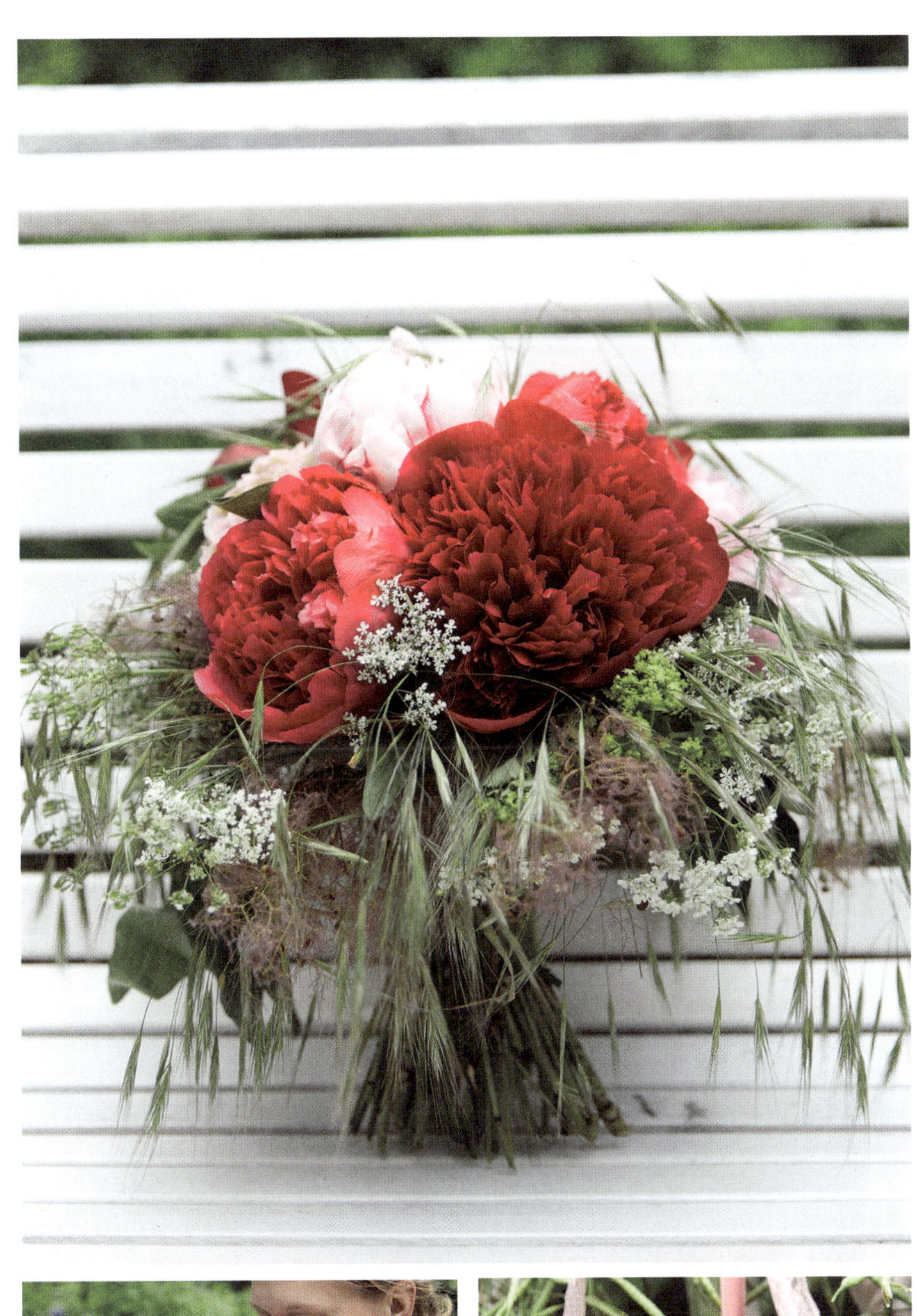

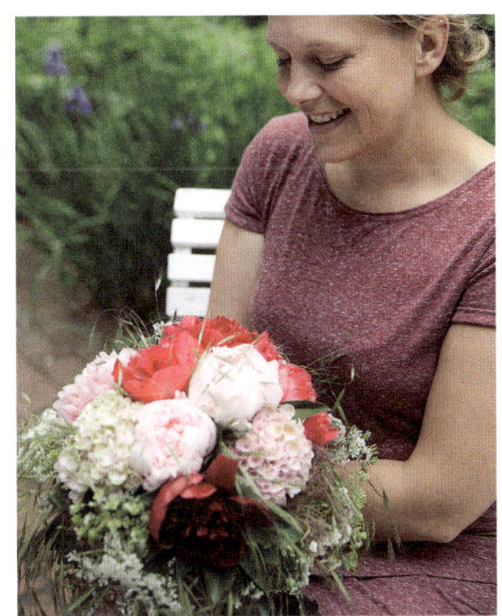

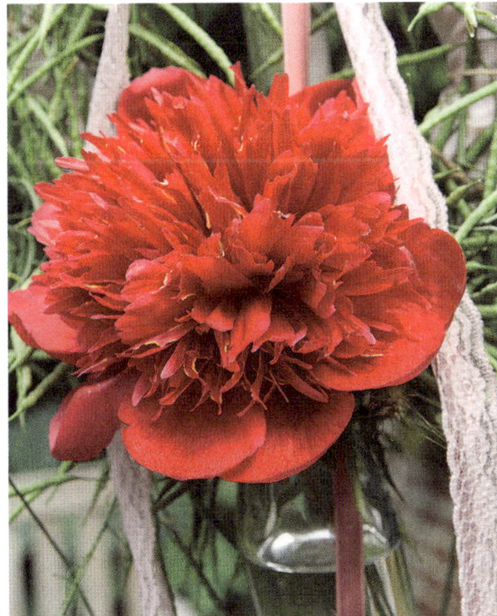

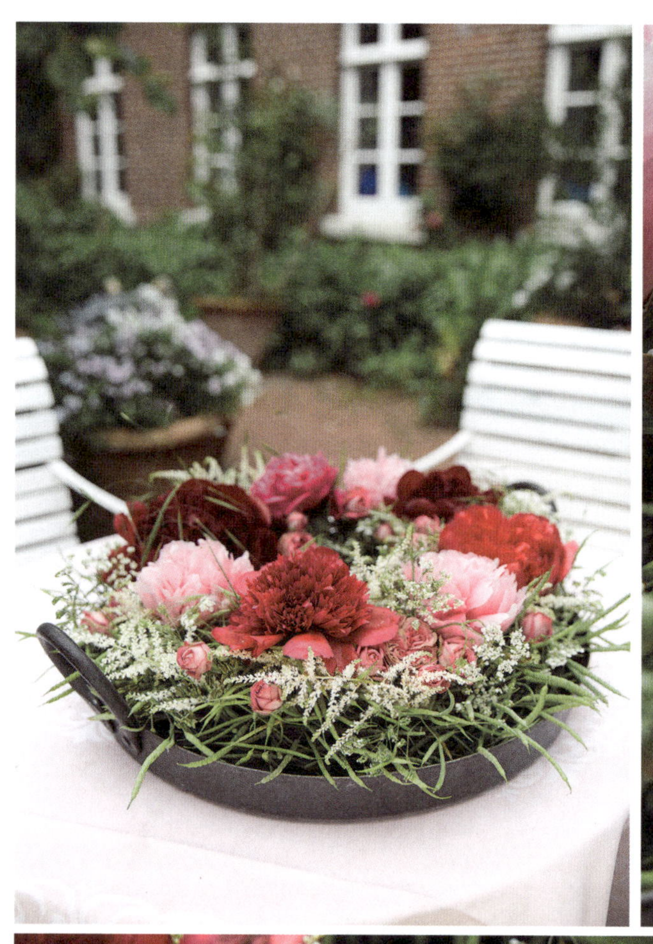
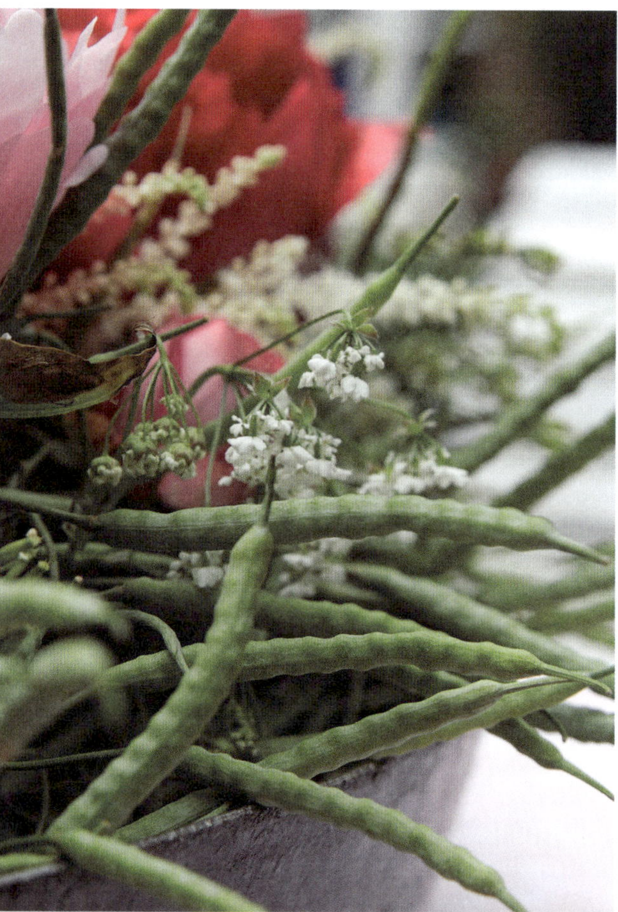
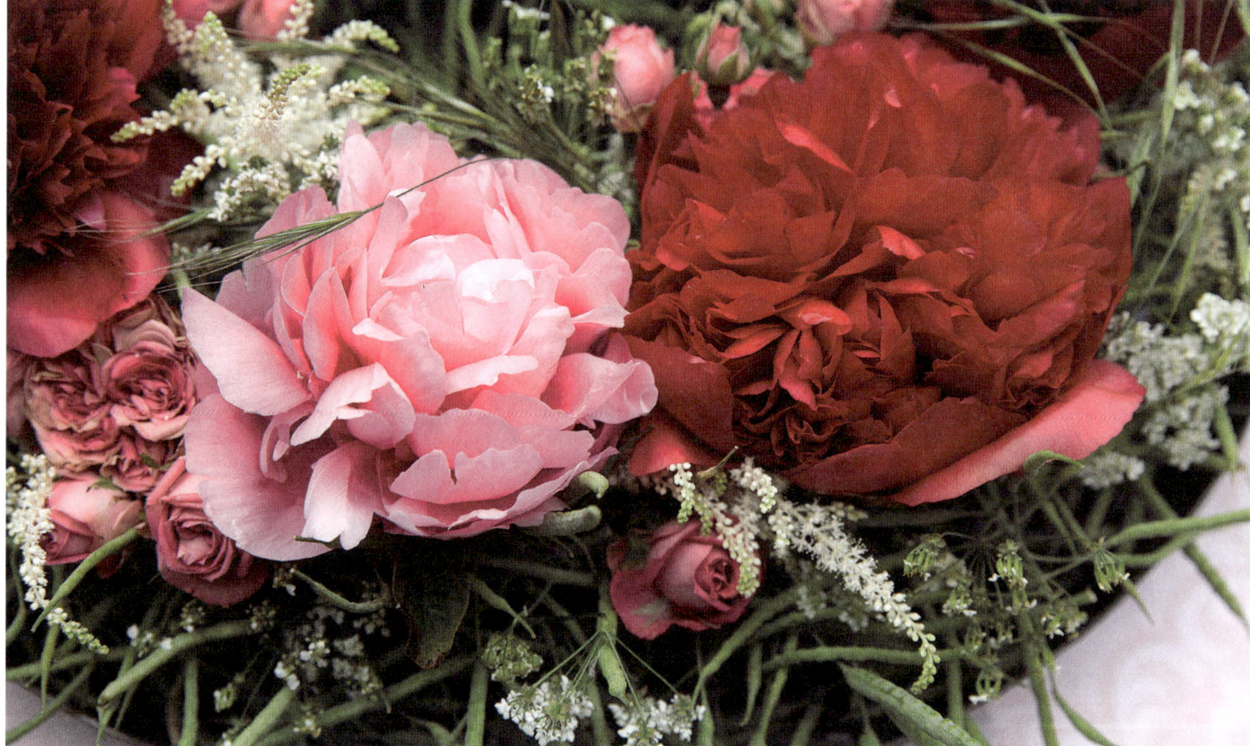

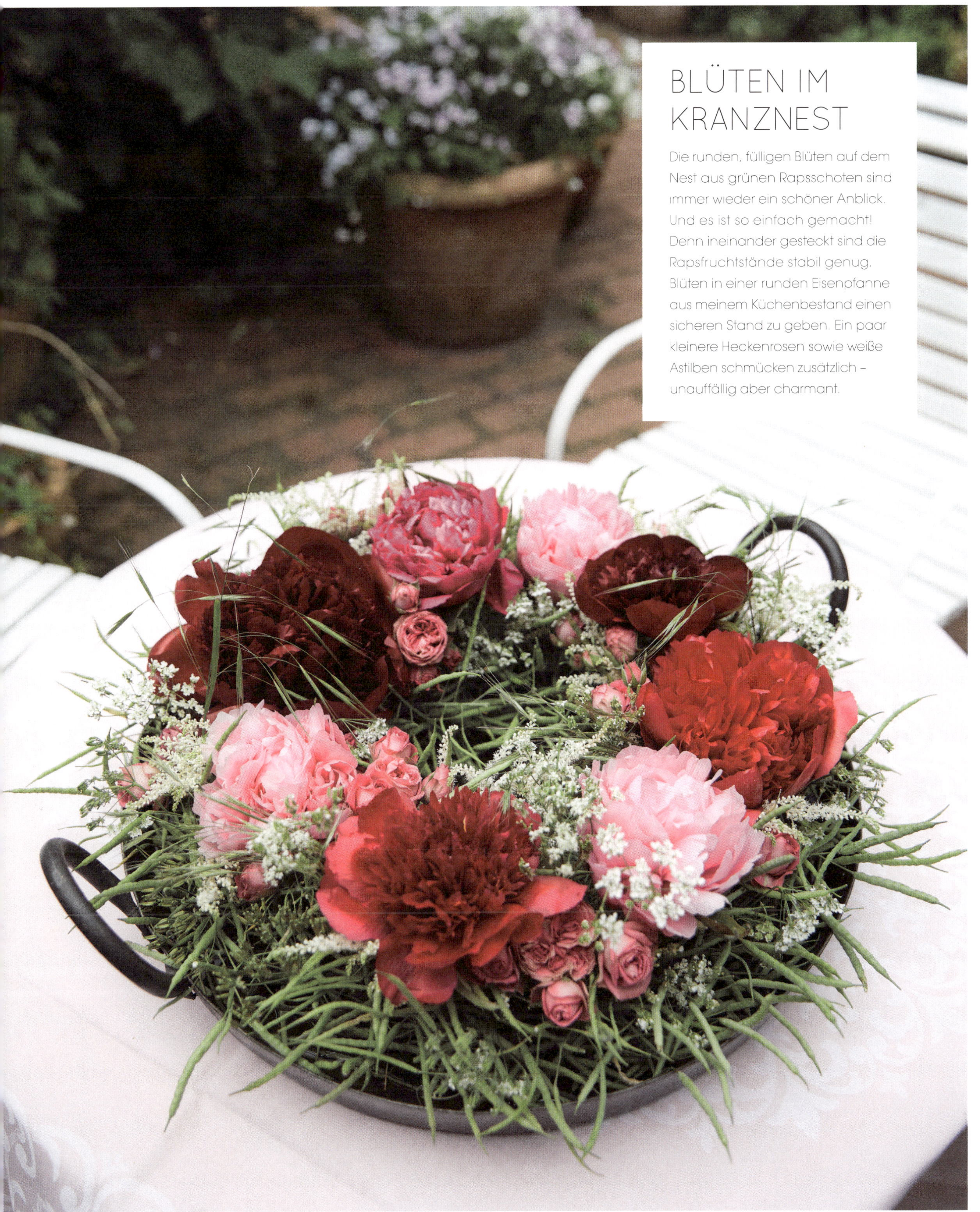

BLÜTEN IM KRANZNEST

Die runden, fülligen Blüten auf dem Nest aus grünen Rapsschoten sind immer wieder ein schöner Anblick. Und es ist so einfach gemacht! Denn ineinander gesteckt sind die Rapsfruchtstände stabil genug, Blüten in einer runden Eisenpfanne aus meinem Küchenbestand einen sicheren Stand zu geben. Ein paar kleinere Heckenrosen sowie weiße Astilben schmücken zusätzlich – unauffällig aber charmant.

Mittsommer-Feier

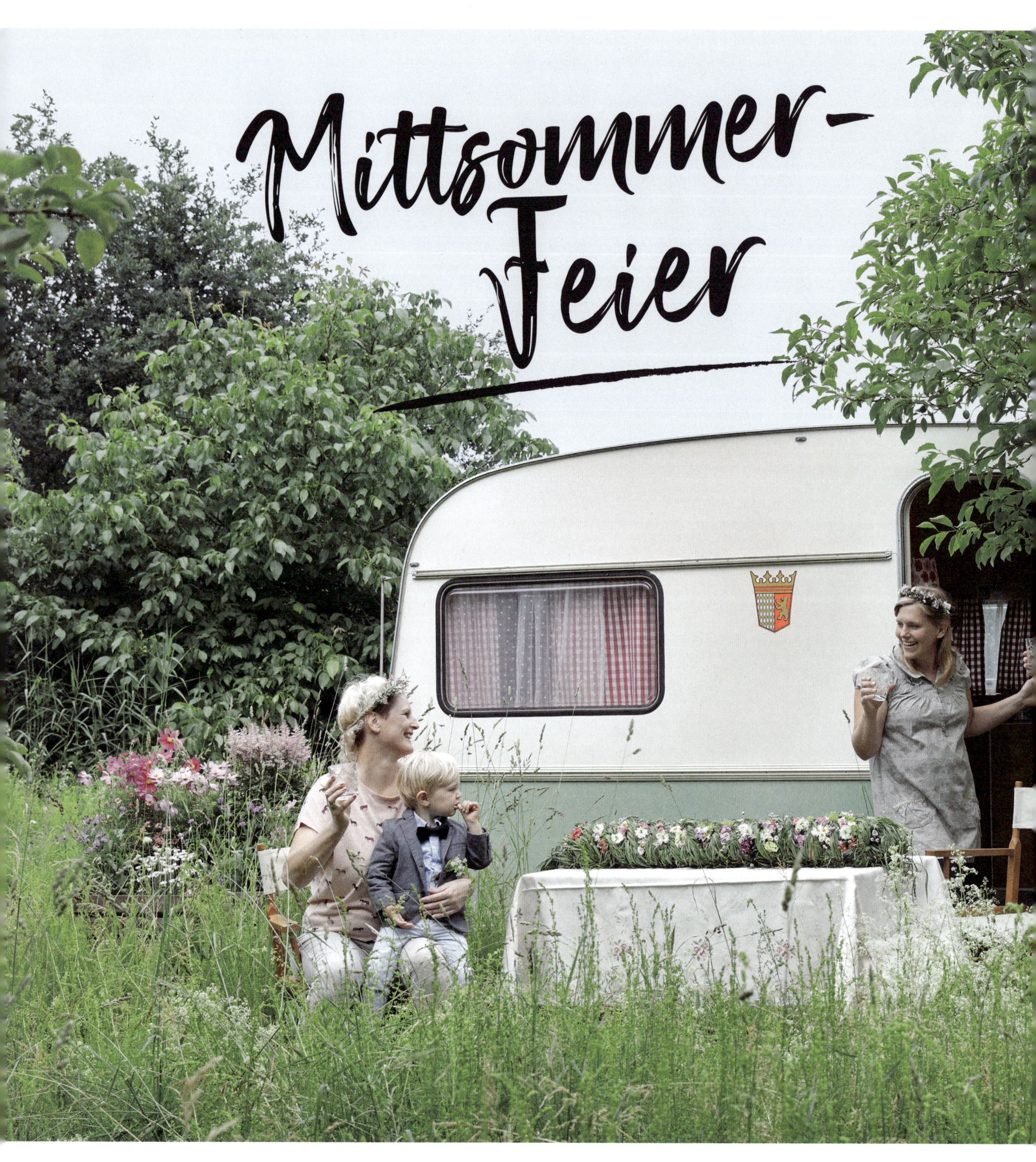

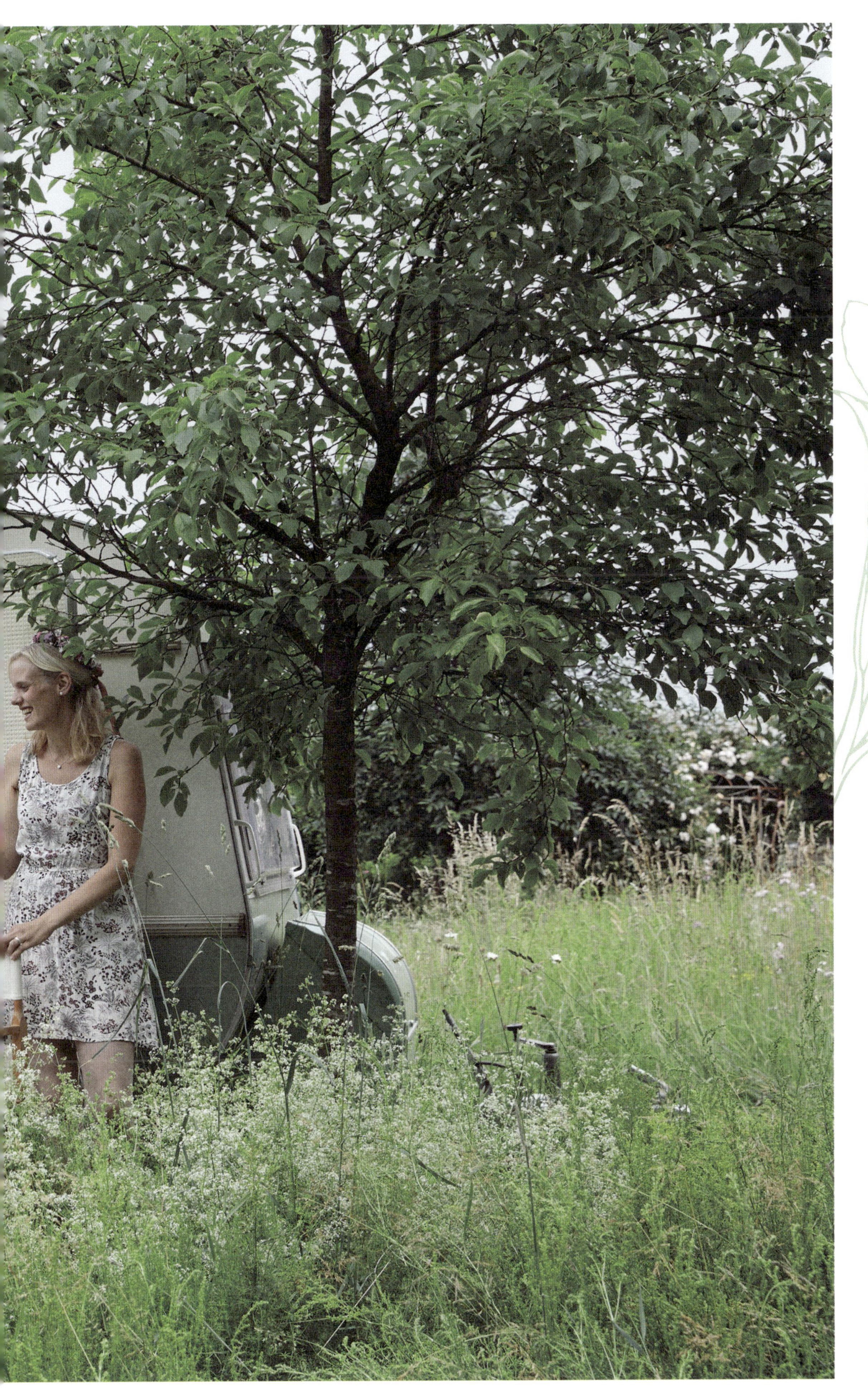

FEIERN IM GRÜNEN

Wenn der Sommer durchstartet, wenn die Tage lang und die Nächte kurz sind und das Leben nur noch draußen stattfindet, genieße ich das Zusammensein mit meinen Freundinnen ganz besonders. Unser altes, geliebtes Wohnmobil kommt dann zu besonderen Ehren, wenn das fröhliche Zusammensein rund herum stattfindet – mitten auf der hohen, ungemähten blühenden Wiese!

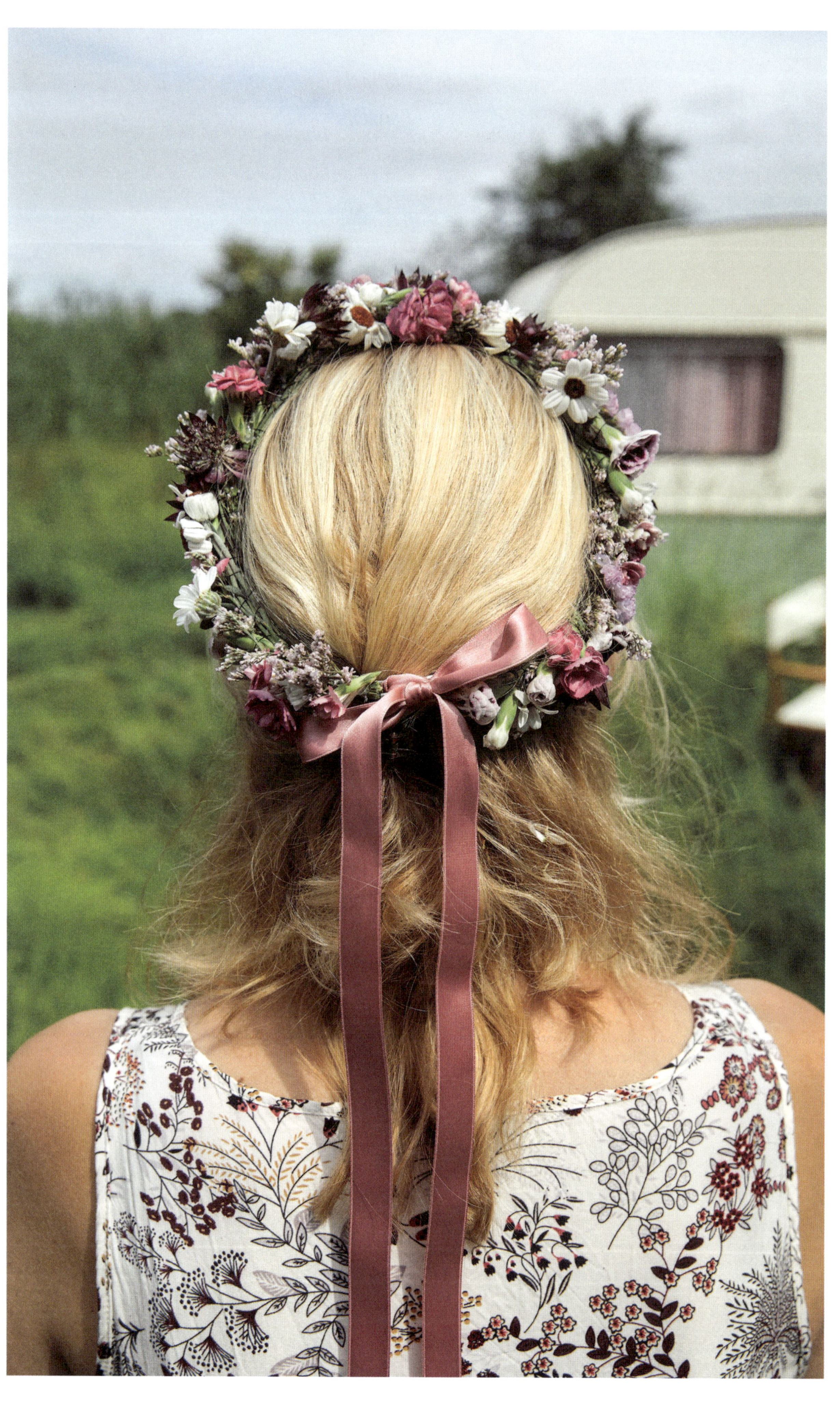

WIESEN-BLUMEN HAAR-KRÄNZCHEN

Bevor das Gras so hoch ist, dass es schon wieder gemäht werden muss, feiere ich mit meinen Freundinnen ein Sommerfest. Unsere Kopfblütenkränzchen sind schnell gemacht. Dazu wickele ich mithilfe von feinem Silberdraht kurzgestielte Wiesenblumenblüten auf einen Drahtring in Kopfgröße. Dann knote ich noch ein Schleifenband dran und fertig ist schon unser fröhlich-bunter Sommerlook.

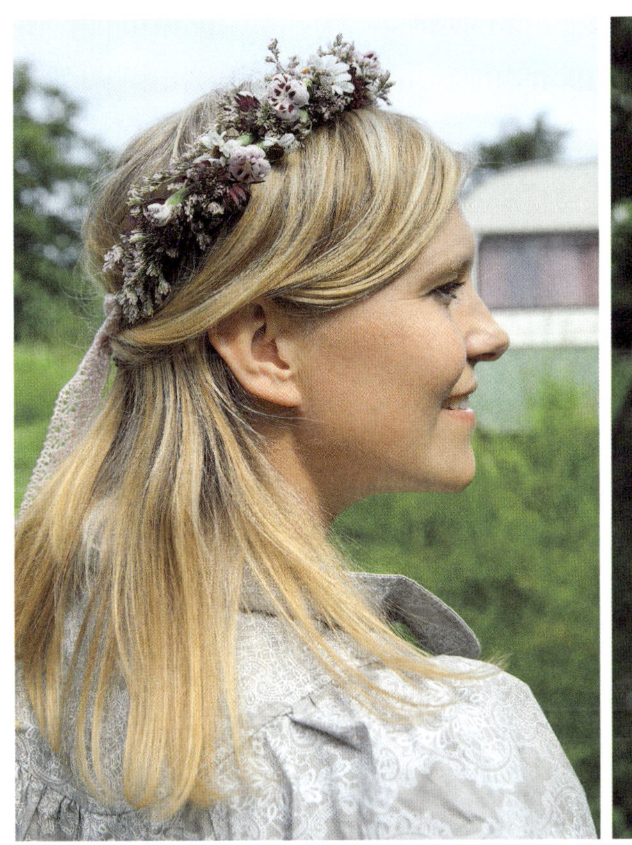
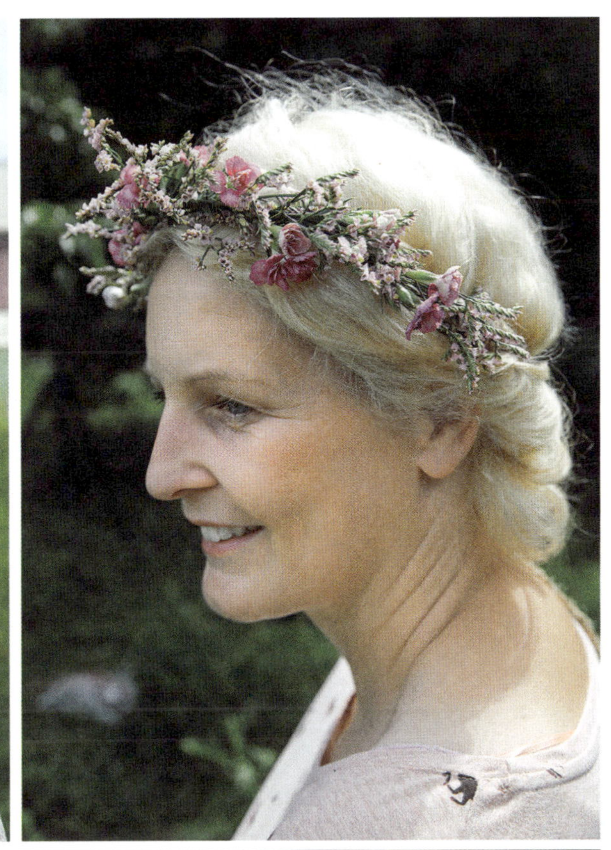
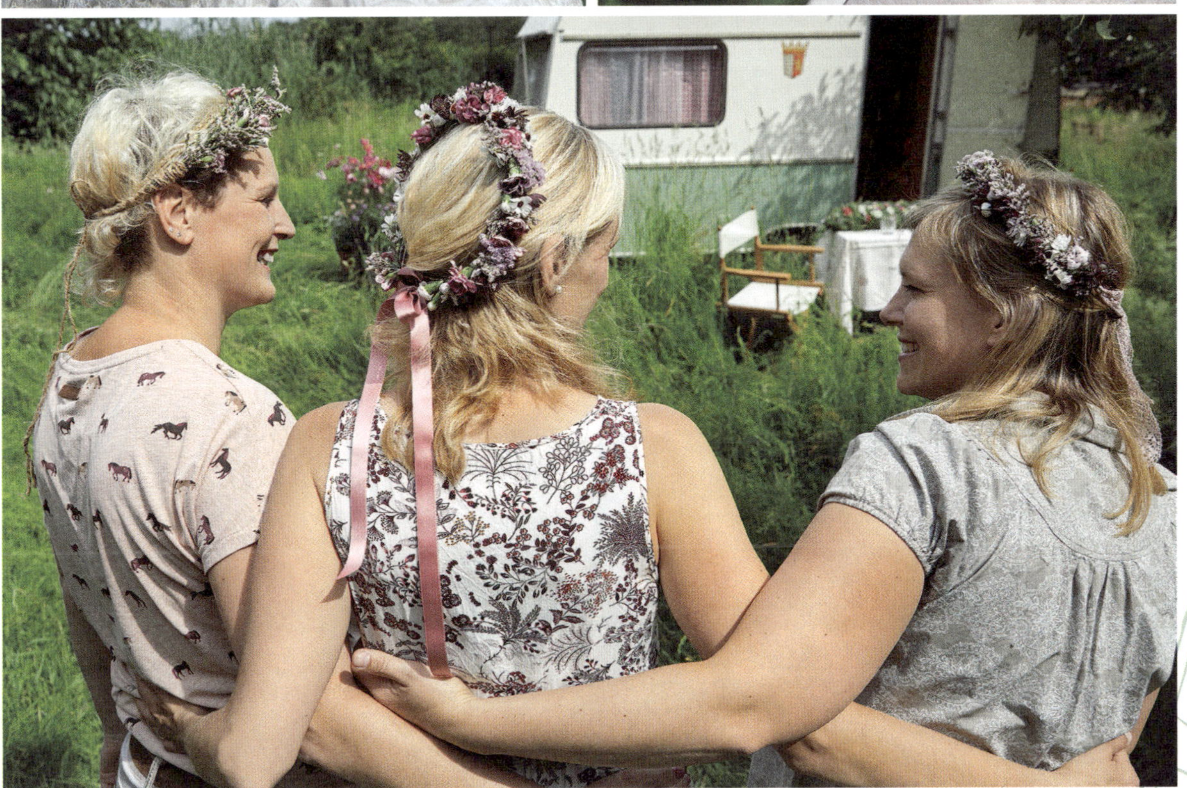

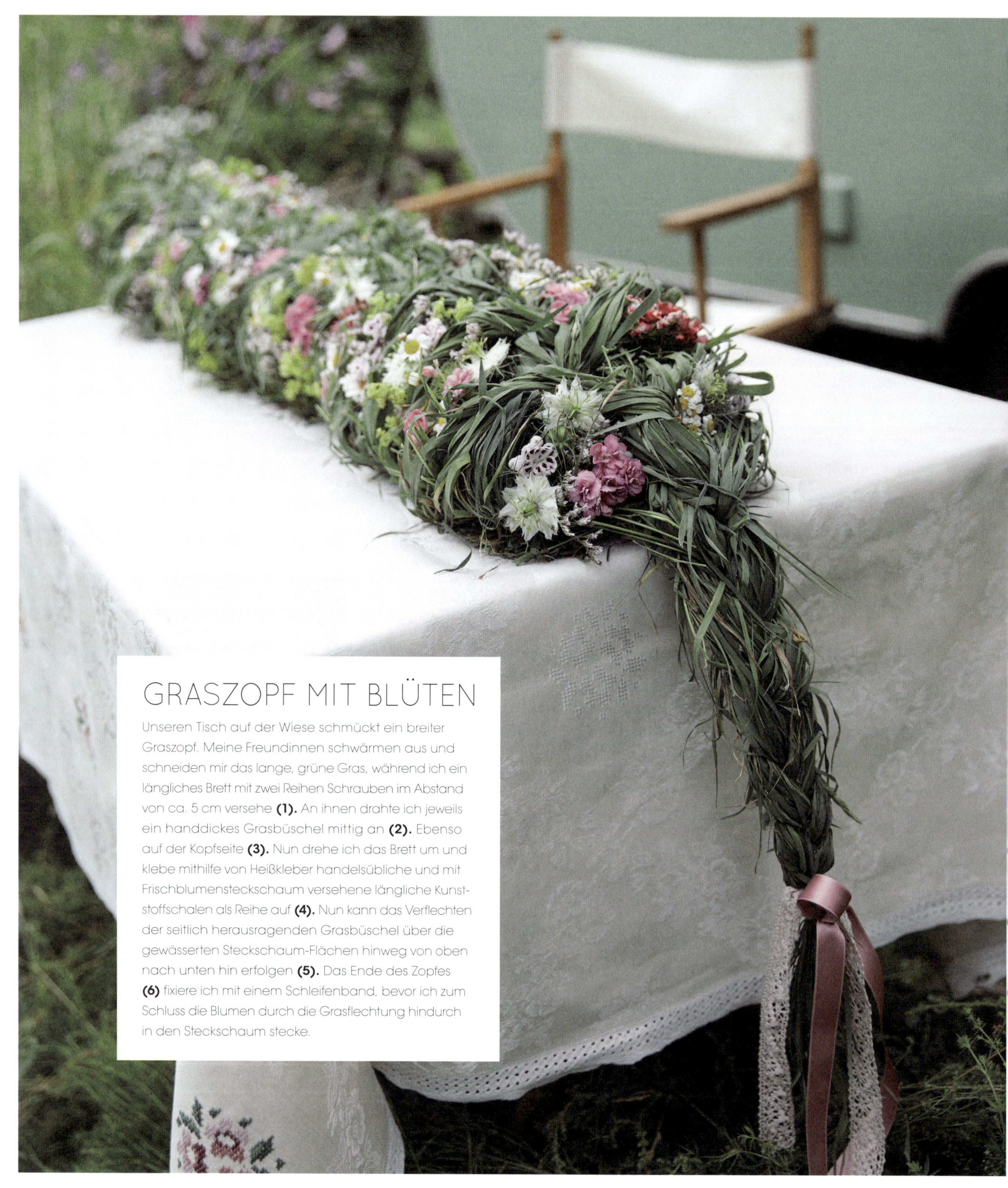

GRASZOPF MIT BLÜTEN

Unseren Tisch auf der Wiese schmückt ein breiter Graszopf. Meine Freundinnen schwärmen aus und schneiden mir das lange, grüne Gras, während ich ein längliches Brett mit zwei Reihen Schrauben im Abstand von ca. 5 cm versehe **(1).** An ihnen drahte ich jeweils ein handdickes Grasbüschel mittig an **(2).** Ebenso auf der Kopfseite **(3).** Nun drehe ich das Brett um und klebe mithilfe von Heißkleber handelsübliche und mit Frischblumensteckschaum versehene längliche Kunststoffschalen als Reihe auf **(4).** Nun kann das Verflechten der seitlich herausragenden Grasbüschel über die gewässerten Steckschaum-Flächen hinweg von oben nach unten hin erfolgen **(5).** Das Ende des Zopfes **(6)** fixiere ich mit einem Schleifenband, bevor ich zum Schluss die Blumen durch die Grasflechtung hindurch in den Steckschaum stecke.

Grasige Flechtkunst

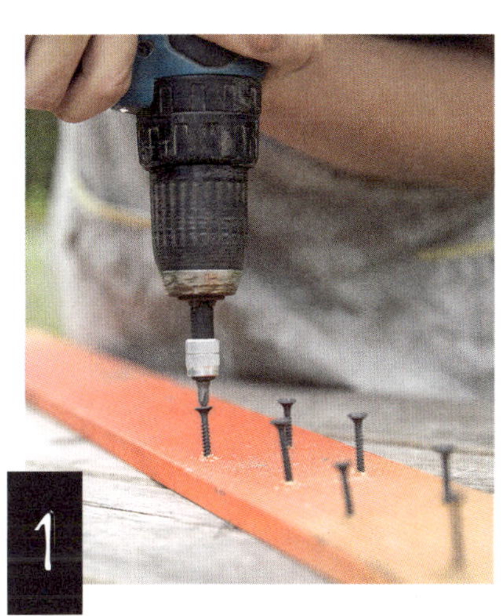
1

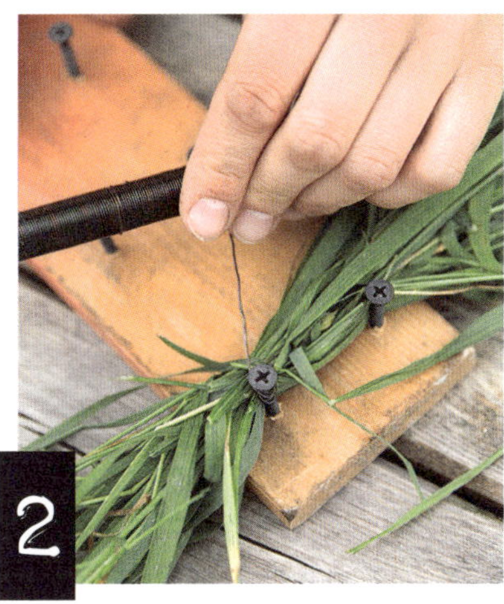
2

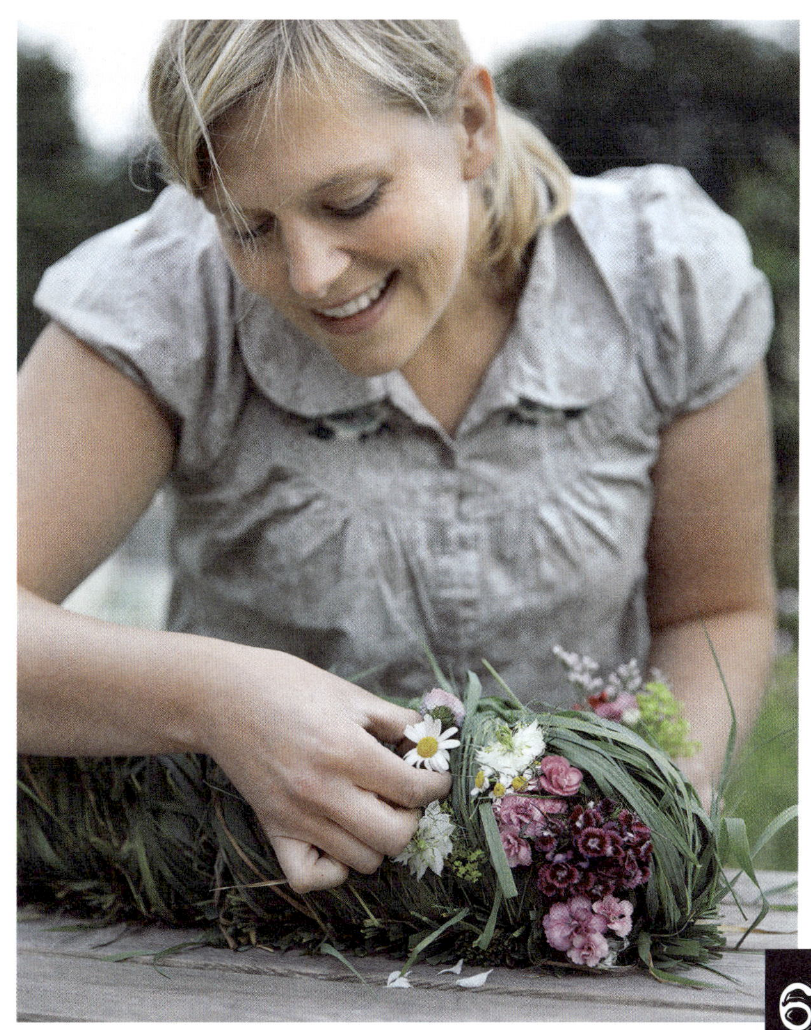
6

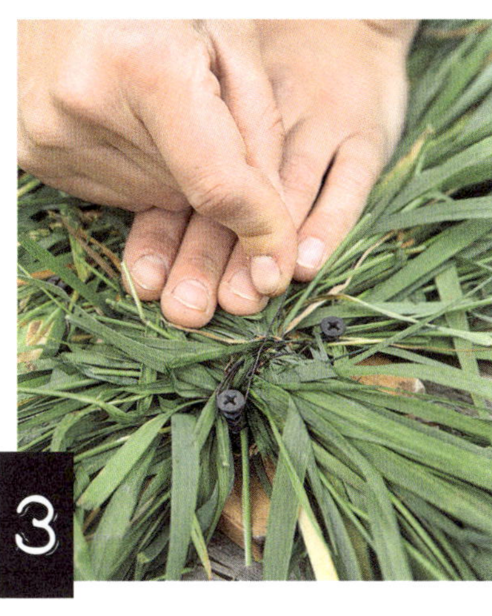
3

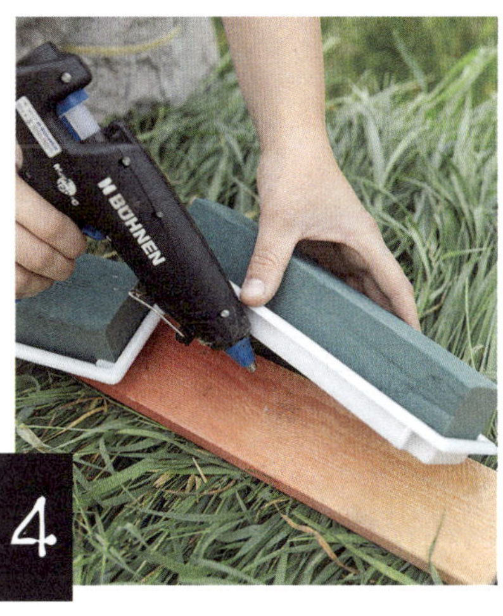

4

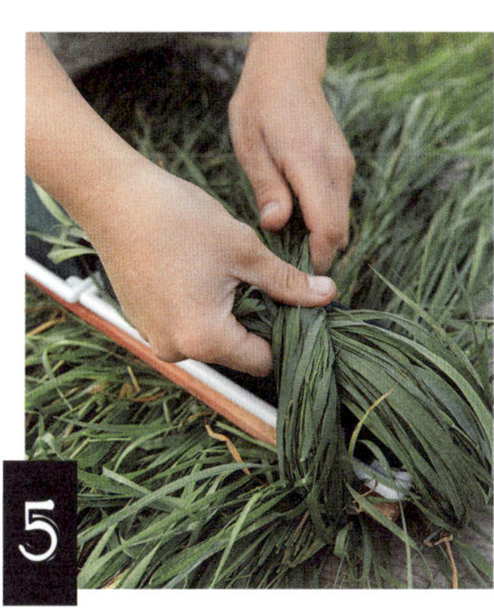
5

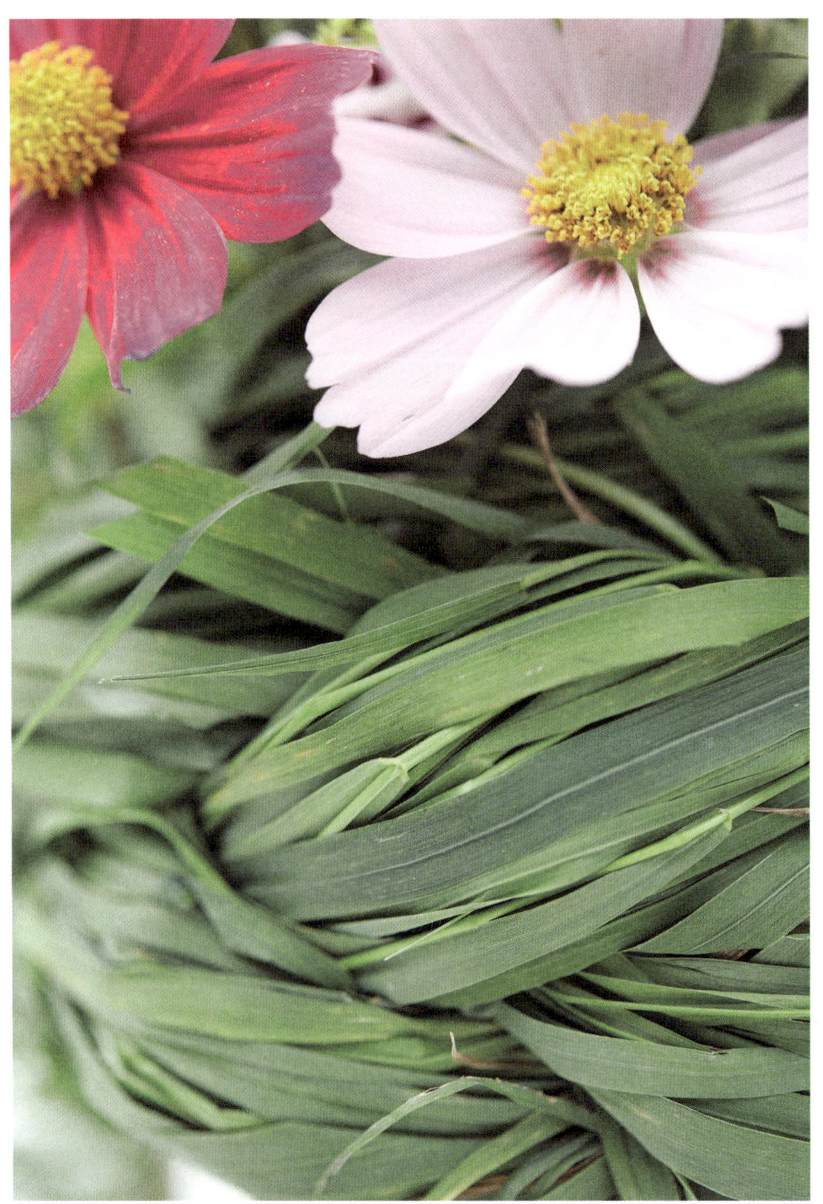

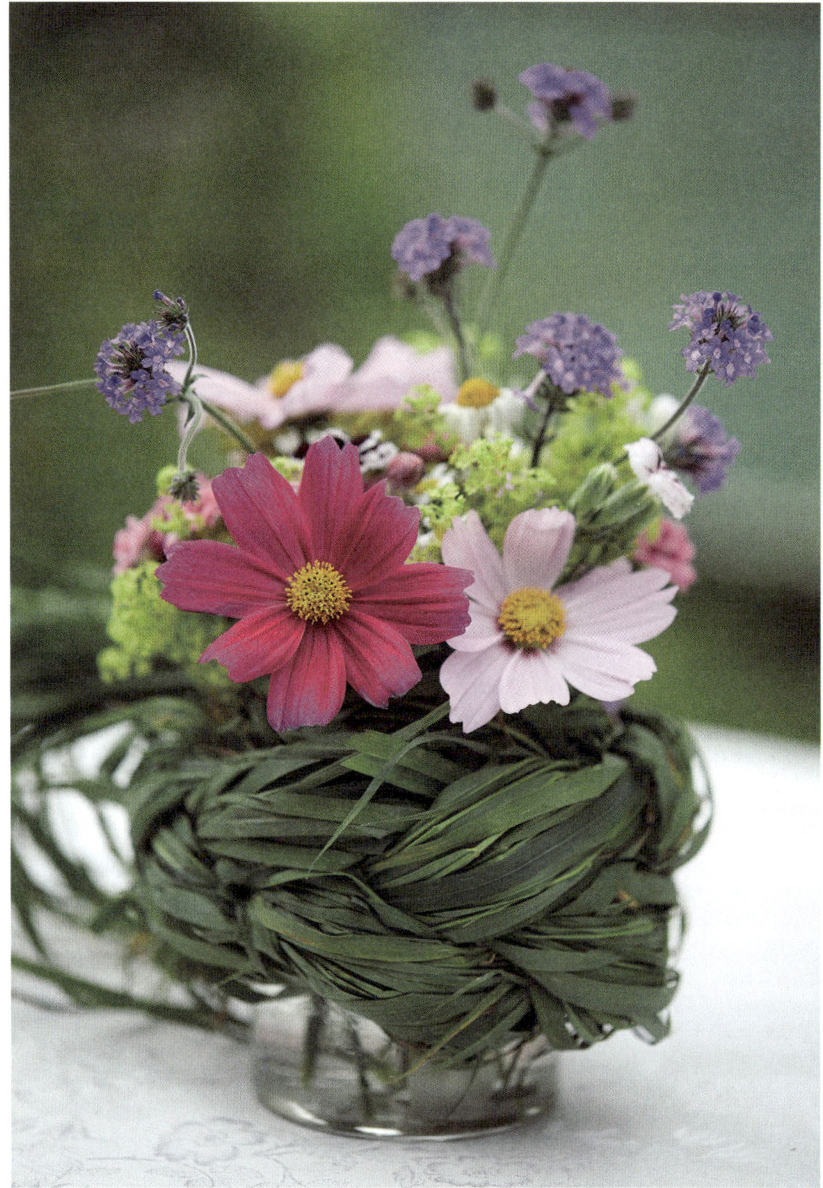

Schnell gemacht!

GRASZOPFVASEN

Das lange Sommergras verlockt mich immer dazu, es wie einen Kinderhaarzopf zu verflechten. Dazu nehme ich ein dickes Büschel Gras, binde es an einer Seite zusammen, teile die Gräser in drei Stränge und beginne von dort aus, diese im Rhythmus um- und ineinander zu legen. Am Ende umwickele ich den Zopf wiederum mit Band oder mit Draht. Dann fixiere ich den Zopf um ein Wasserglas und fertig ist eine sommerliche Vase, die ich hier mit rosa und pinkfarbenem Schmuckkörbchen, grünlichen Frauenmantelblüten und lilafarbenem Argentinischen Eisenkraut fülle.

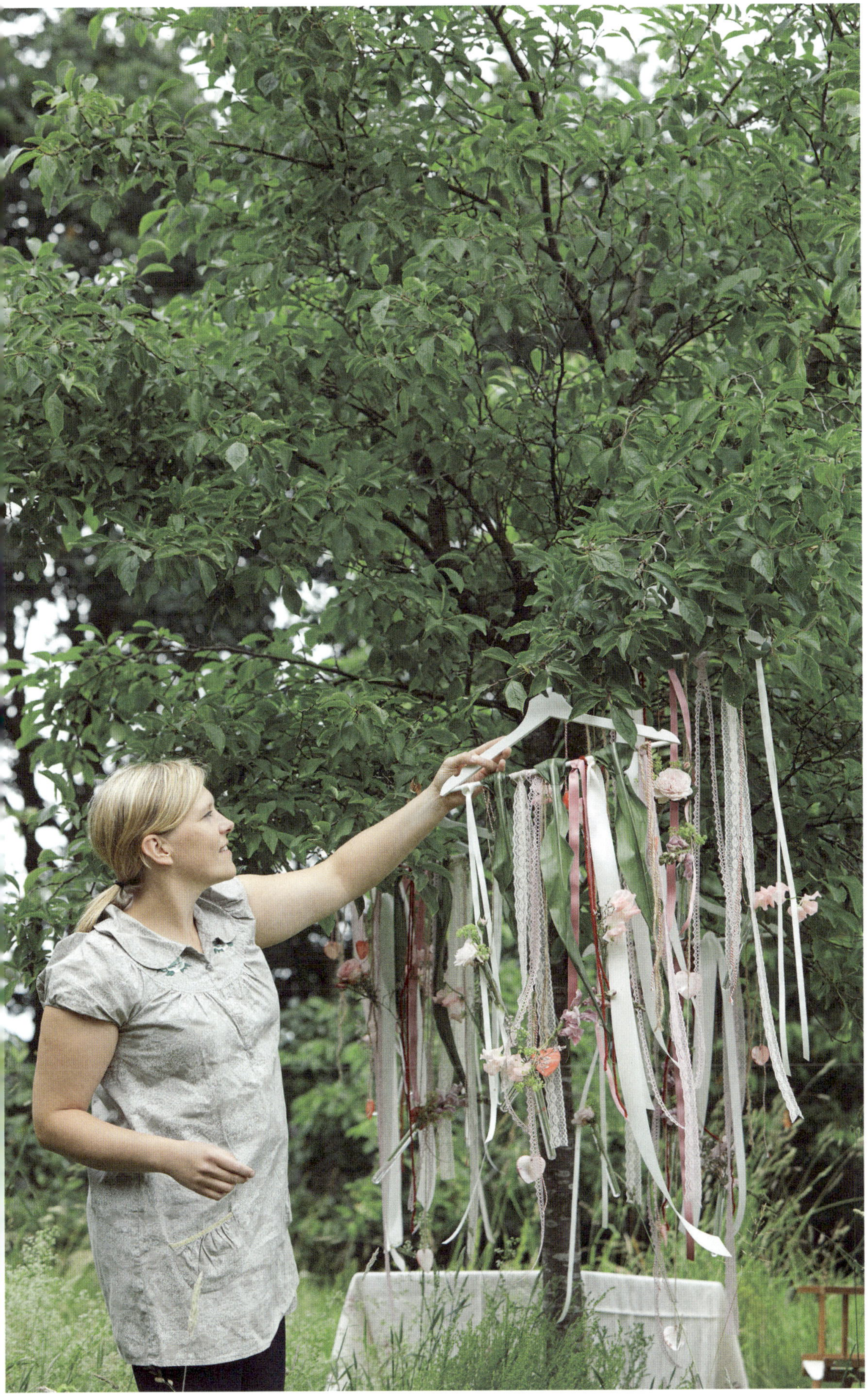

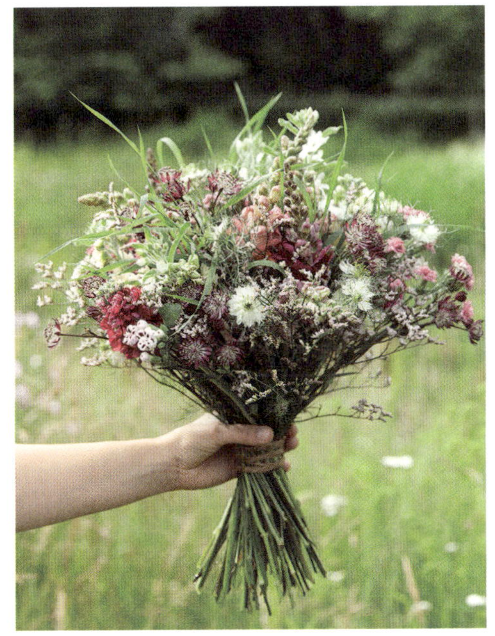

BLÜTEN AM BÜGEL

Kein Sommer ohne Blumenstrauß! Dazu nehme ich die in etwa gleich langen Blumenstiele, zum Beispiel von Löwenmäulchen, Jungfer-im-Grünen, Levkojen, Nelken, Sterndolden und Polyantharosen, spiralig zusammen. Damit alles schön in Form bleibt, binde ich den Strauß mit einem Wollfaden eine gute Handbreit unterhalb der Blüten ab. Bevor er in die Vase mit frischem Wasser kommt, schneide ich die Stiele mit einem scharfen Messer sauber an. Blüten, die für solch einen gebundenen Strauß zu kurz sind und die auch schön aussehen, wenn sie eintrocknen, binde ich einzeln an Bänder, die ich zuvor an einen Bügel geknotet habe. In den Baum gehängt, gibt das einen sommerleichten, zauberhaften Schmuck für unser Sommerfest.

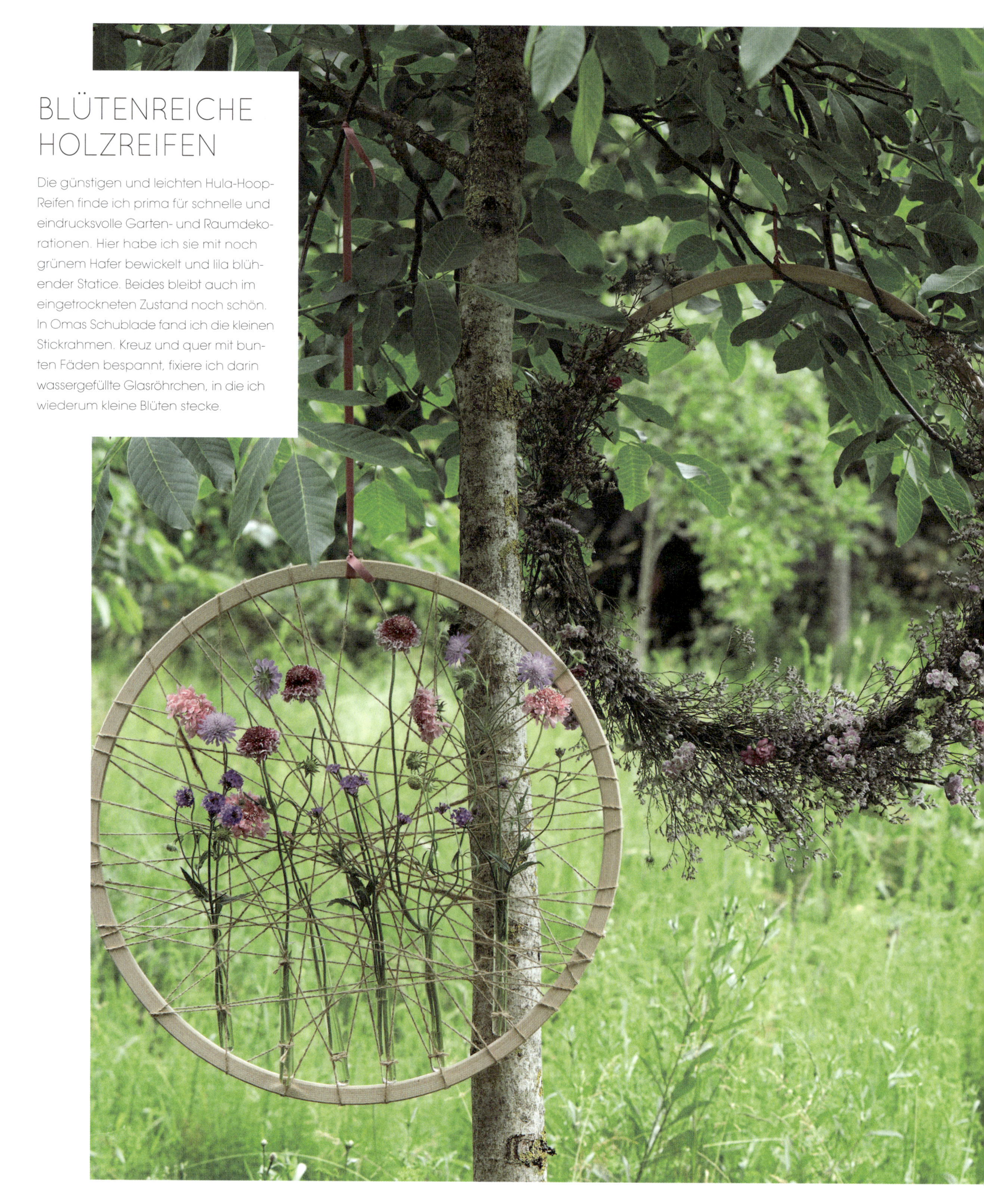

BLÜTENREICHE HOLZREIFEN

Die günstigen und leichten Hula-Hoop-Reifen finde ich prima für schnelle und eindrucksvolle Garten- und Raumdekorationen. Hier habe ich sie mit noch grünem Hafer bewickelt und lila blühender Statice. Beides bleibt auch im eingetrockneten Zustand noch schön. In Omas Schublade fand ich die kleinen Stickrahmen. Kreuz und quer mit bunten Fäden bespannt, fixiere ich darin wassergefüllte Glasröhrchen, in die ich wiederum kleine Blüten stecke.

Hula-Hoop!

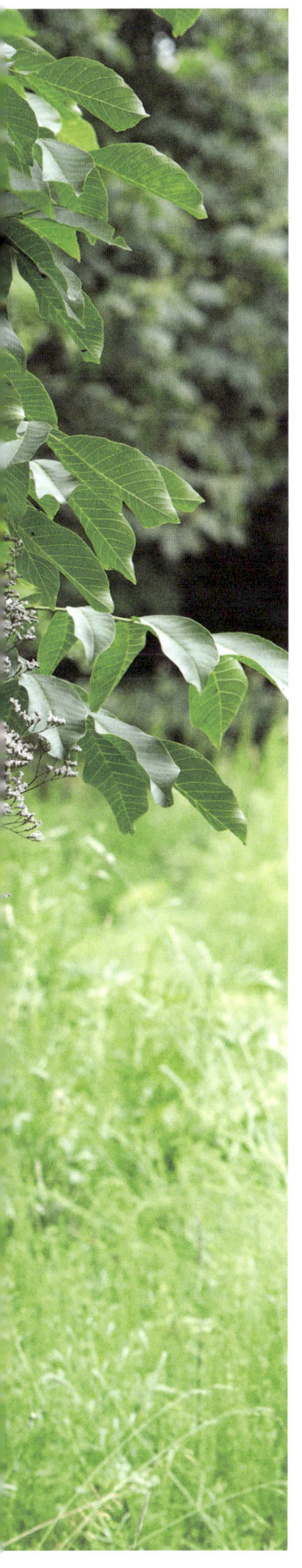

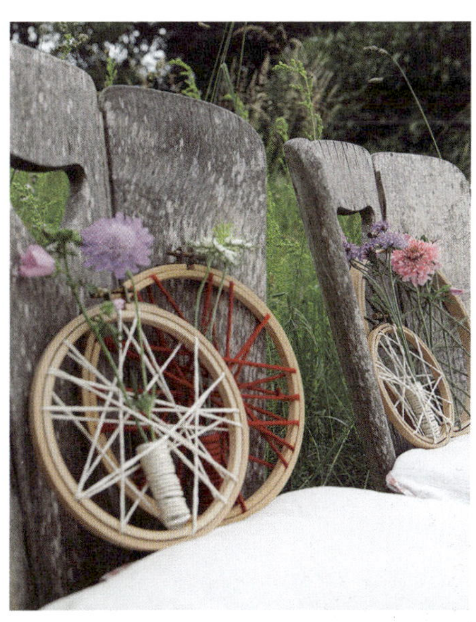

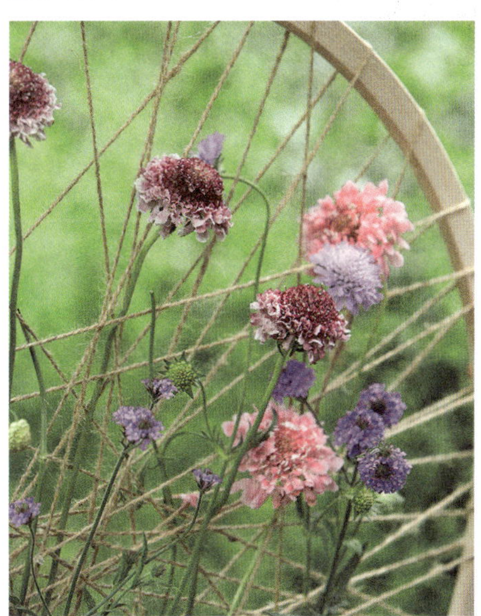

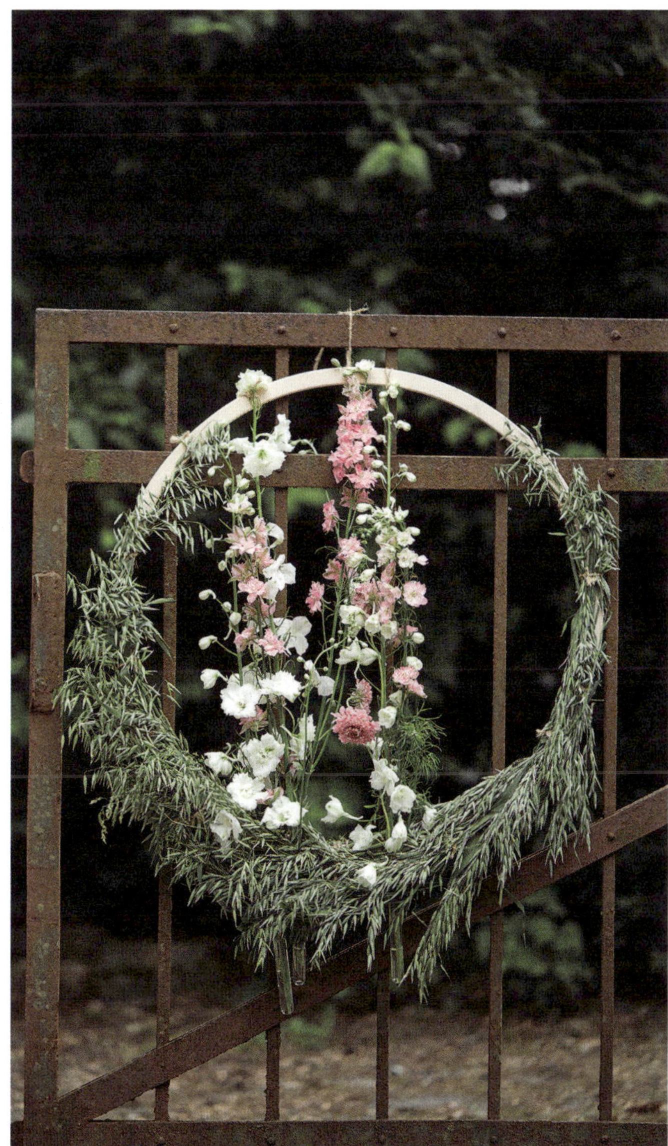

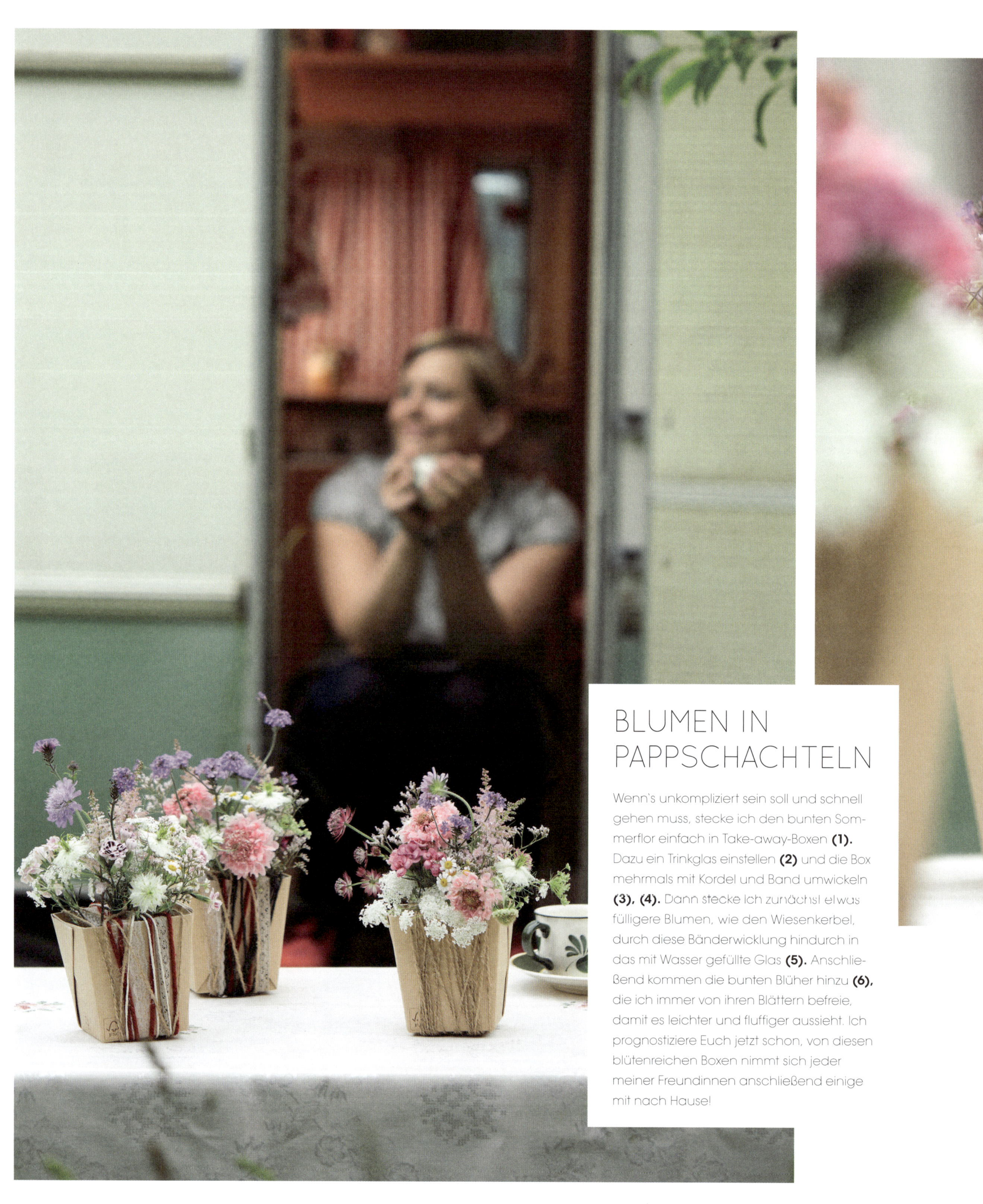

BLUMEN IN PAPPSCHACHTELN

Wenn's unkompliziert sein soll und schnell gehen muss, stecke ich den bunten Sommerflor einfach in Take-away-Boxen **(1).** Dazu ein Trinkglas einstellen **(2)** und die Box mehrmals mit Kordel und Band umwickeln **(3), (4).** Dann stecke ich zunächst etwas fülligere Blumen, wie den Wiesenkerbel, durch diese Bänderwicklung hindurch in das mit Wasser gefüllte Glas **(5).** Anschließend kommen die bunten Blüher hinzu **(6),** die ich immer von ihren Blättern befreie, damit es leichter und fluffiger aussieht. Ich prognostiziere Euch jetzt schon, von diesen blütenreichen Boxen nimmt sich jeder meiner Freundinnen anschließend einige mit nach Hause!

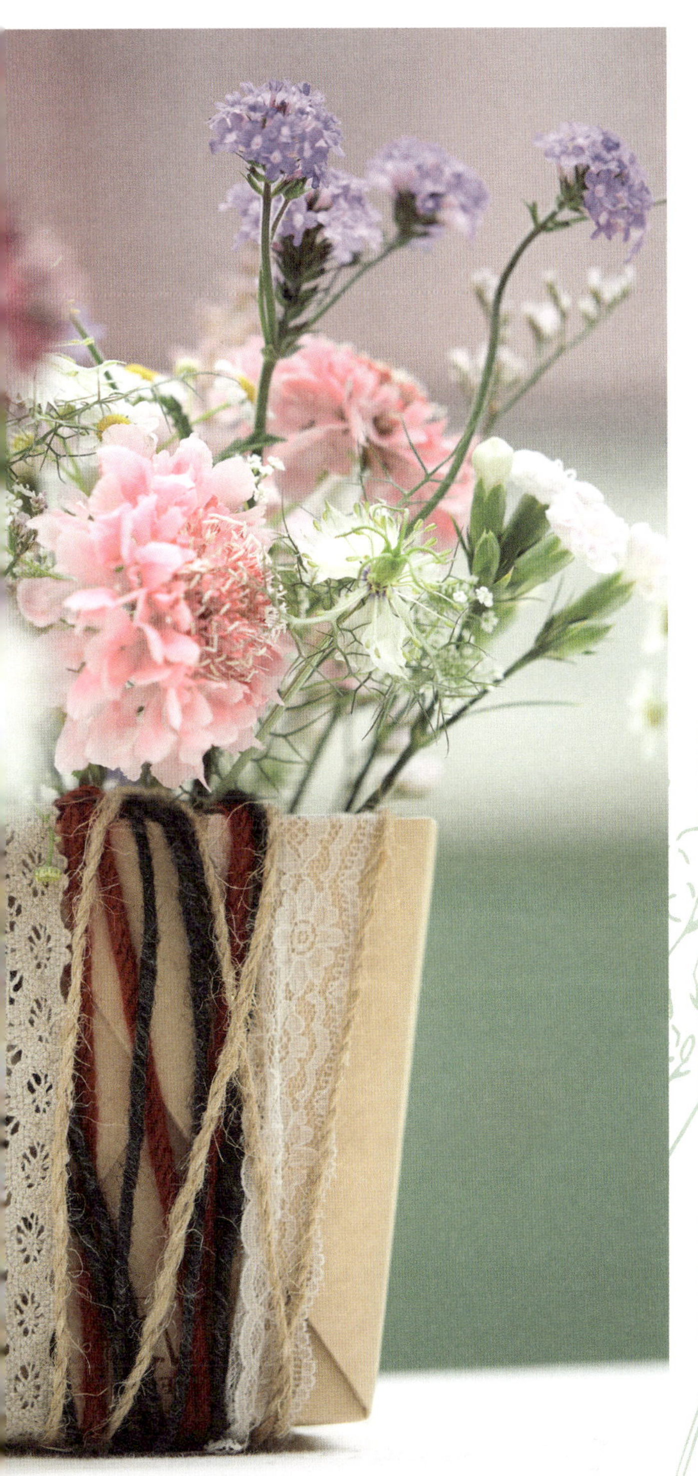

Take away!

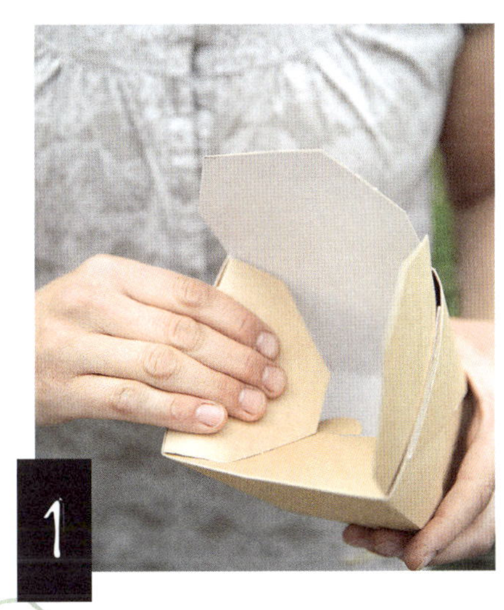
1

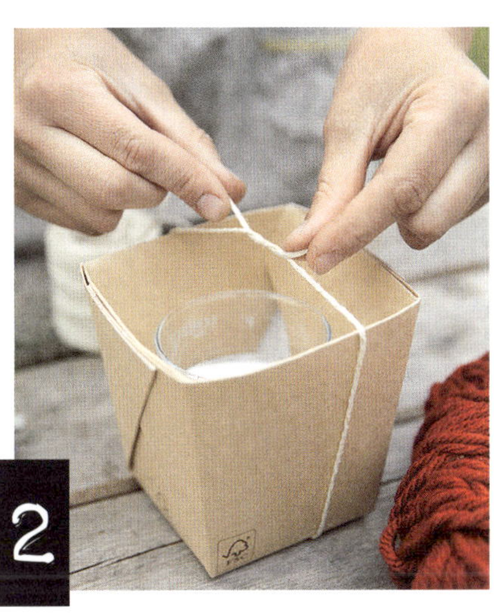
2

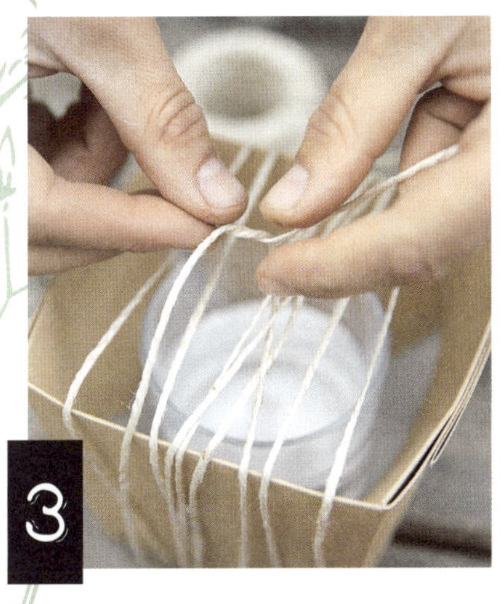
3

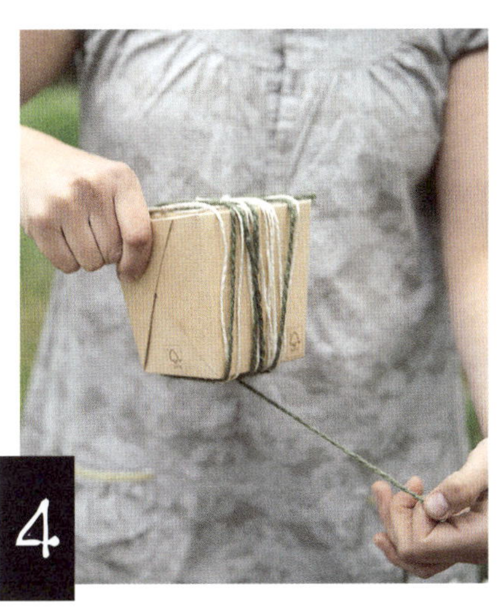
4

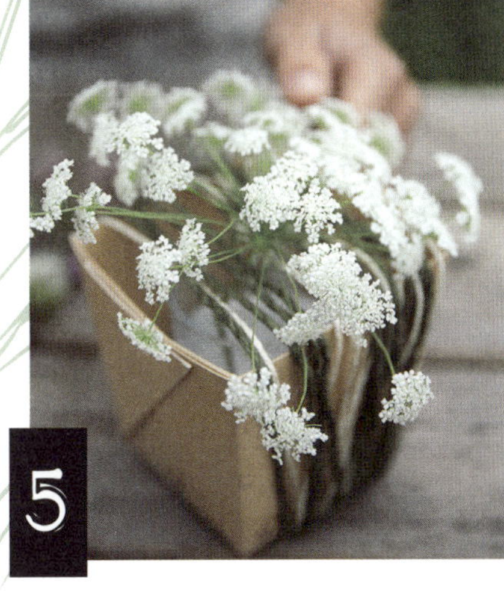
5

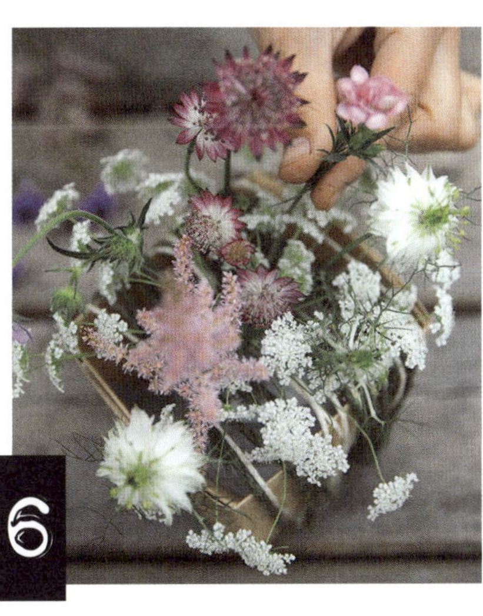
6

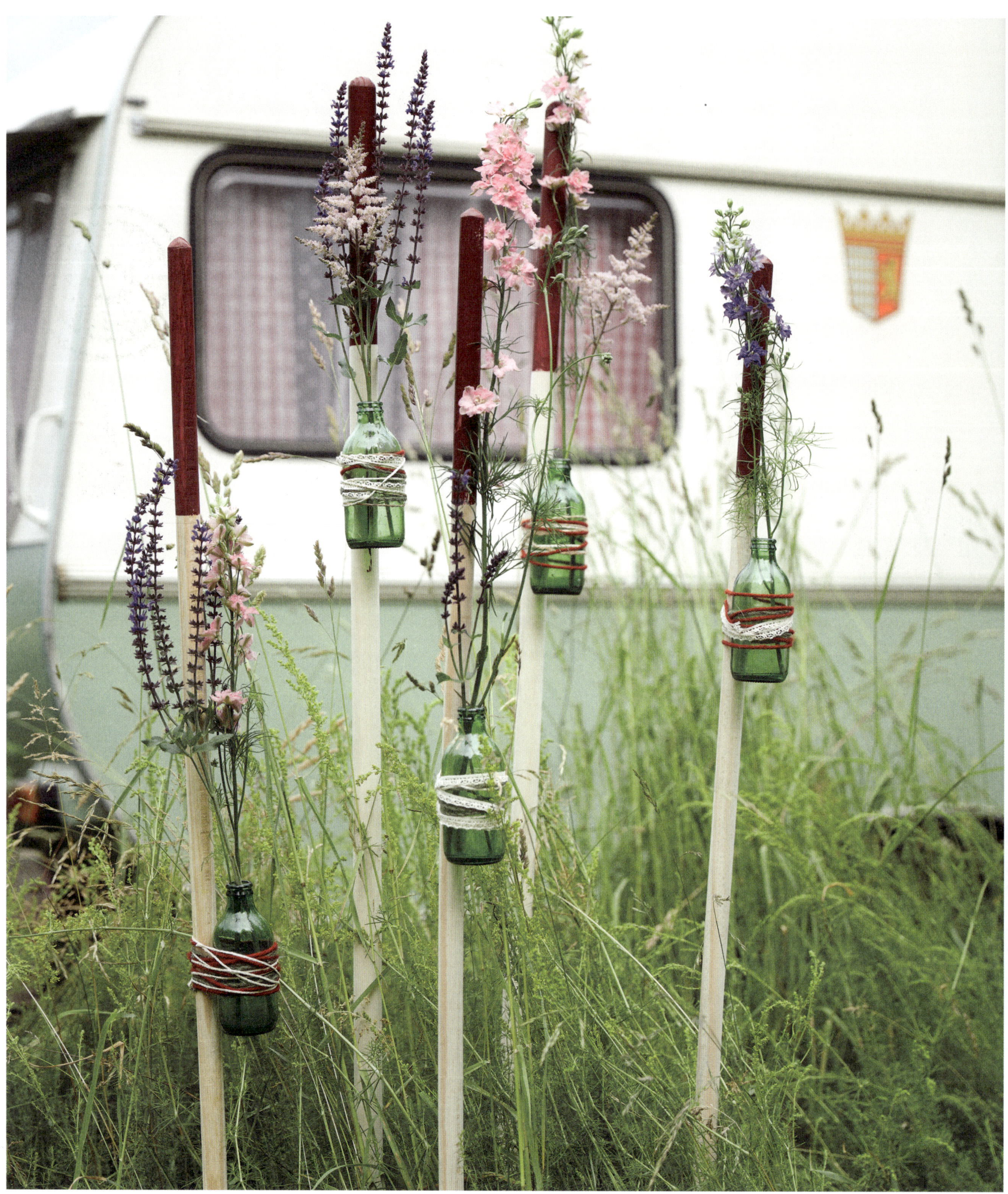

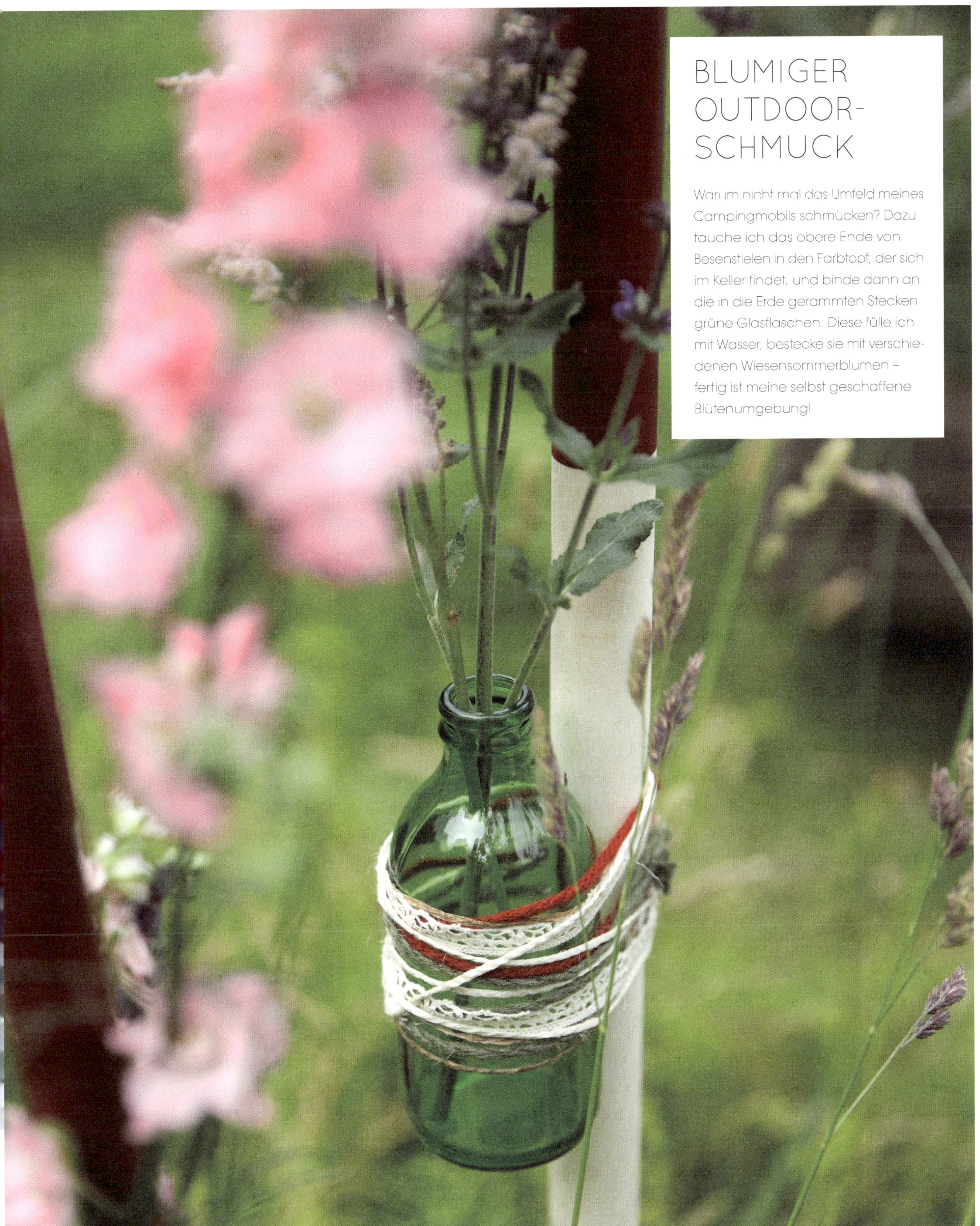

BLUMIGER OUTDOOR-SCHMUCK

Warum nicht mal das Umfeld meines Campingmobils schmücken? Dazu tauche ich das obere Ende von Besenstielen in den Farbtopf, der sich im Keller findet, und binde dann an die in die Erde gerammten Stecken grüne Glasflaschen. Diese fülle ich mit Wasser, bestecke sie mit verschiedenen Wiesensommerblumen – fertig ist meine selbst geschaffene Blütenumgebung!

Hallo, Naschen erlaubt!

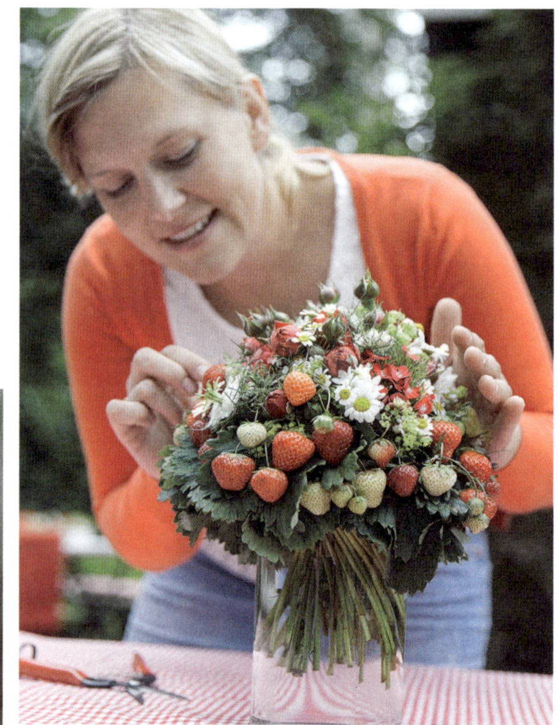

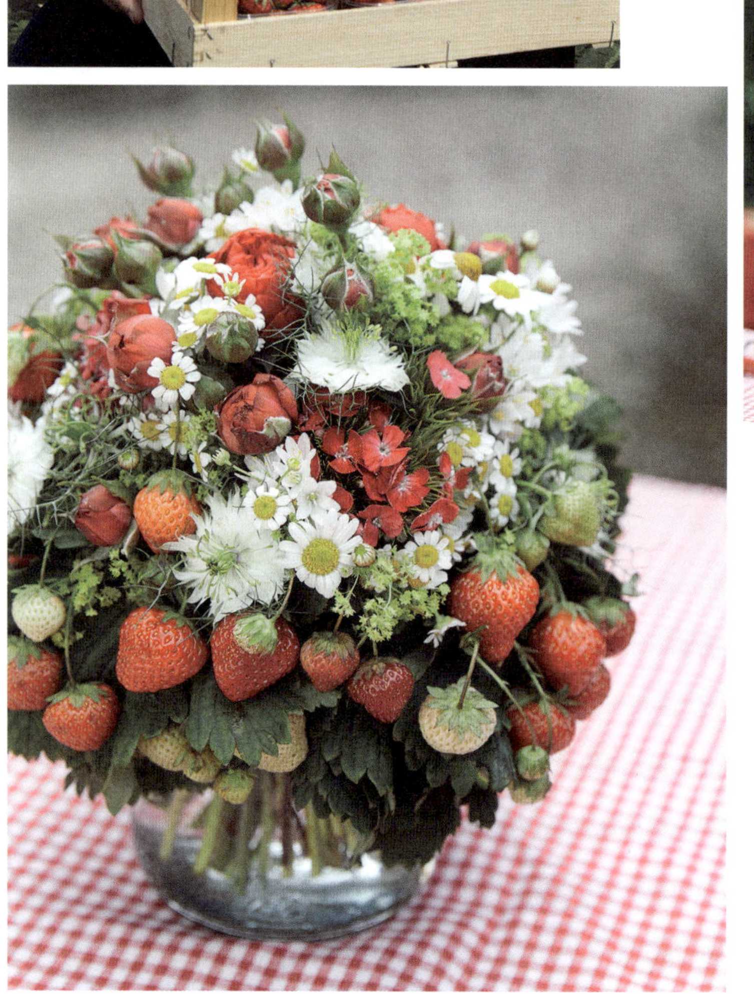

NASCHSTRÄUSSE MIT ERDBEEREN

Bei uns um die Ecke gibt es den Hofladen Schröter & Wielage, der wahnsinnig leckere Erdbeeren hat. Die hole ich mir gleich stiegenweise. Dazu darf ich mir auf dem Feld einige samt ihren Stängeln pflücken. Diese binde ich mit ein paar Rosen und Wiesenblumen zu einem knubbelrunden Strauß.

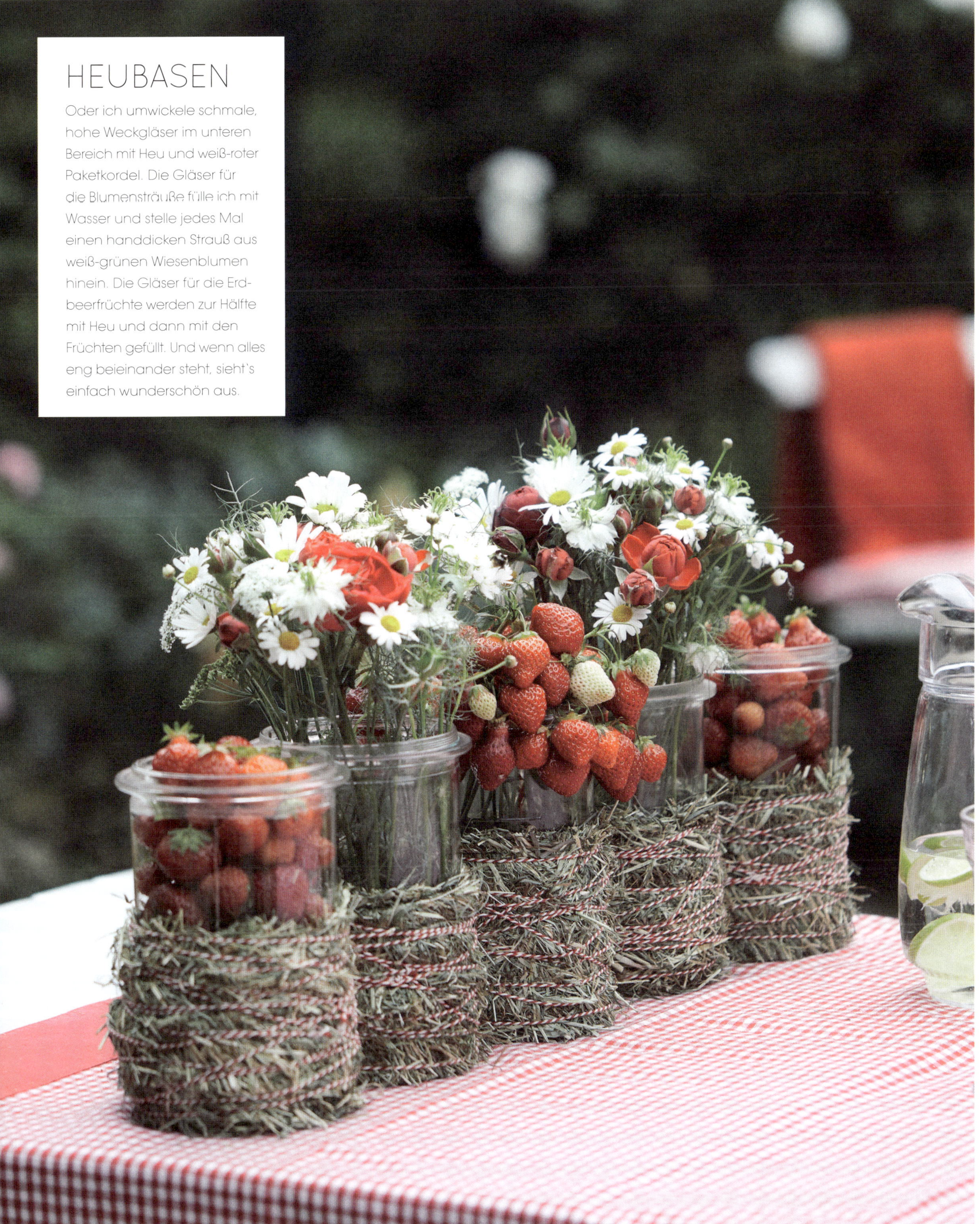

HEUBASEN

Oder ich umwickele schmale, hohe Weckgläser im unteren Bereich mit Heu und weiß-roter Paketkordel. Die Gläser für die Blumensträuße fülle ich mit Wasser und stelle jedes Mal einen handdicken Strauß aus weiß-grünen Wiesenblumen hinein. Die Gläser für die Erdbeerfrüchte werden zur Hälfte mit Heu und dann mit den Früchten gefüllt. Und wenn alles eng beieinander steht, sieht's einfach wunderschön aus.

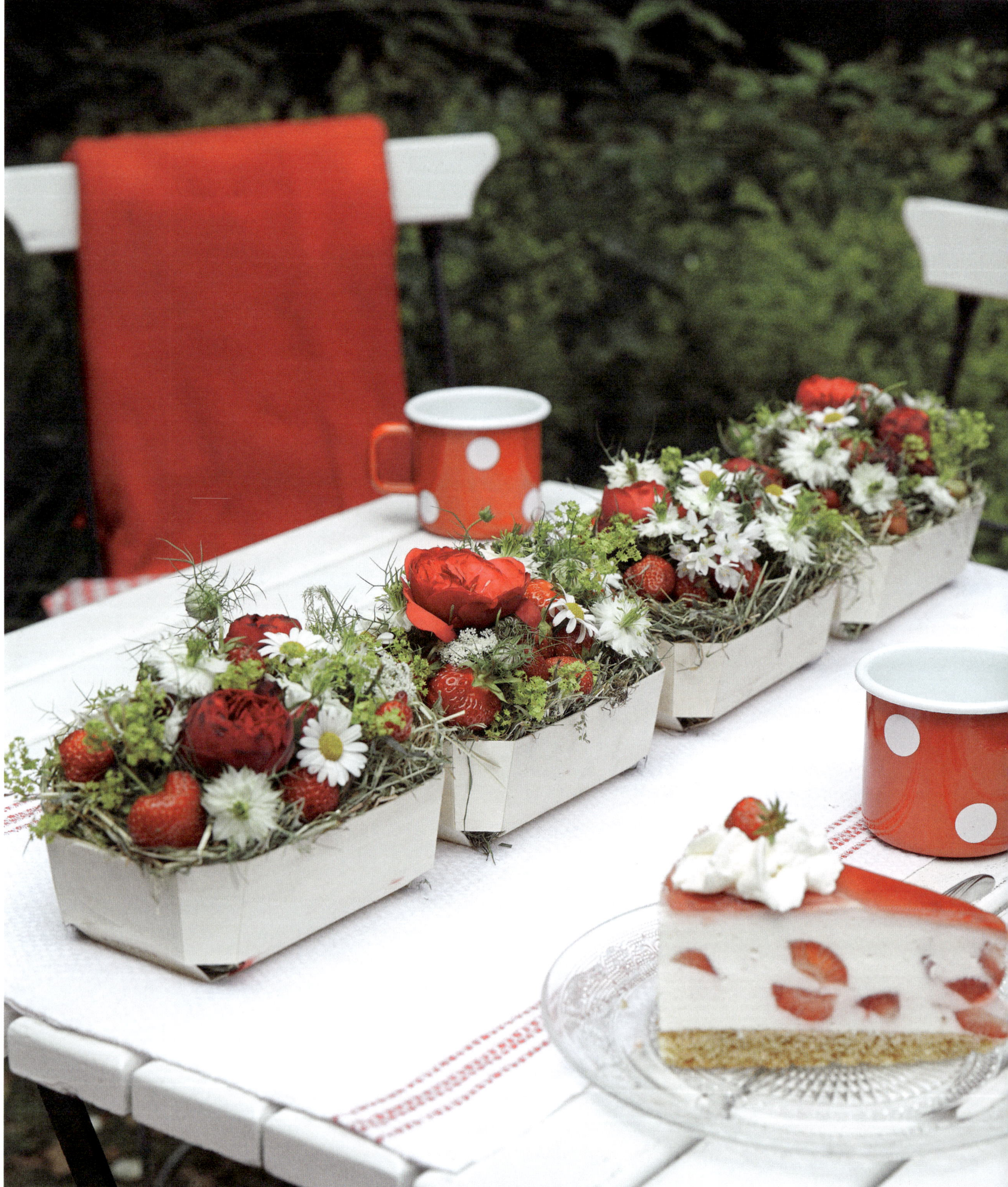

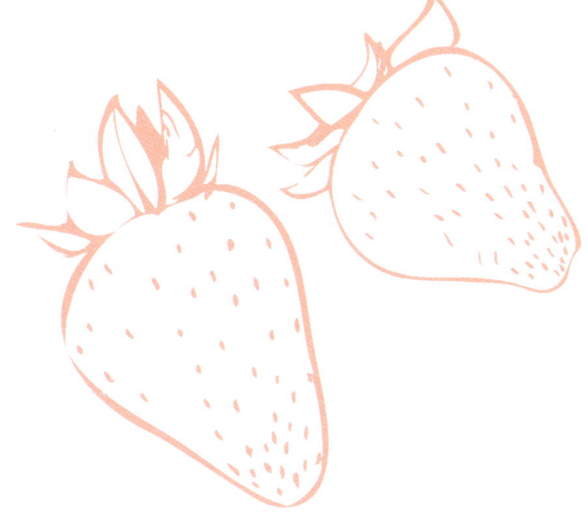

OBSTKÖRBCHEN IN REIHE

Wenn ich an Erdbeeren denke, kommen mir sofort die dazugehörigen Spankörbchen in den Sinn. Diese gibt's in einer großen Formenvielfalt. Ideal, um sie als dekorative Augenweide für meinen Gartentisch zu füllen. Dazu stecke ich ein faustgroßes Stück gewässerten Frischblumensteckschaum in einen Folienbeutel, lasse diesen offen und fixiere zirka zwei Hände voll Heu drumherum im Spankörbchen. Dann die Steckschaum-Oberfläche nur noch mit ein paar Blüten wie roten Rosen, weißer Jungfer-im-Grünen, Wiesenkerbel und Margeriten bestecken, etwas Frauenmantel dazu – fertig ist ein unkomplizierter Tischschmuck.

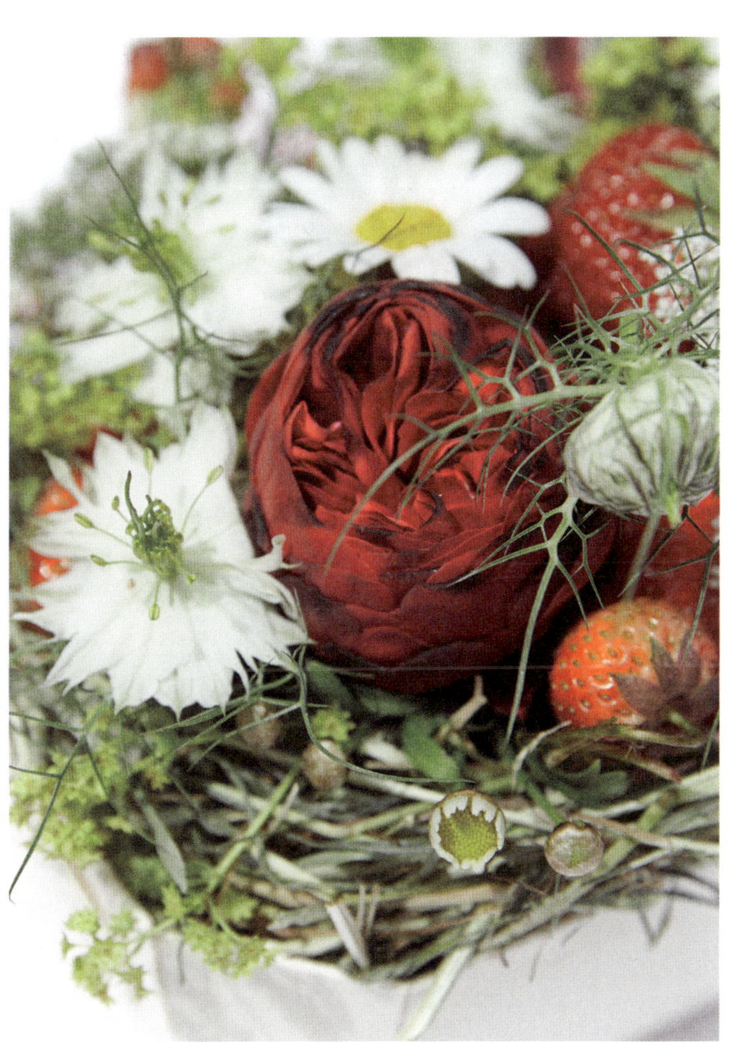

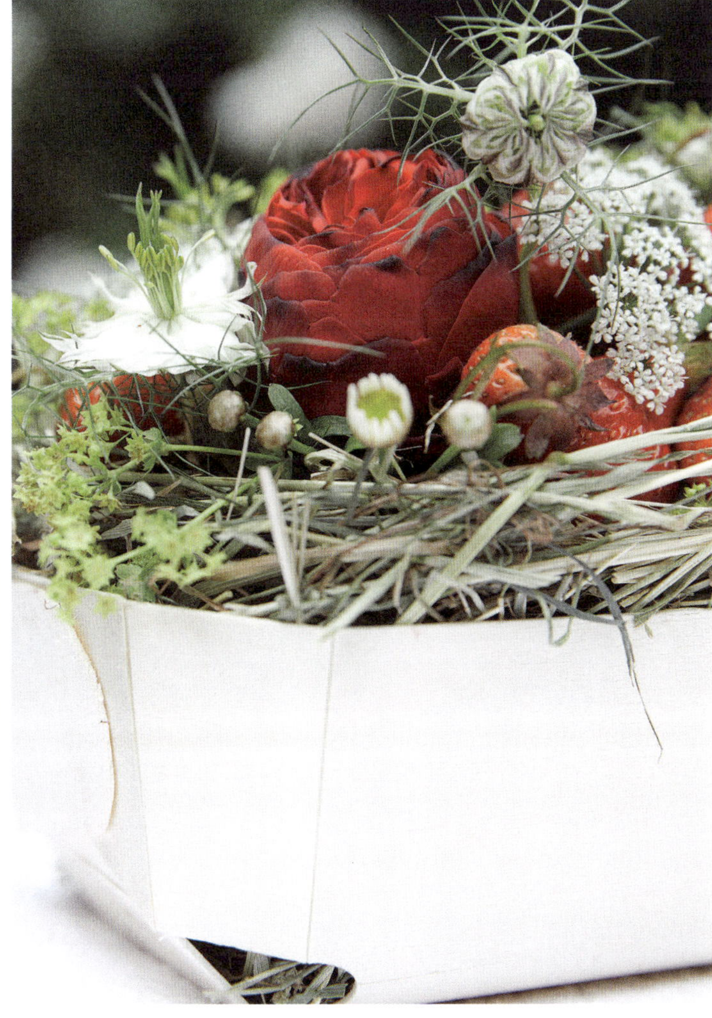

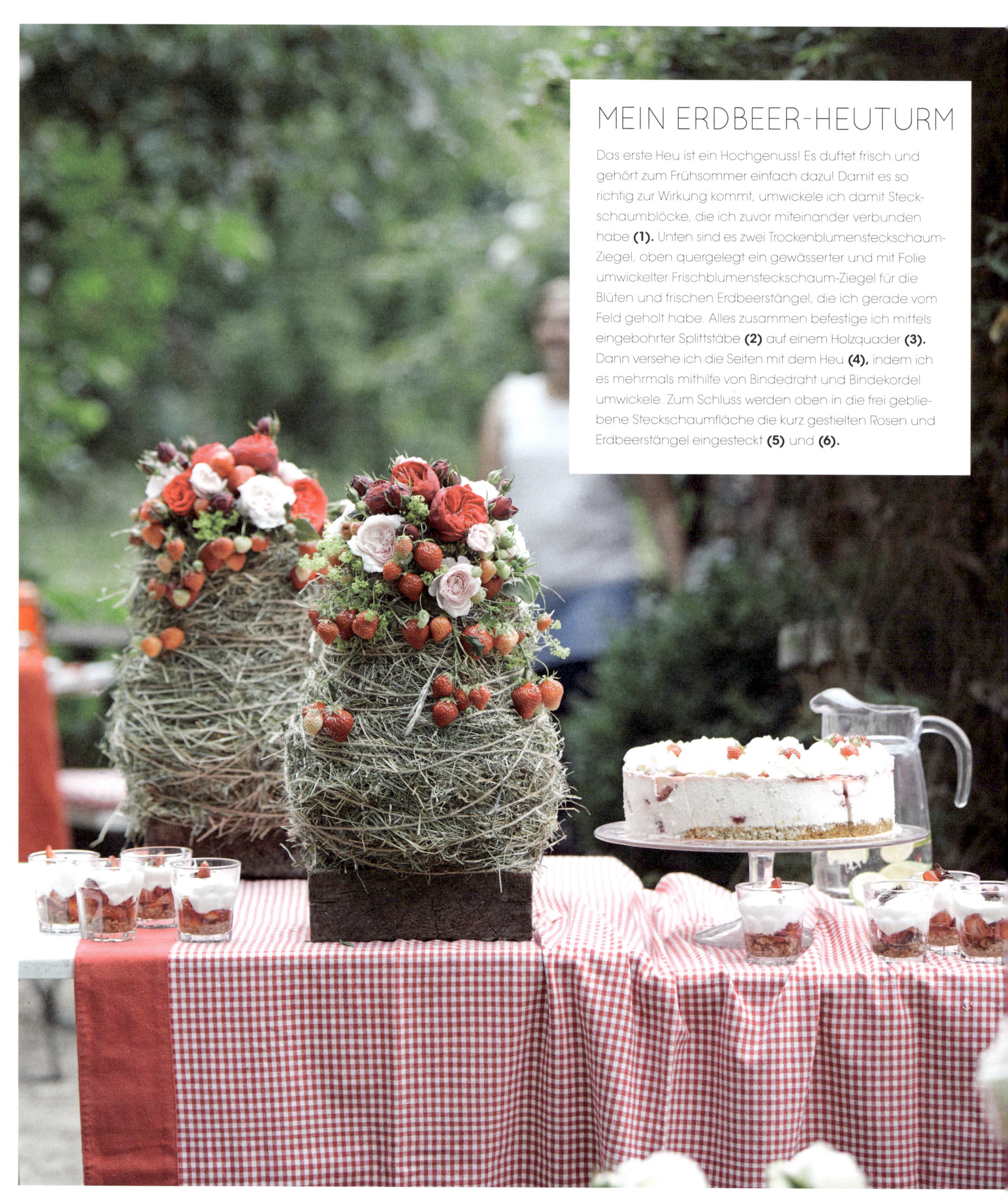

MEIN ERDBEER-HEUTURM

Das erste Heu ist ein Hochgenuss! Es duftet frisch und gehört zum Frühsommer einfach dazu! Damit es so richtig zur Wirkung kommt, umwickele ich damit Steckschaumblöcke, die ich zuvor miteinander verbunden habe **(1).** Unten sind es zwei Trockenblumensteckschaum-Ziegel, oben quergelegt ein gewässerter und mit Folie umwickelter Frischblumensteckschaum-Ziegel für die Blüten und frischen Erdbeerstängel, die ich gerade vom Feld geholt habe. Alles zusammen befestige ich mittels eingebohrter Splittstäbe **(2)** auf einem Holzquader **(3).** Dann versehe ich die Seiten mit dem Heu **(4),** indem ich es mehrmals mithilfe von Bindedraht und Bindekordel umwickele. Zum Schluss werden oben in die frei gebliebene Steckschaumfläche die kurz gestielten Rosen und Erdbeerstängel eingesteckt **(5)** und **(6).**

Hoch-Genuss!

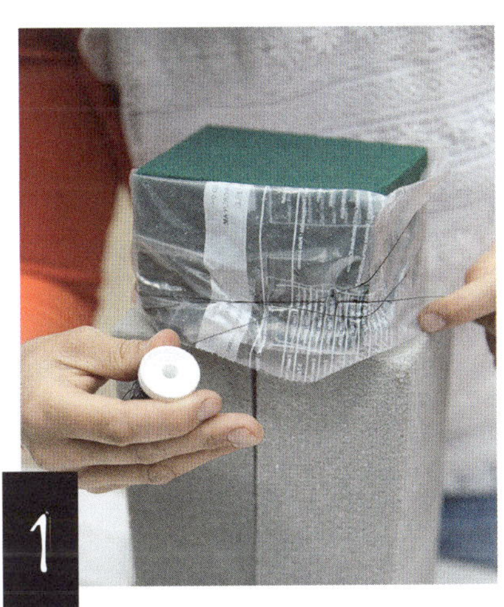
1

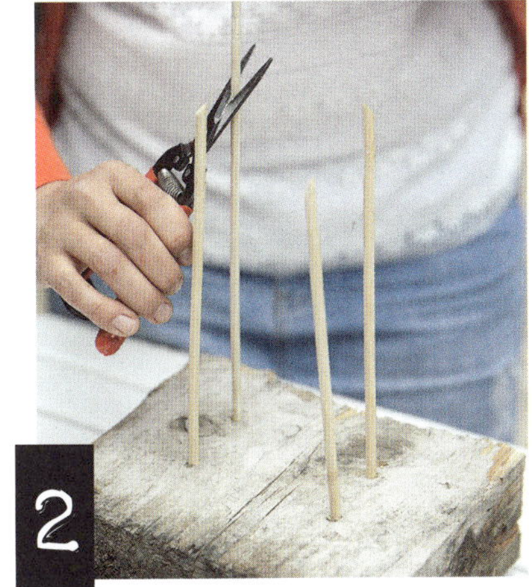
2

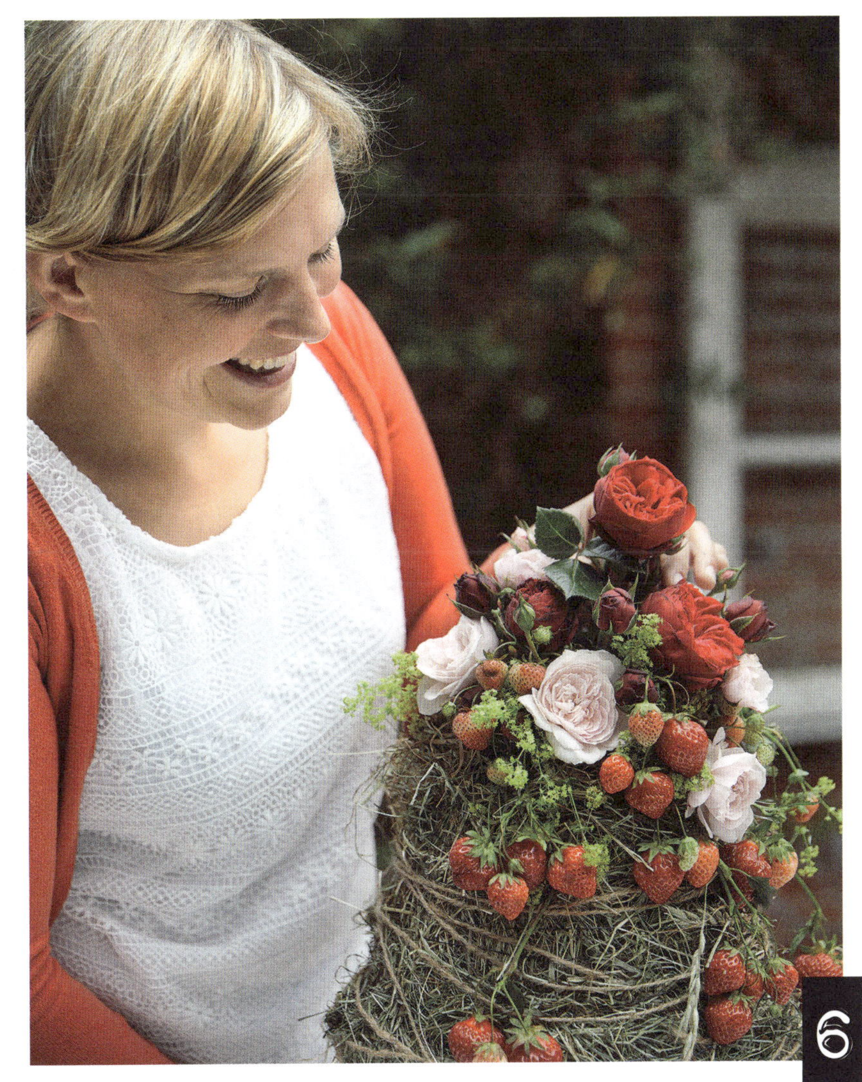
6

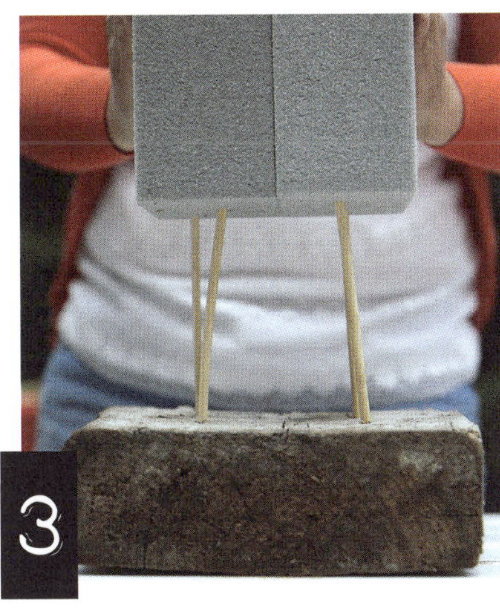
3

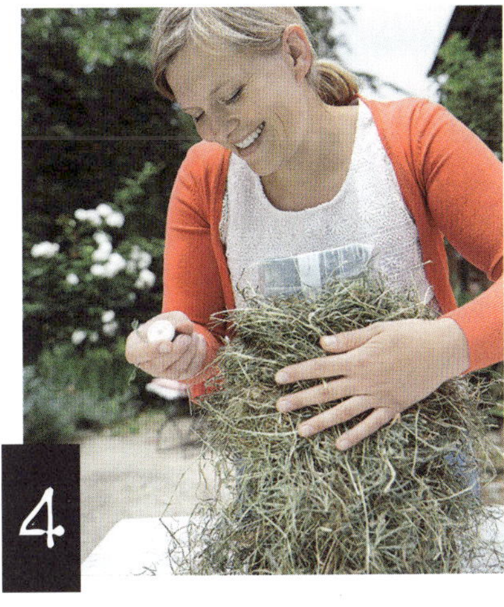
4

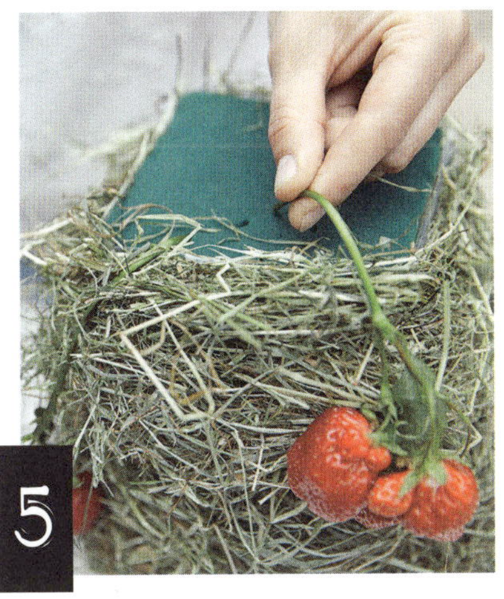
5

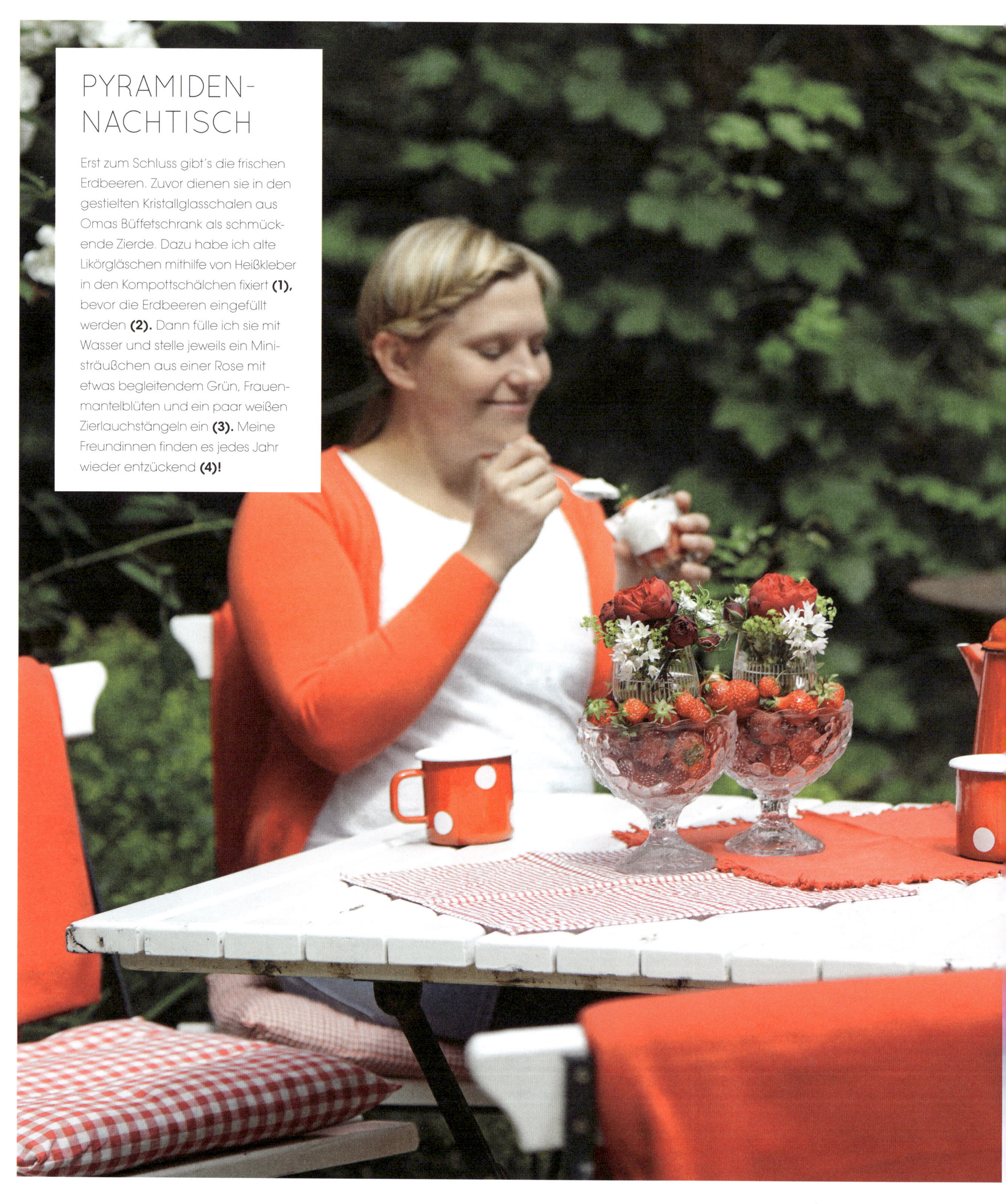

PYRAMIDEN-NACHTISCH

Erst zum Schluss gibt's die frischen Erdbeeren. Zuvor dienen sie in den gestielten Kristallglasschalen aus Omas Büffetschrank als schmückende Zierde. Dazu habe ich alte Likörgläschen mithilfe von Heißkleber in den Kompottschälchen fixiert **(1)**, bevor die Erdbeeren eingefüllt werden **(2)**. Dann fülle ich sie mit Wasser und stelle jeweils ein Ministräußchen aus einer Rose mit etwas begleitendem Grün, Frauenmantelblüten und ein paar weißen Zierlauchstängeln ein **(3)**. Meine Freundinnen finden es jedes Jahr wieder entzückend **(4)**!

Hmmm, lecker!

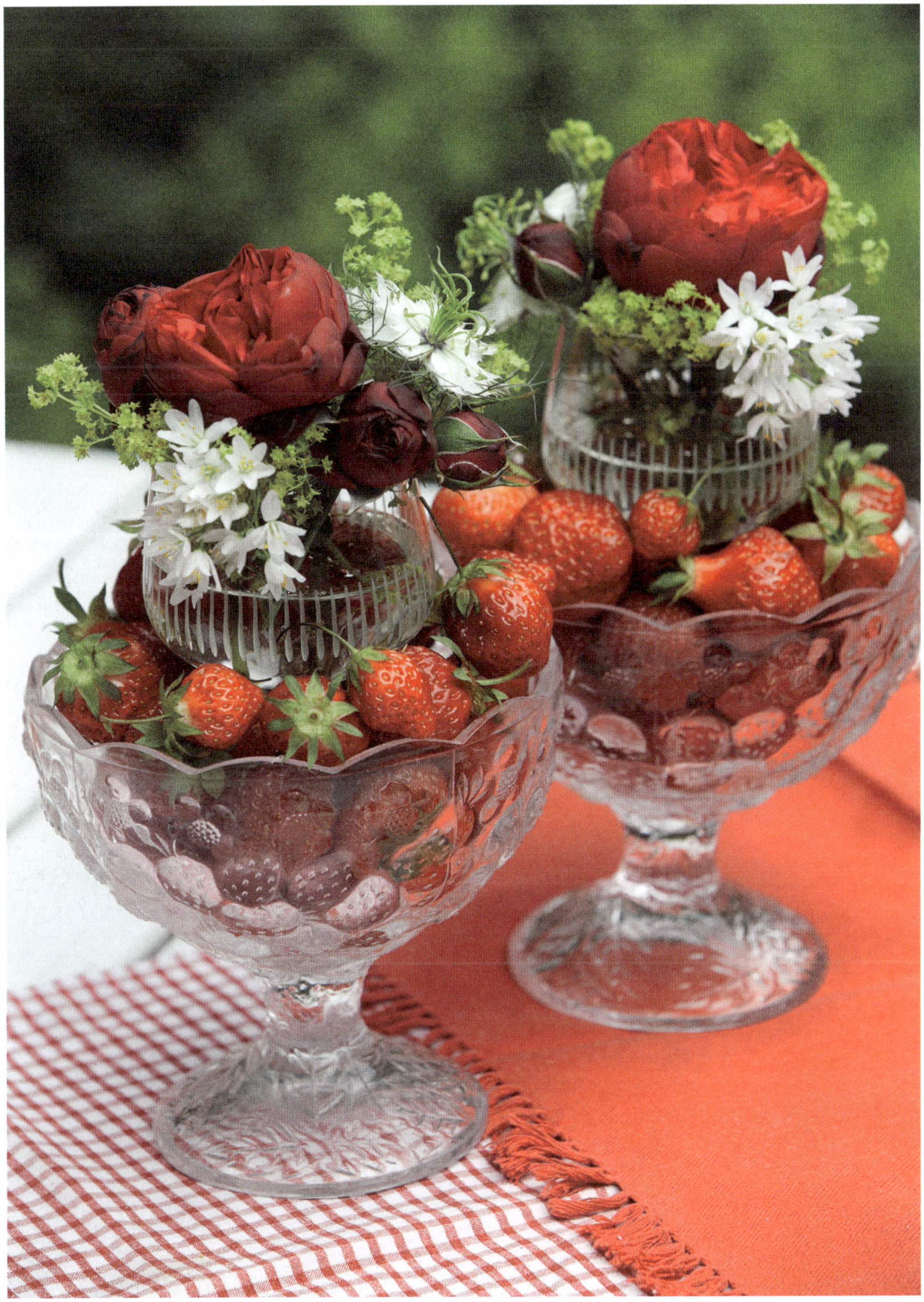

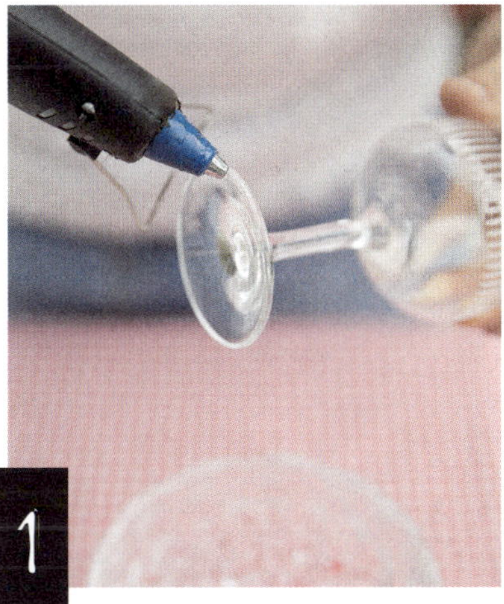

1

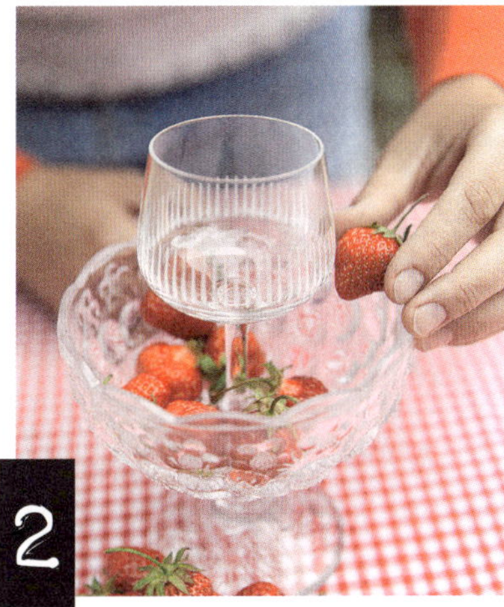

2

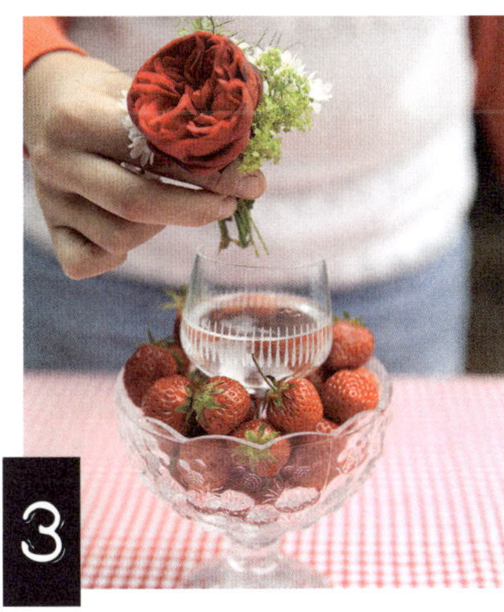

3

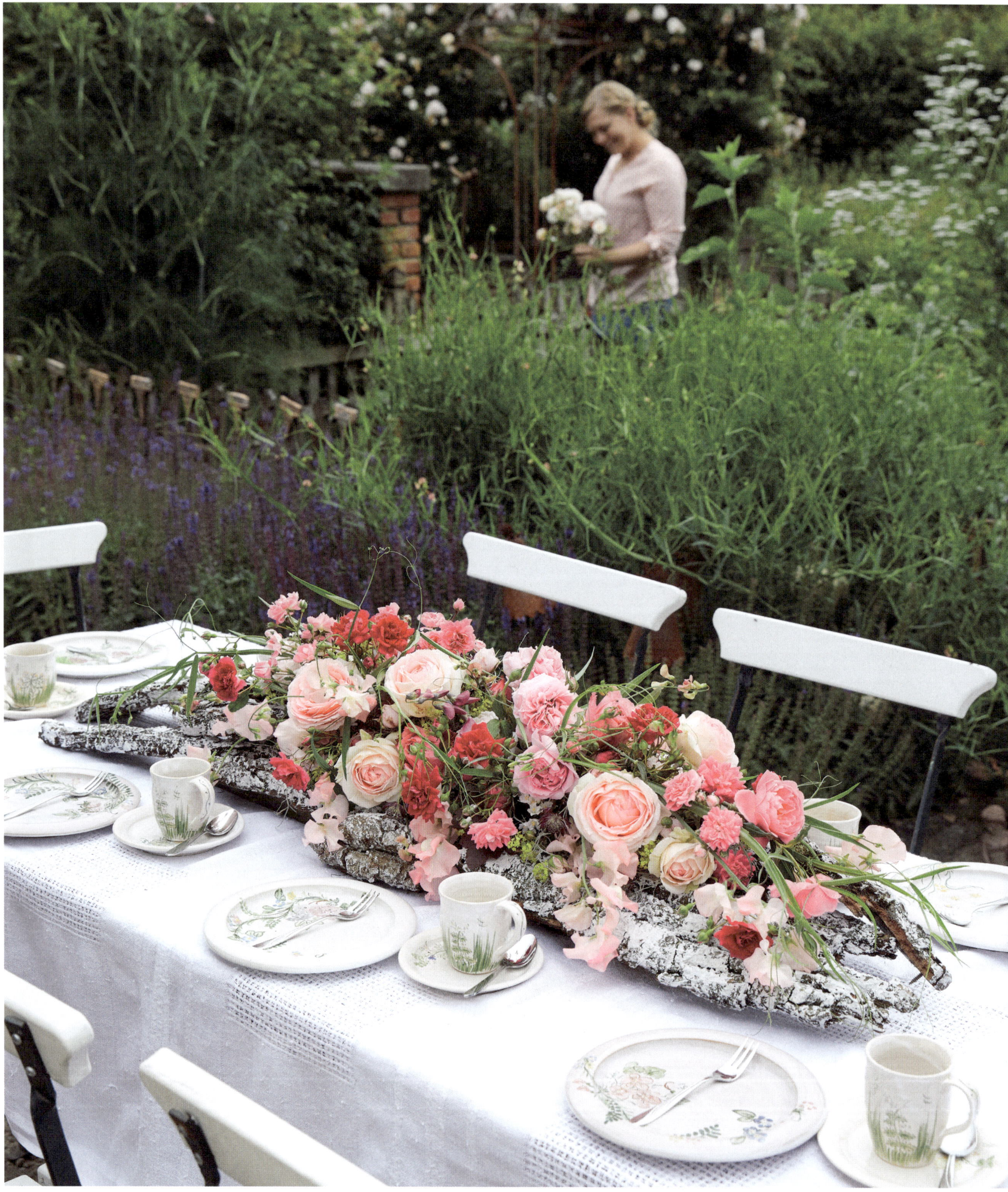

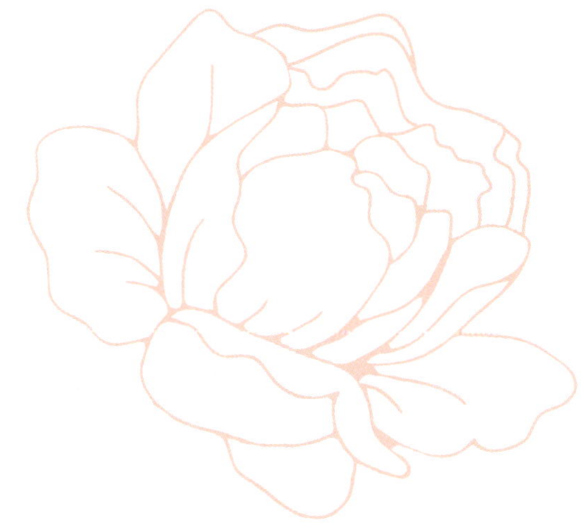

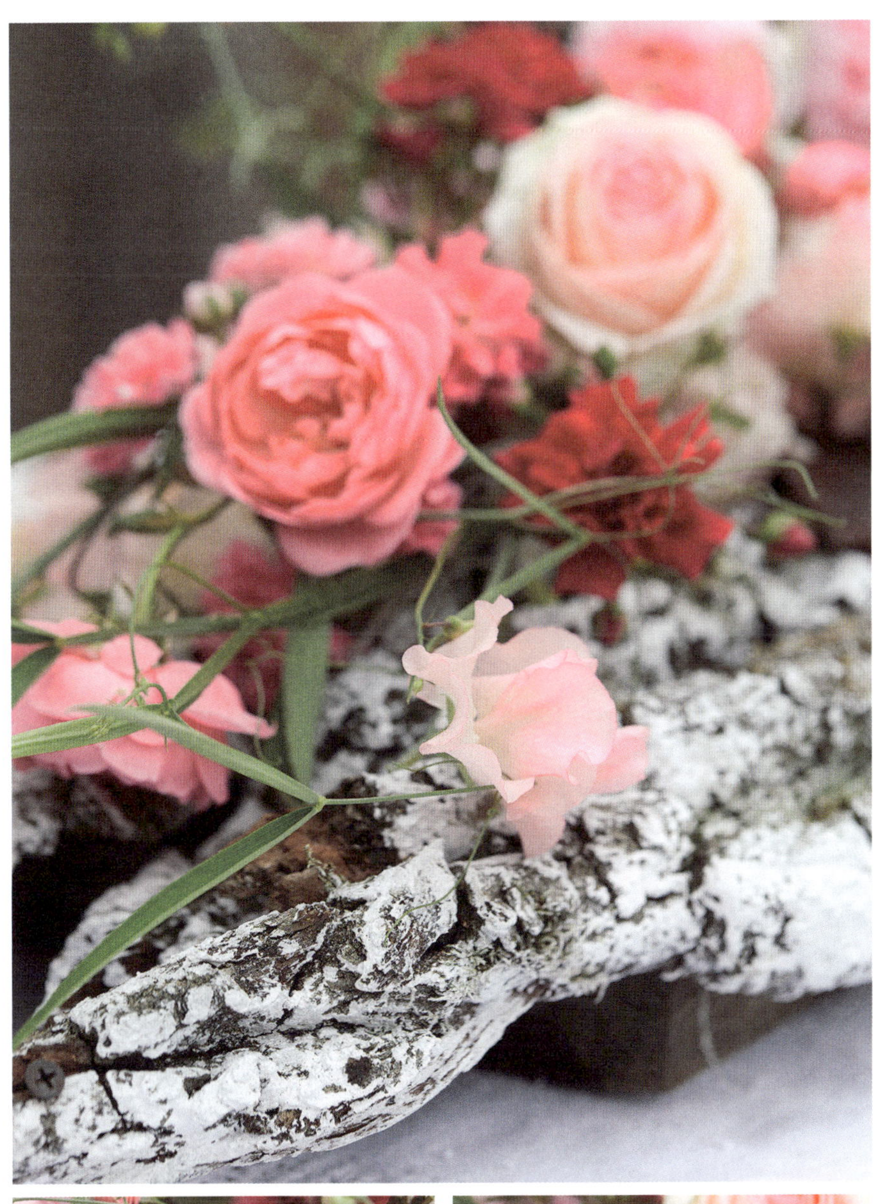

ROMANTISCHER ROSENTISCH-SCHMUCK

Wenn dann die Rosen blühen, geht mein Herz auf! In ihrem Duft, aber auch in ihrer Blütenfülle, ihren Farben und Formen kann ich schwelgen und mich gar nicht satt sehen! Jetzt wird jedes Fest mit der sommerlichen Kaffeetafel inmitten des Gartens zelebriert. Und natürlich arrangiert sich alles um den blütenreichen Rosenmittelpunkt. Die Ranken und Triebe der verschiedenen Rosenstöcke aus meinem Garten schneide ich bereits in den frühen Morgenstunden. Dann sind sie noch prall und voller Saft. Ich stecke sie dann in die länglichen mit Frischblumensteckschaum gefüllten Kunststoffschalen. Diese wiederum platziere ich auf einem Brett, auf dem ich im äußeren Bereich geweißte Rindenstücken befestigt habe. Meine Sommergäste sind sich einig: Alle Jahre wieder zauberhaft!

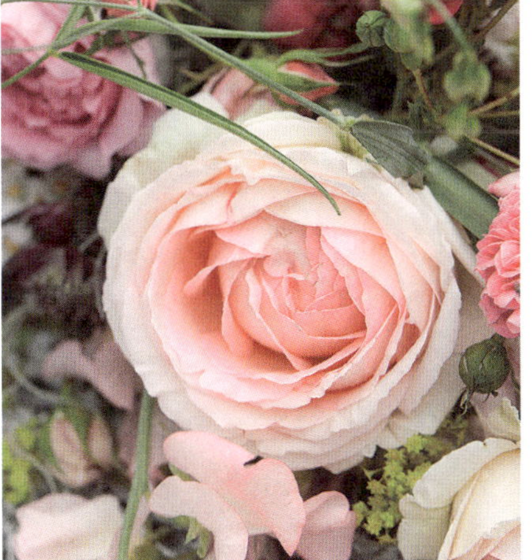

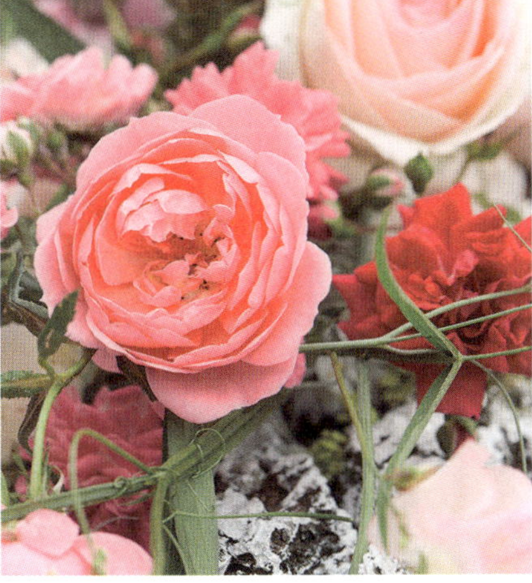

Mit Beeren gesäumt!

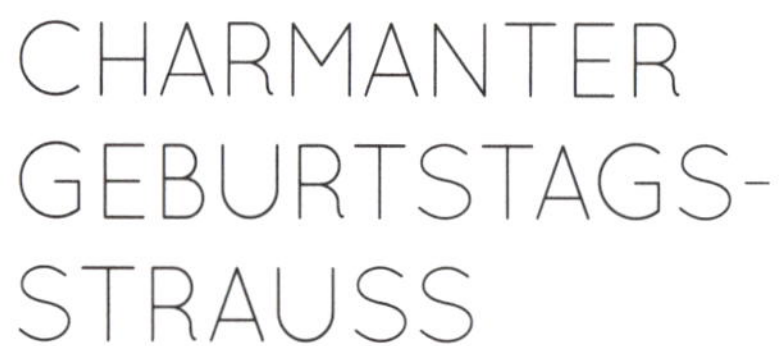

CHARMANTER GEBURTSTAGS-STRAUSS

Dieses rundliche, Kopf an Kopf gebundene Bouquet schenke ich meiner besten Freundin Luise. Die Basis aus den noch grünen Holunderbeeren bietet den schönen Rosen die passende Bühne, um zur Geltung zu kommen. Ganz besonders hübsch ist es, ein paar weitere Begleiter aus dem Sommergarten einzubinden, wie hier die violetten Sterndolden und der weiße Zierlauch.

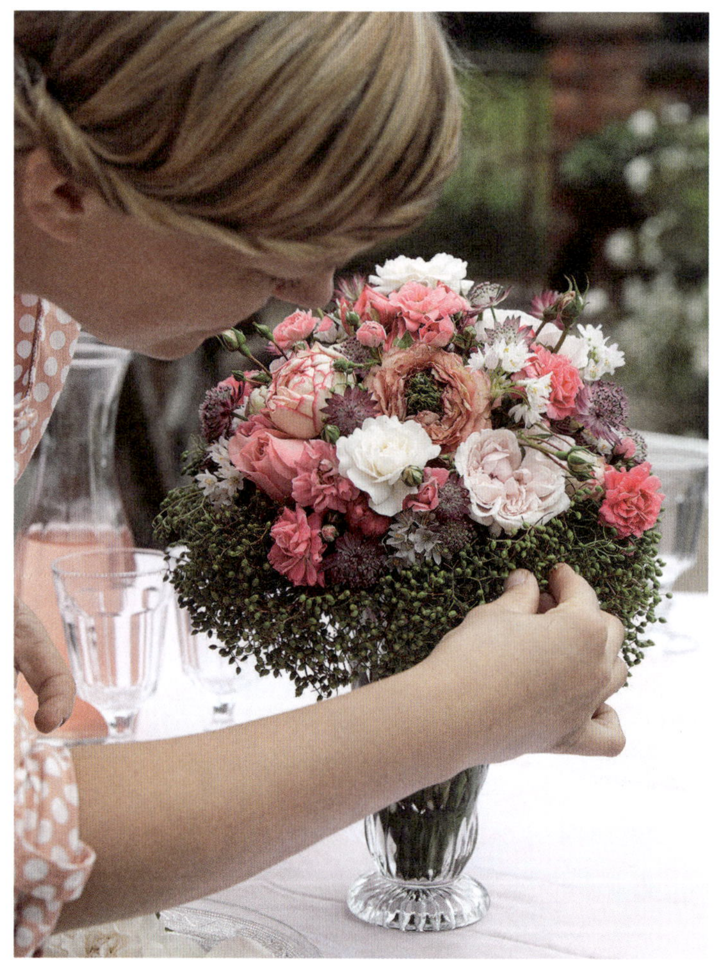

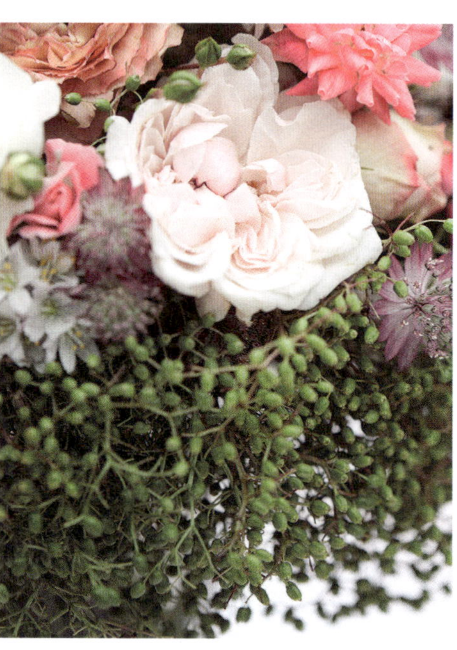

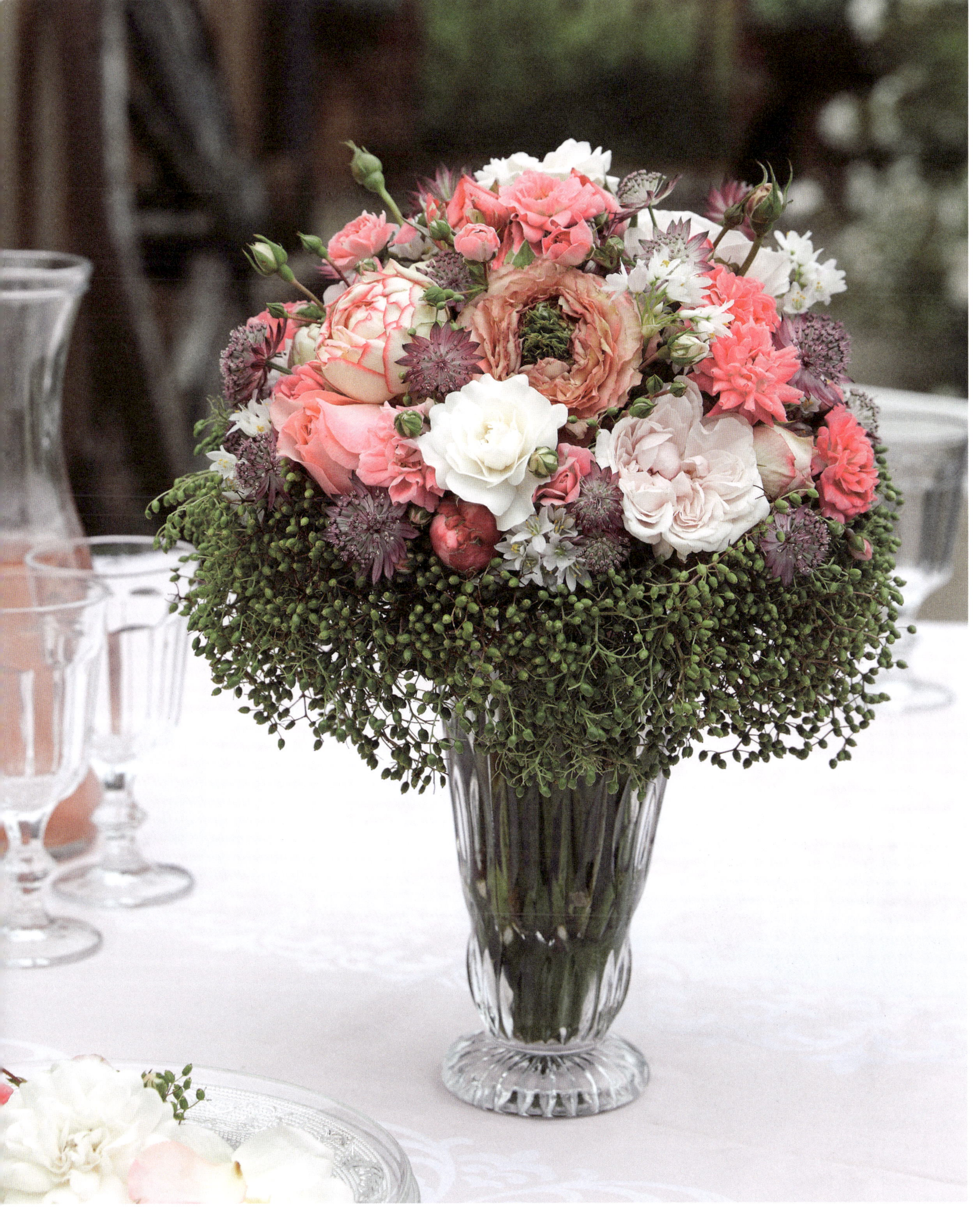

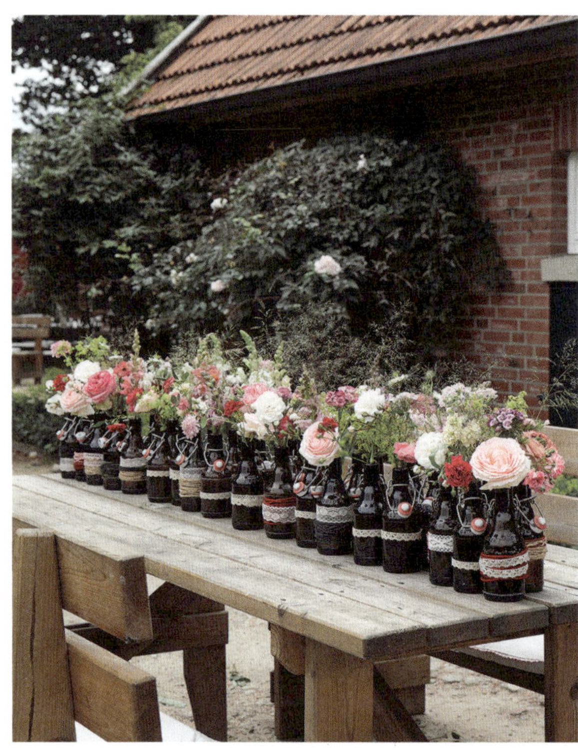

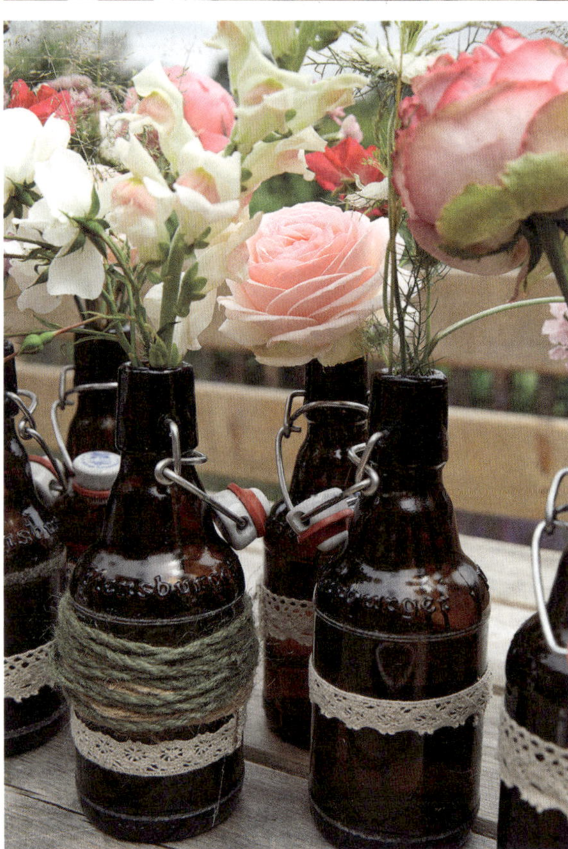

Jungs, für Euch!

FÜR MEINE MÄNNERTAFEL

Wenn jemand meint, Männer würden keine Blumen lieben, der irrt sich gewaltig. Für die sommerlichen Treffen zum abendlichen Bierchen oder zum gemeinschaftlichen Sommerfußballschauen dekoriere ich die beliebten braunen, bauchigen Bügelbierflaschen mit verschiedenen Bändern und Kordeln, arrangiere sie auf dem Terrassenholztisch und bestecke sie mit dem Schönsten, was mein Garten zu bieten hat: großblütige Rosen, kleinblütige Rosenmehrtriebe, blühende Gräser, gelbgrüne Frauenmantelblütenstände, Löwenmäulchen, Veronika und vieles mehr. Da fühlen sich selbst die großen Jungs wohl und genießen das sommerliche Leben draußen!

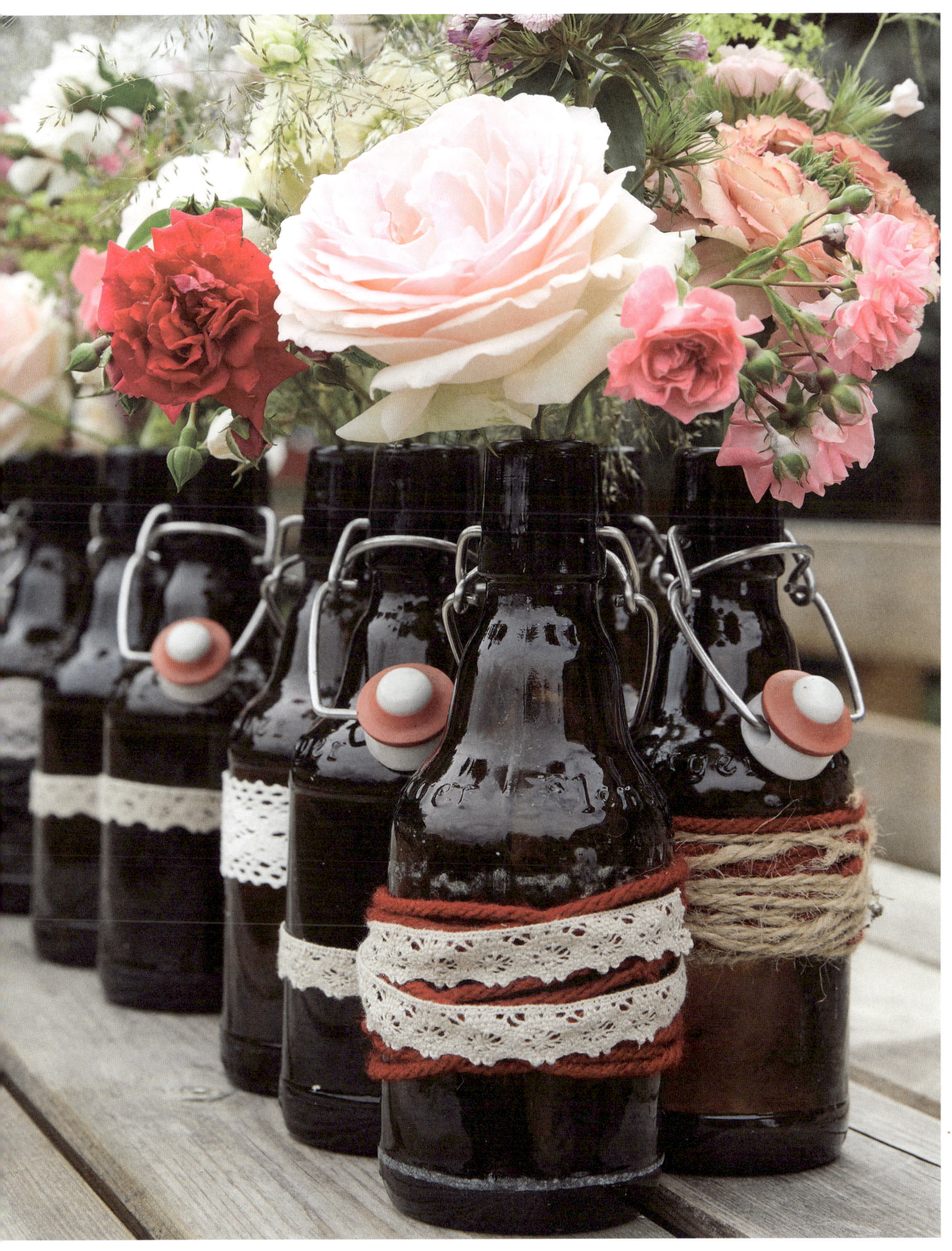

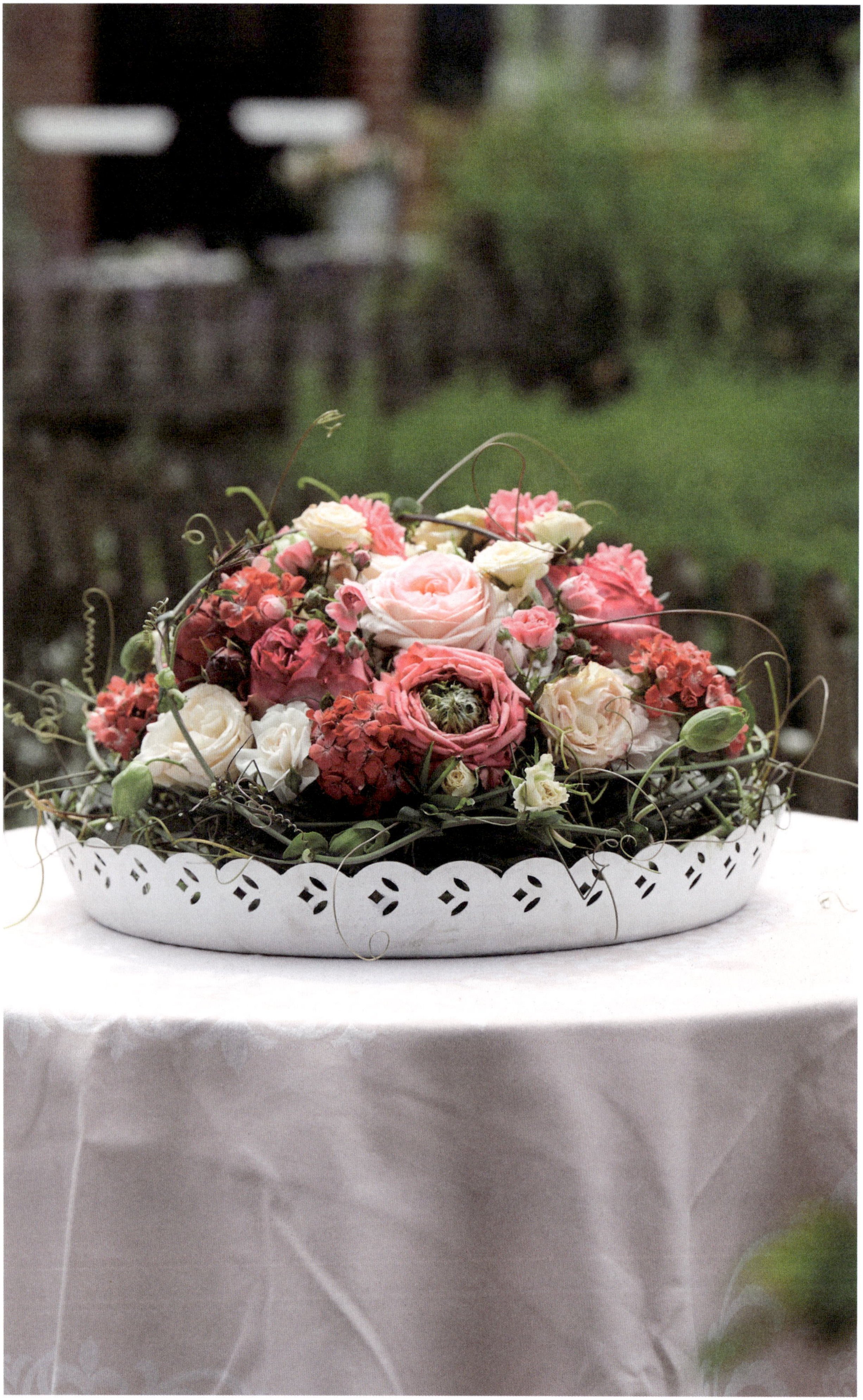

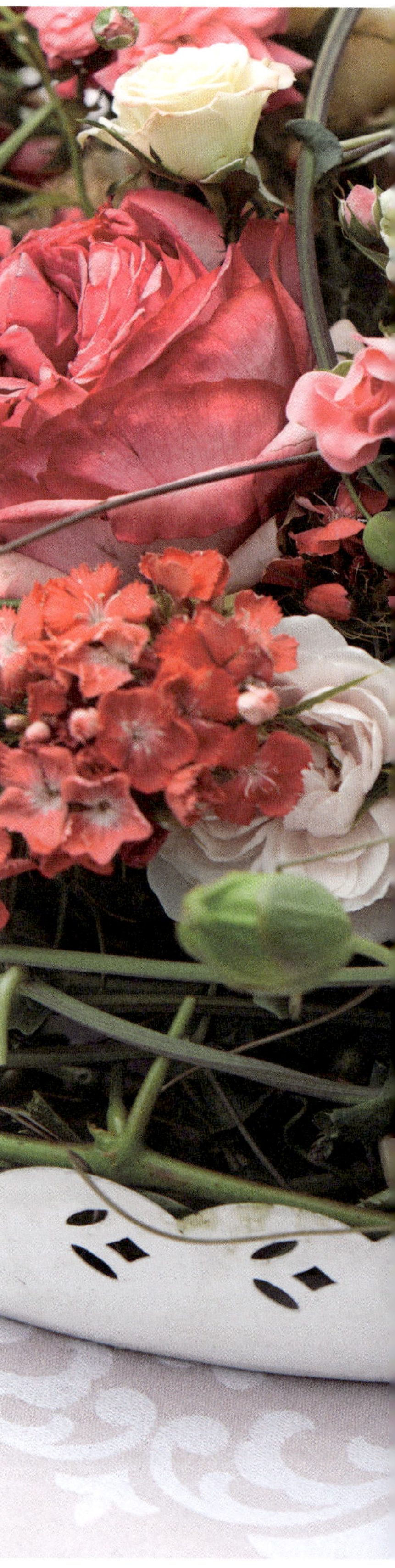

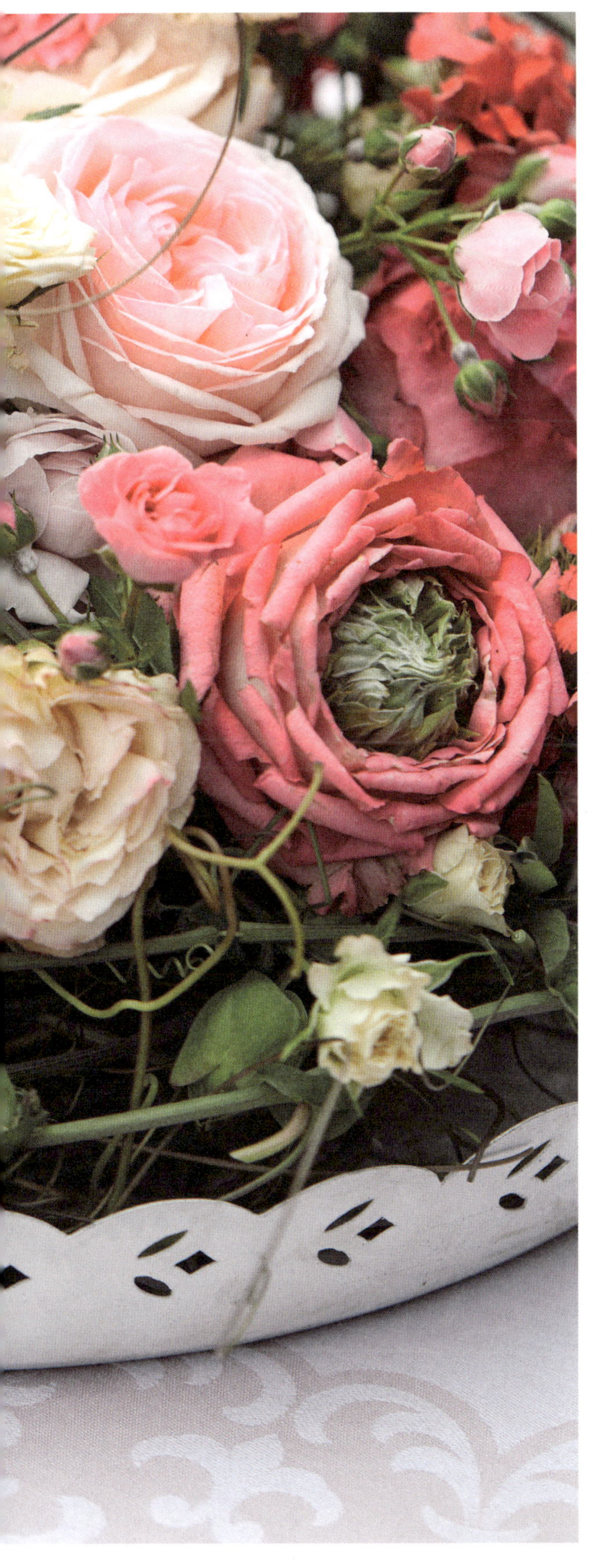

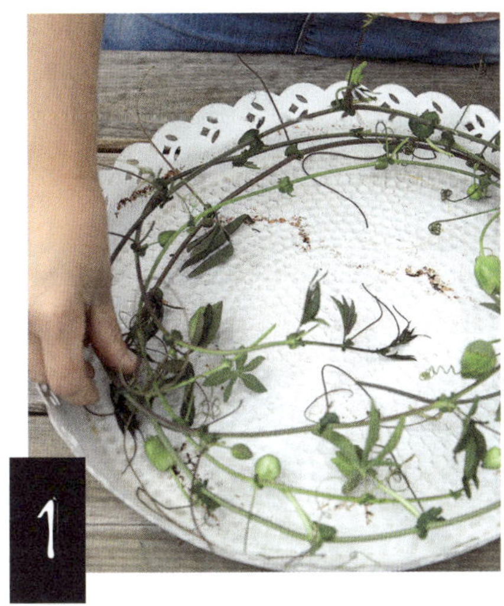

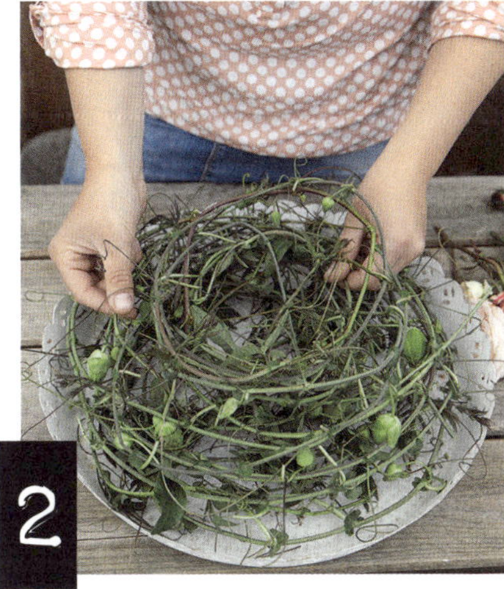

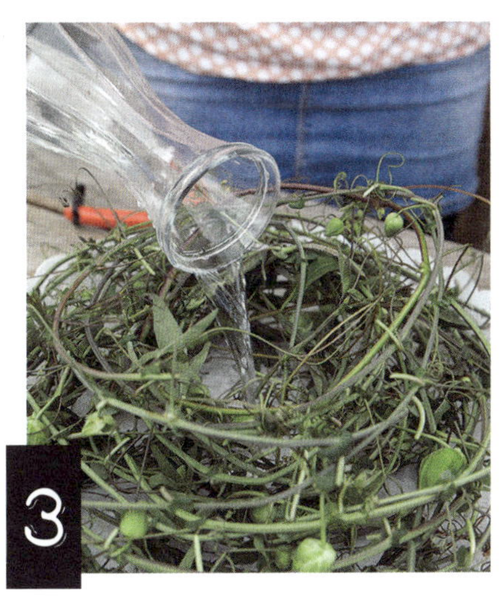

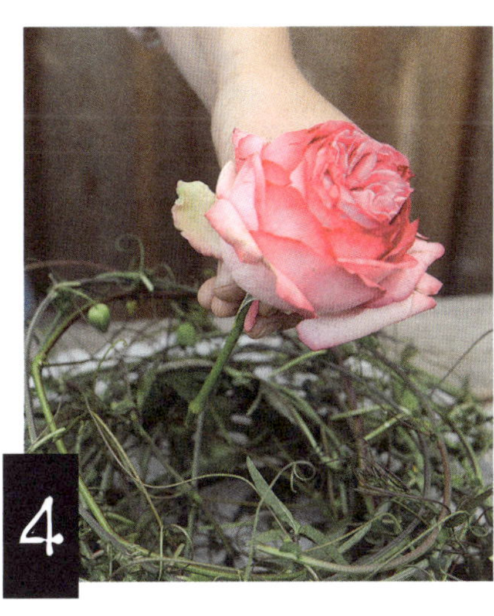

ROSENRUND

Ganz einfach geht's mit meiner blechernen Tortenschale. Sie hat einen hoch gezogenen Rand, sodass ich hier direkt hineinarbeiten kann. Zuerst lege ich ein paar grüne Triebe von der Sommerwicke, der Passionsblume oder von der Zaunrübe rundherum hinein **(1)** und **(2)**, bevor ich das Wasser einfülle **(3)** und in die Zwischenräume die kurz geschnittenen und voll erblühten Rosen stecke **(4)**. Die eine oder andere Bartnelke gesellt sich auch hinzu. In jedem Fall eine wunderbare runde und schnelle Sache, die lange die Sommergartentische meines Hofcafés ziert.

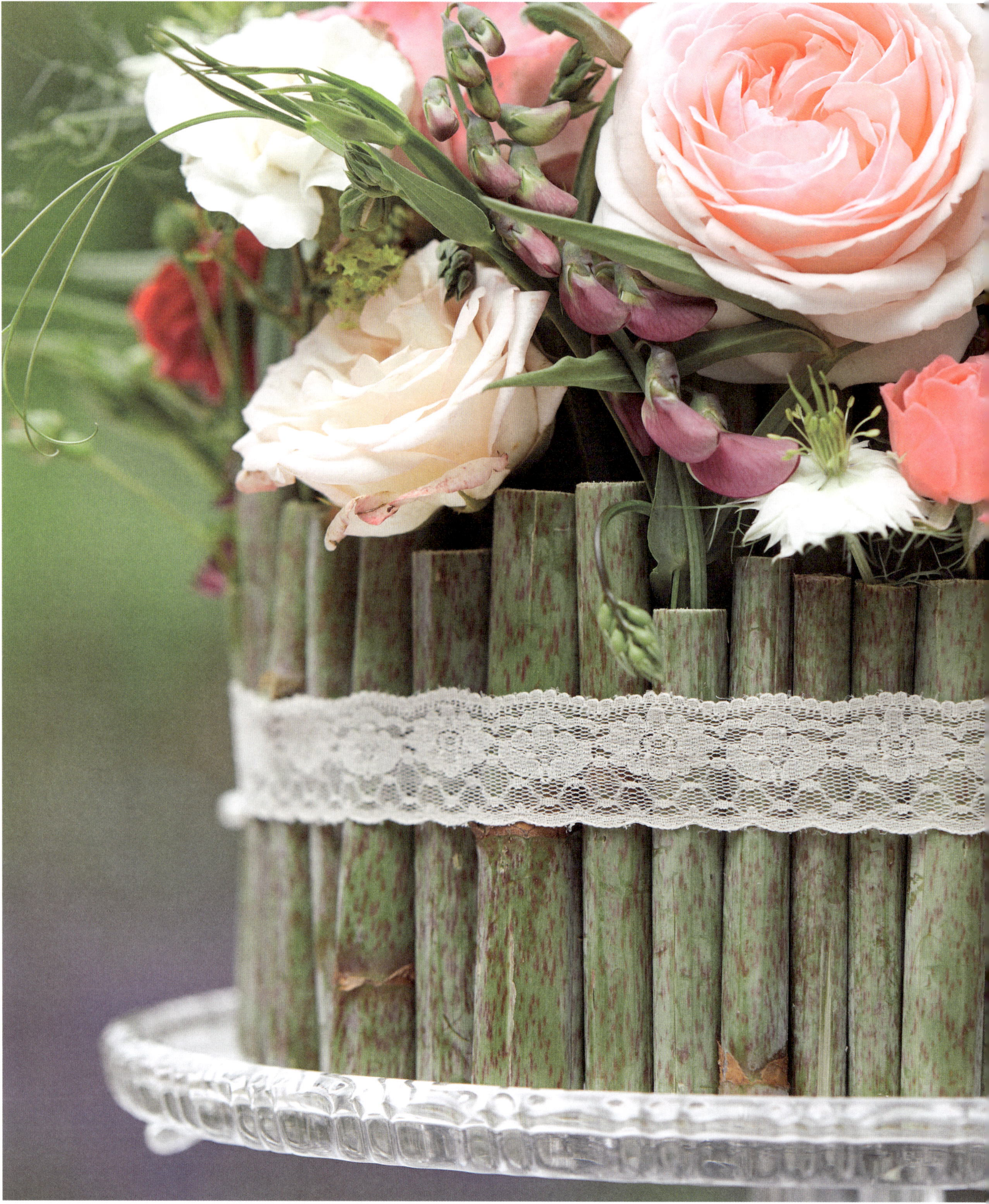

Standhafte Rosen

RENDEZVOUS MIT JAPANISCHEM KNÖTERICH

Immer wieder fasziniere ich meine Gäste bei unseren Blumenworkshops mit dieser Idee. Der überall in der Landschaft zu findende Japanische Knöterich (*Fallopia japonica*), ein eingebürgertes Gewächs mit Schnellwachs-Gen, besitzt wunderschöne Halme, die sich leicht schneiden und in etwa auf gleiche Länge bringen lassen. Mit ihnen umkleide ich eine zylindrische, breite Glasschale, indem ich sie zuerst mithilfe eines umgelegten Gummibands, unter das ich sie schiebe, in senkrechter Position halte, bis ich mit einem Schmuckband alles zusammenbinde. Nun kann die Glasschale mit Rosen, Staudenwickenblüten, Jungfer-im-Grünen und anderen Lieblingen aus meinem Garten gefüllt werden.

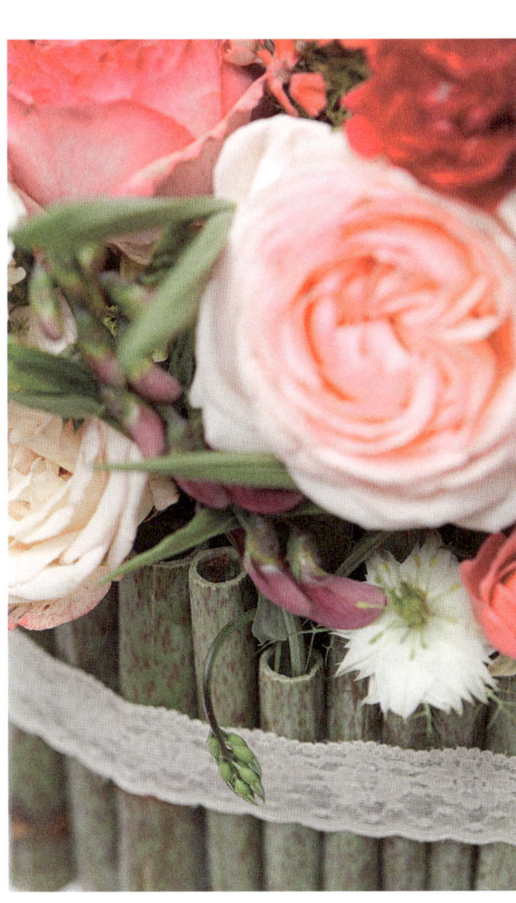

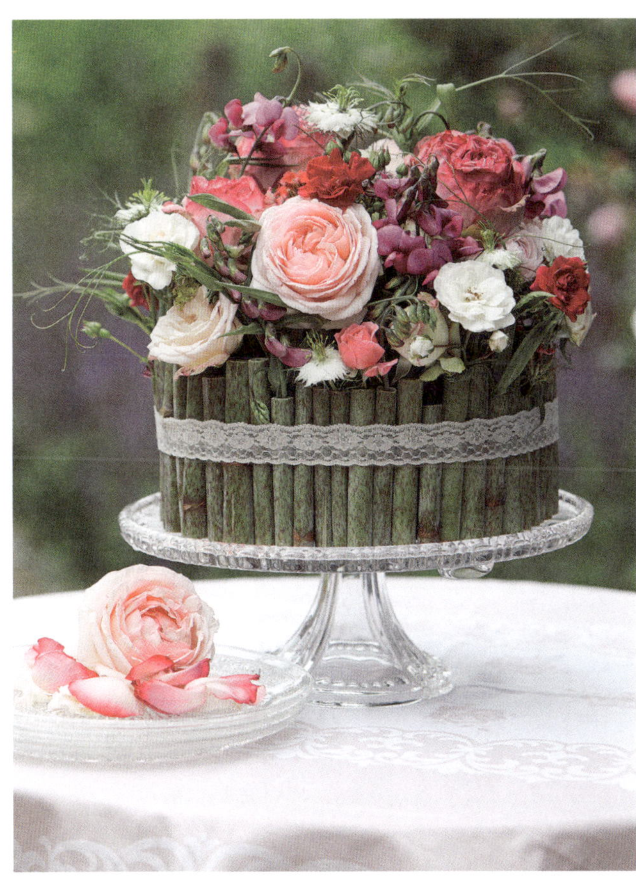

Hochsommer Wärme Genusszeit

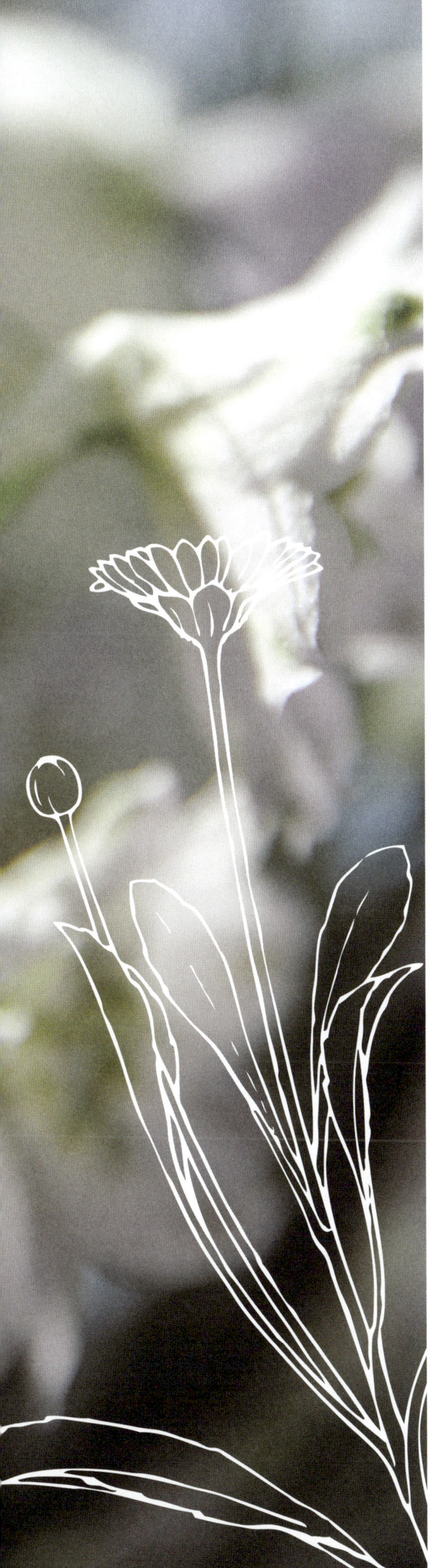

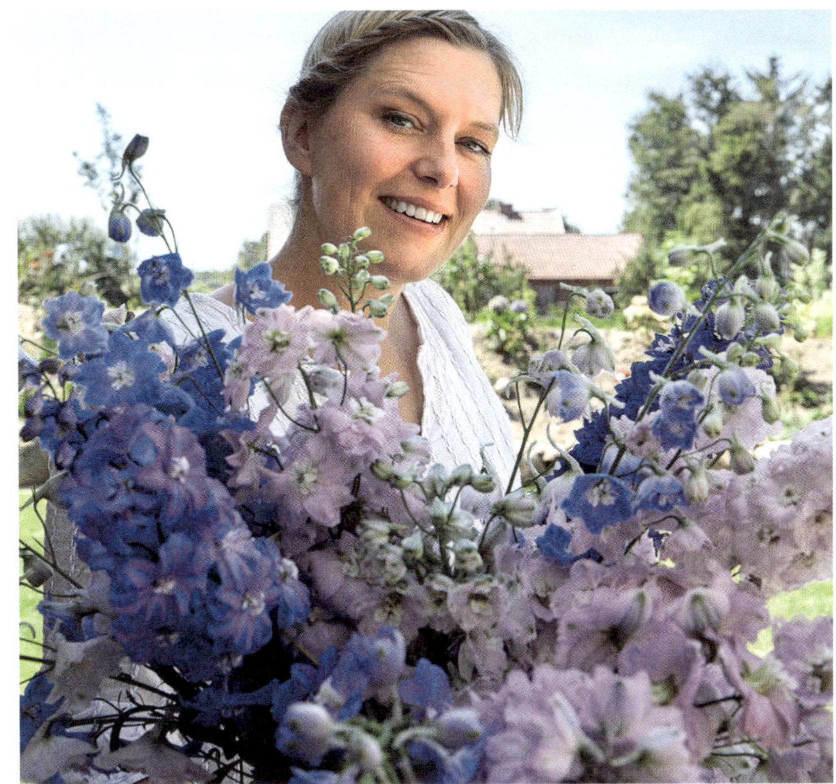

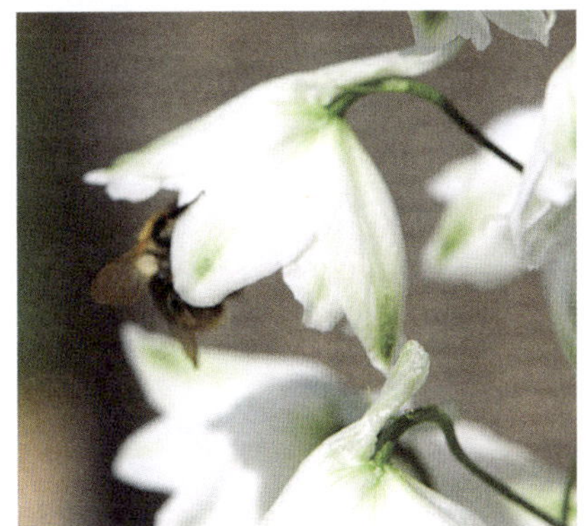

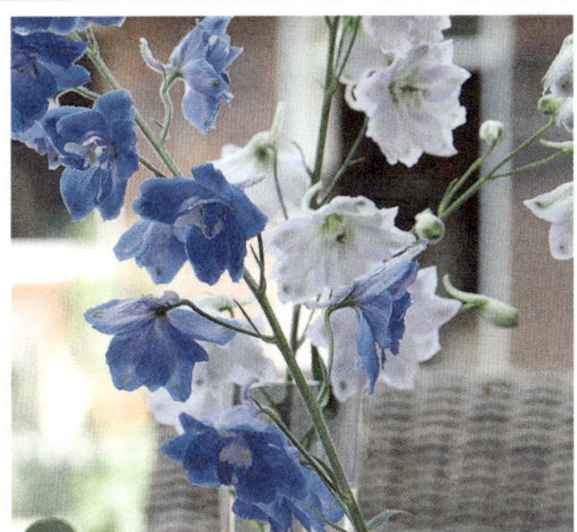

OUTDOOR LEBEN, WENN'S AM SCHÖNSTEN IST

Und dann kommt mit Macht und zunehmender Wärme der Hochsommer, ein bisschen schleichend, aber dennoch mit der Kraft der blütenreichsten Jahreszeit. Gerade jetzt begeistert mich der Rittersporn. Blüte an Blüte, duftige, volle Rispen dieser prachtvollen Blume. Besonders in seinen kühleren, pastelligen Farben Blau, Violett und Weiß gefällt mir der stolze und hoch wachsende Geselle in meinem Garten. Erinnert seine Blütenfülle nicht an den hellen Sommerhimmel mit den getupften Wolkenhäufchen? Oder an das klare, kühle Wasser von Seen und Bächen?

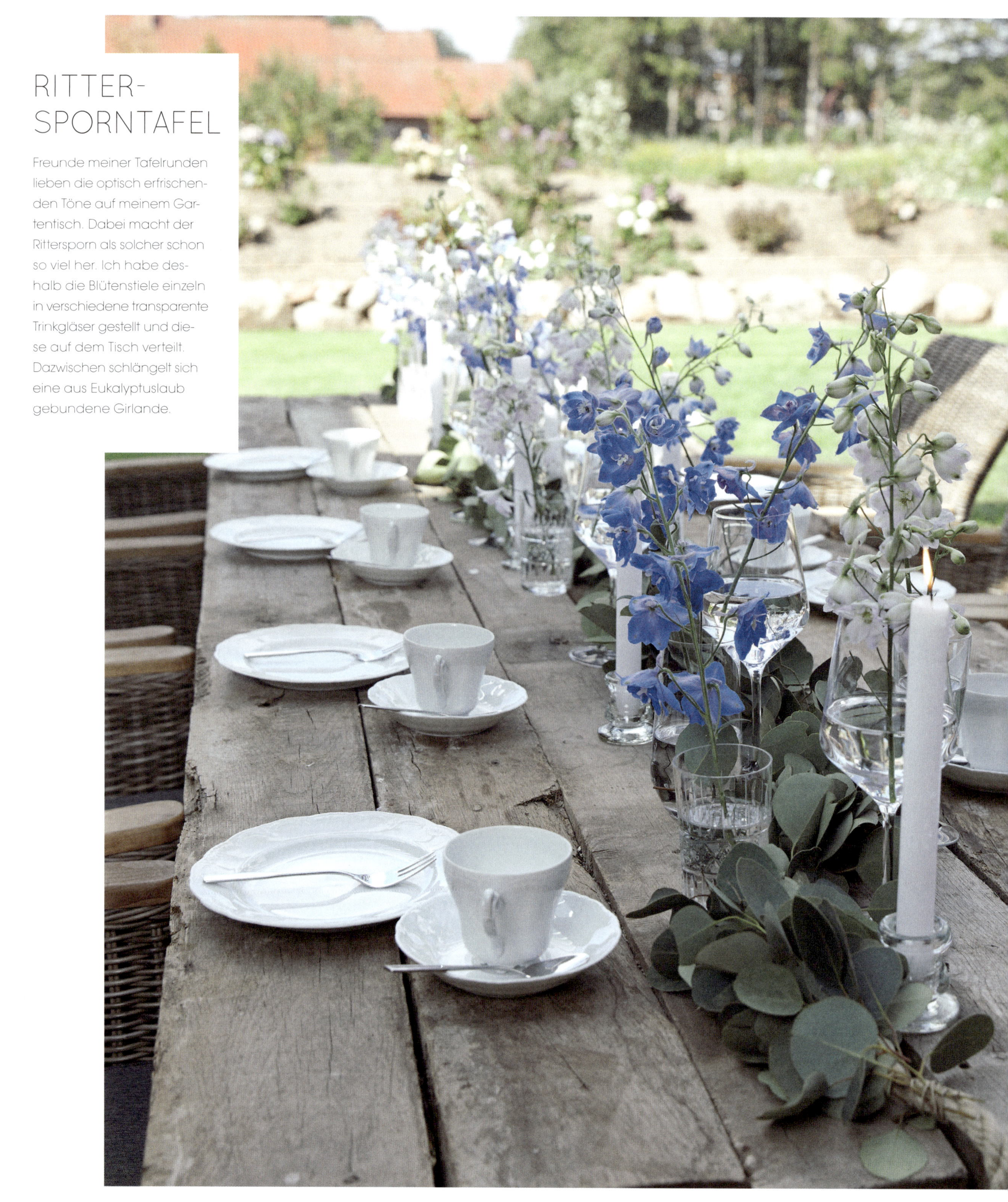

RITTER-SPORNTAFEL

Freunde meiner Tafelrunden lieben die optisch erfrischenden Töne auf meinem Gartentisch. Dabei macht der Rittersporn als solcher schon so viel her. Ich habe deshalb die Blütenstiele einzeln in verschiedene transparente Trinkgläser gestellt und diese auf dem Tisch verteilt. Dazwischen schlängelt sich eine aus Eukalyptuslaub gebundene Girlande.

Das grüne Band zwischen uns!

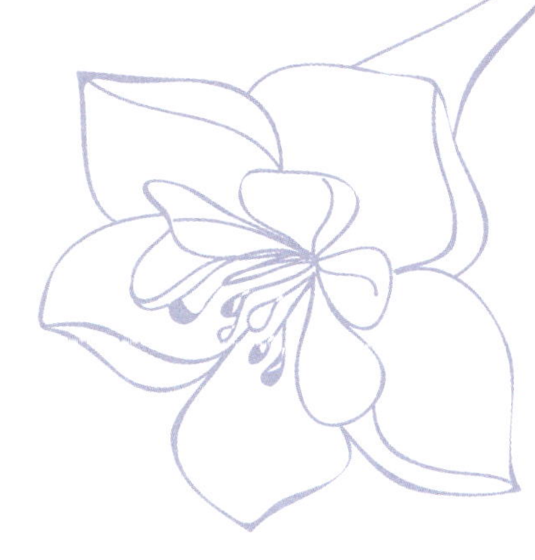

EUKALYPTUS-GIRLANDE

Eigentlich bevorzuge ich heimische Pflanzen. Aber der aus den Subtropen stammende Eukalyptus mit seinem bläulich-grünen Blatt passt einfach perfekt zum Rittersporn. Kurze Blatttriebe wickele ich dazu dicht an dicht mithilfe von Rebenbindedraht auf einen groben Strick.

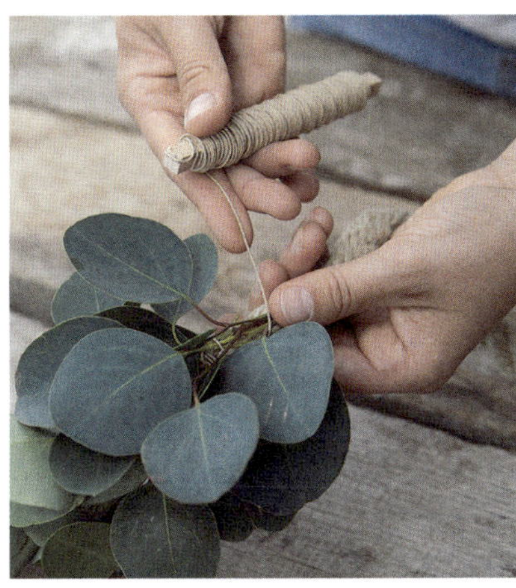

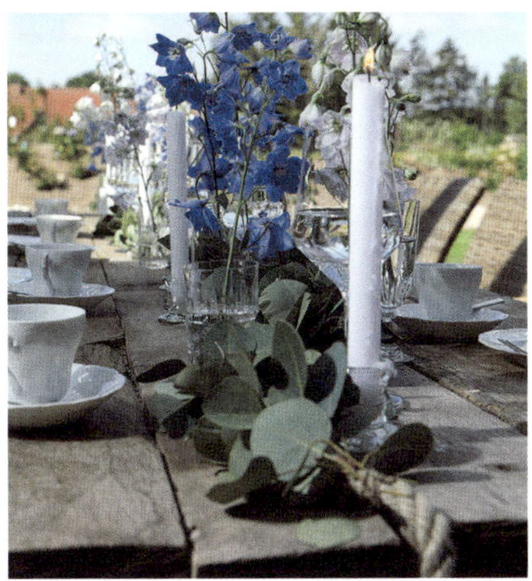

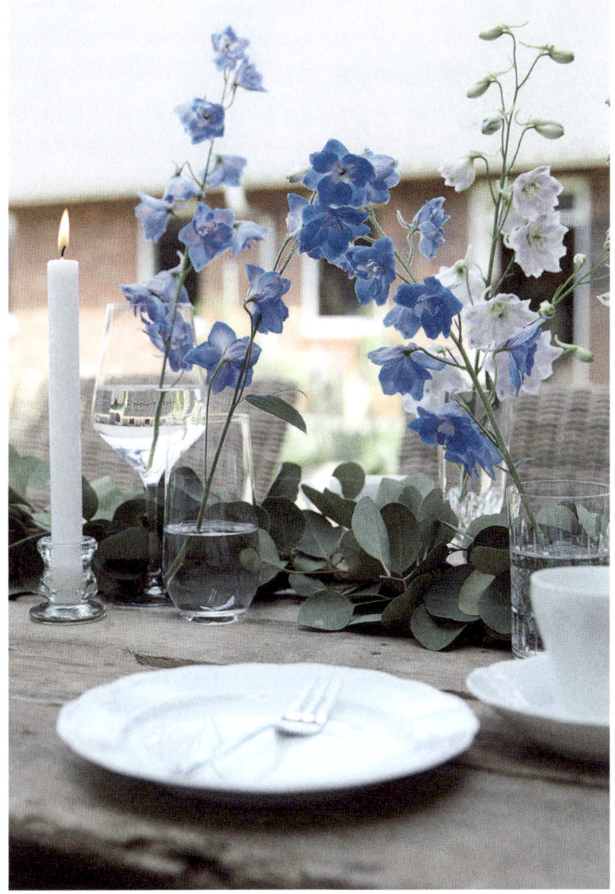

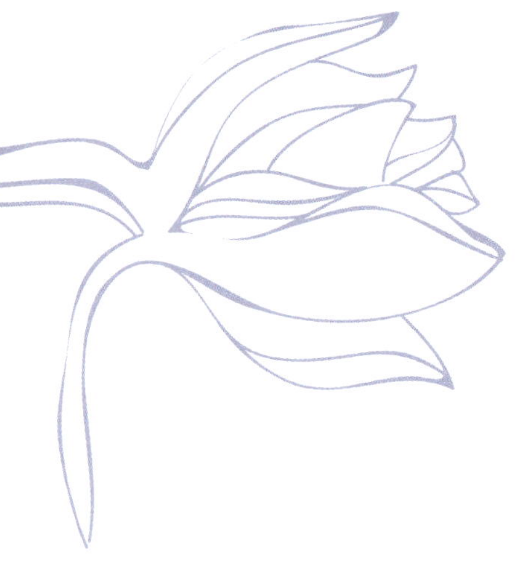

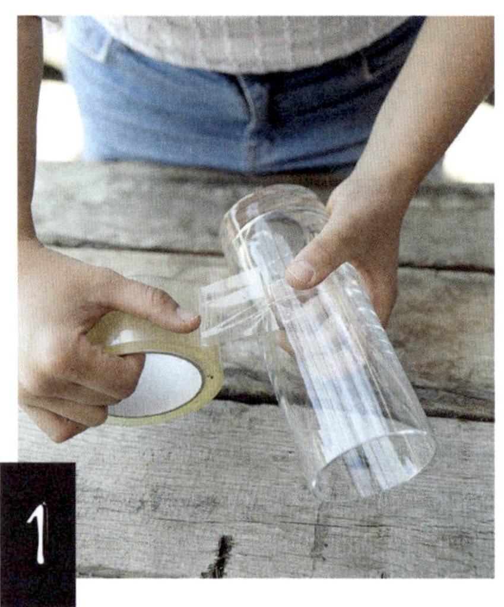

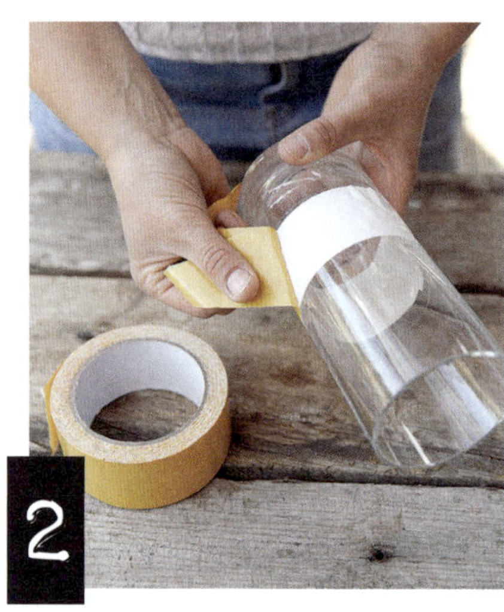

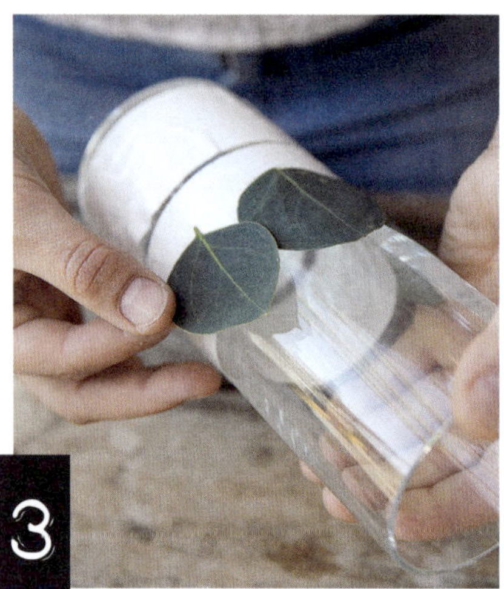

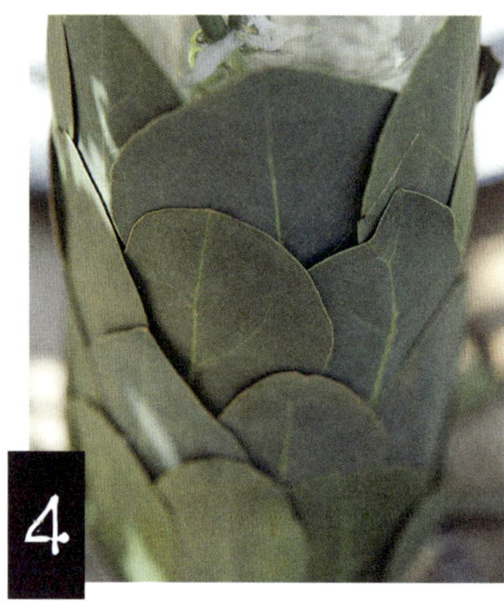

RITTERSPORN-VASENFÜLLUNG

Auch hier lasse ich die dicht mit Blüten besetzten Rispen des Rittersporns für sich wirken. Lediglich der untere Stielbereich wird durch die spezielle Vasendekoration akzentuiert. Dazu beklebe ich die schlanken Zylindervasen zunächst mit normalem, breitem Transparentklebeband **(1)**, damit sich alles später wieder besser entfernen lässt – und dann mit doppelseitigem Klebeband **(2)**. Hierauf werden, am oberen Klebrand beginnend **(3)**, einzelne gleichgroße Eukalyptusblätter dachziegelartig übereinander aufgebracht **(4)**. Die untere überstehende Blätterreihe mit einer Schere zum Schluss bündig abschneiden.

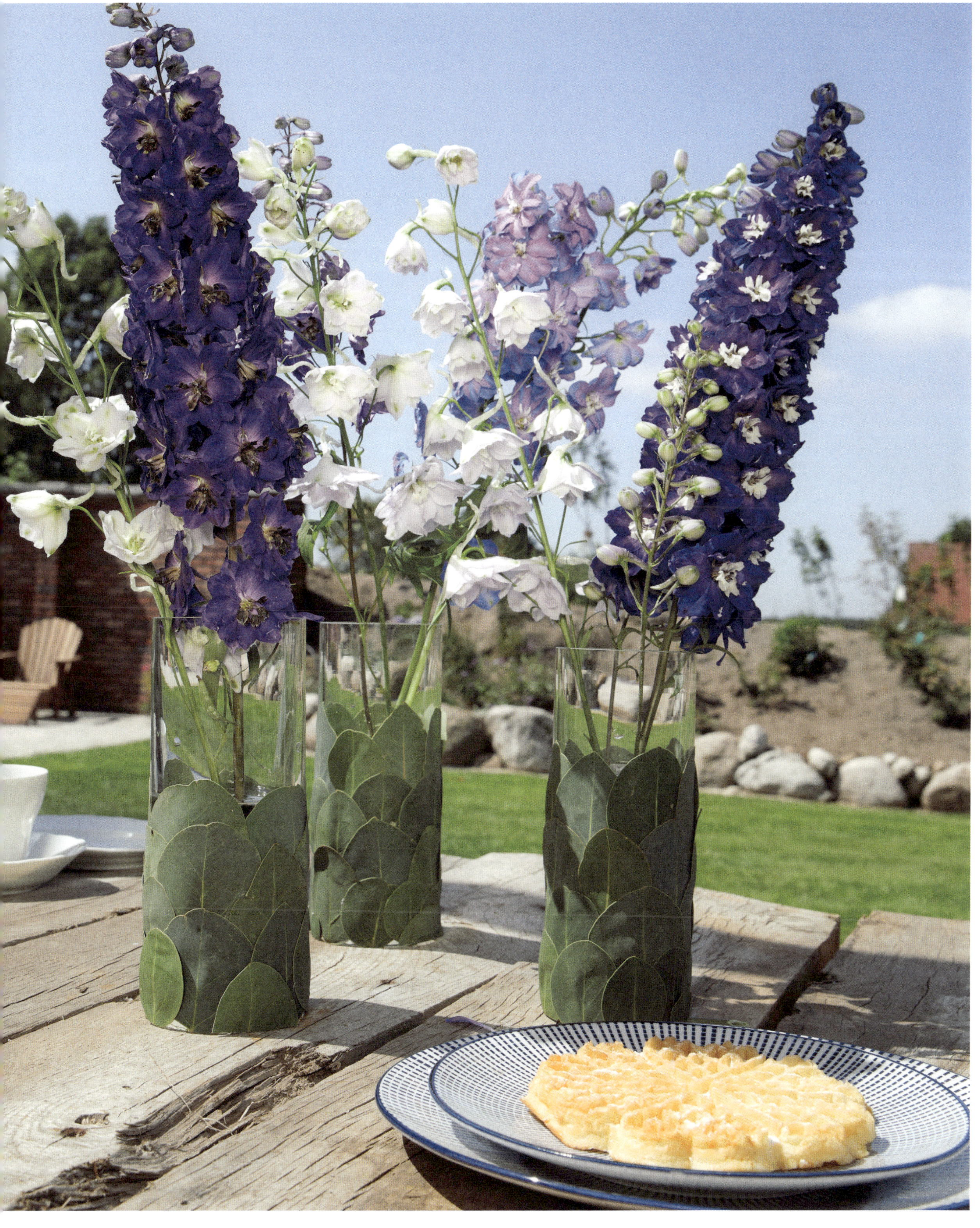

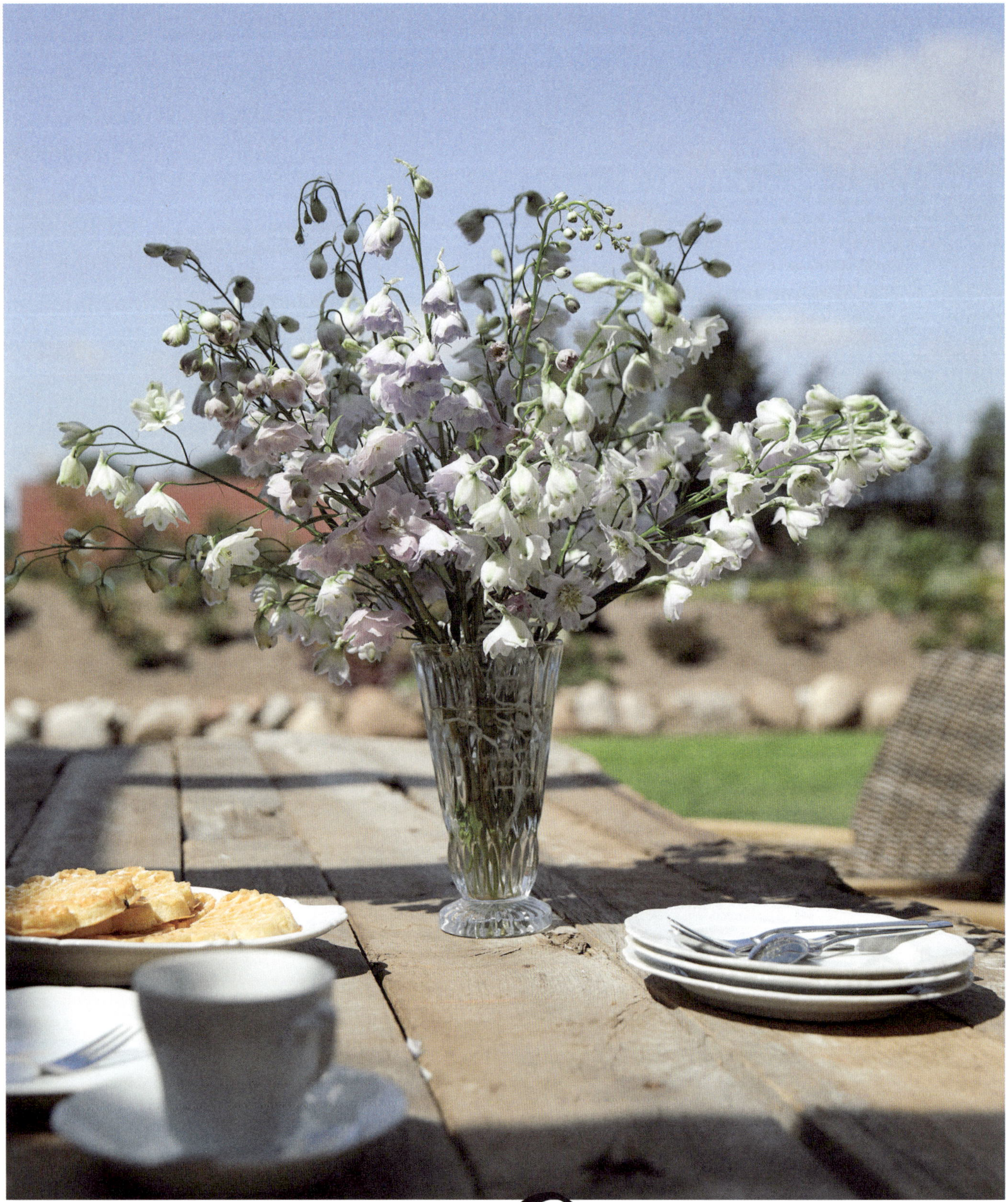

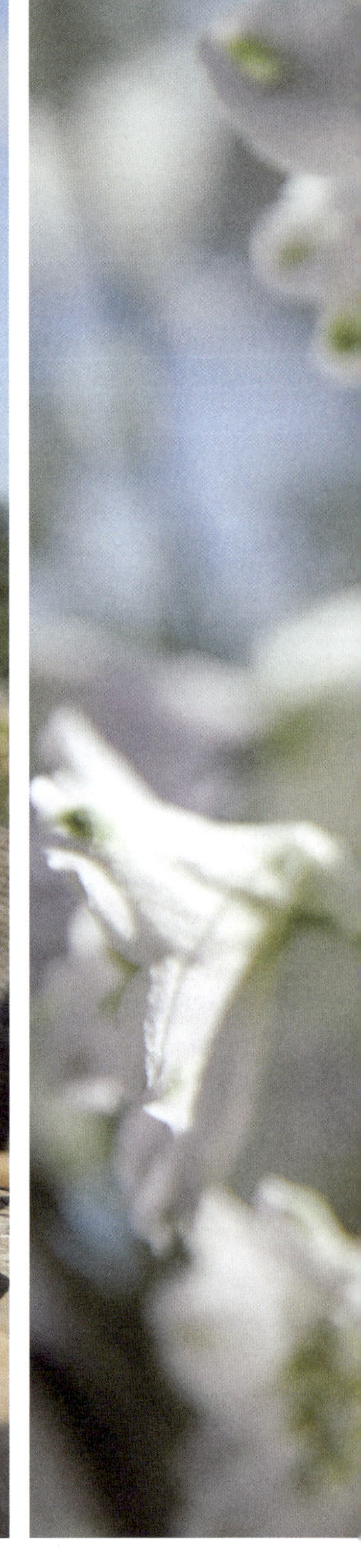

Blüten-Poesie

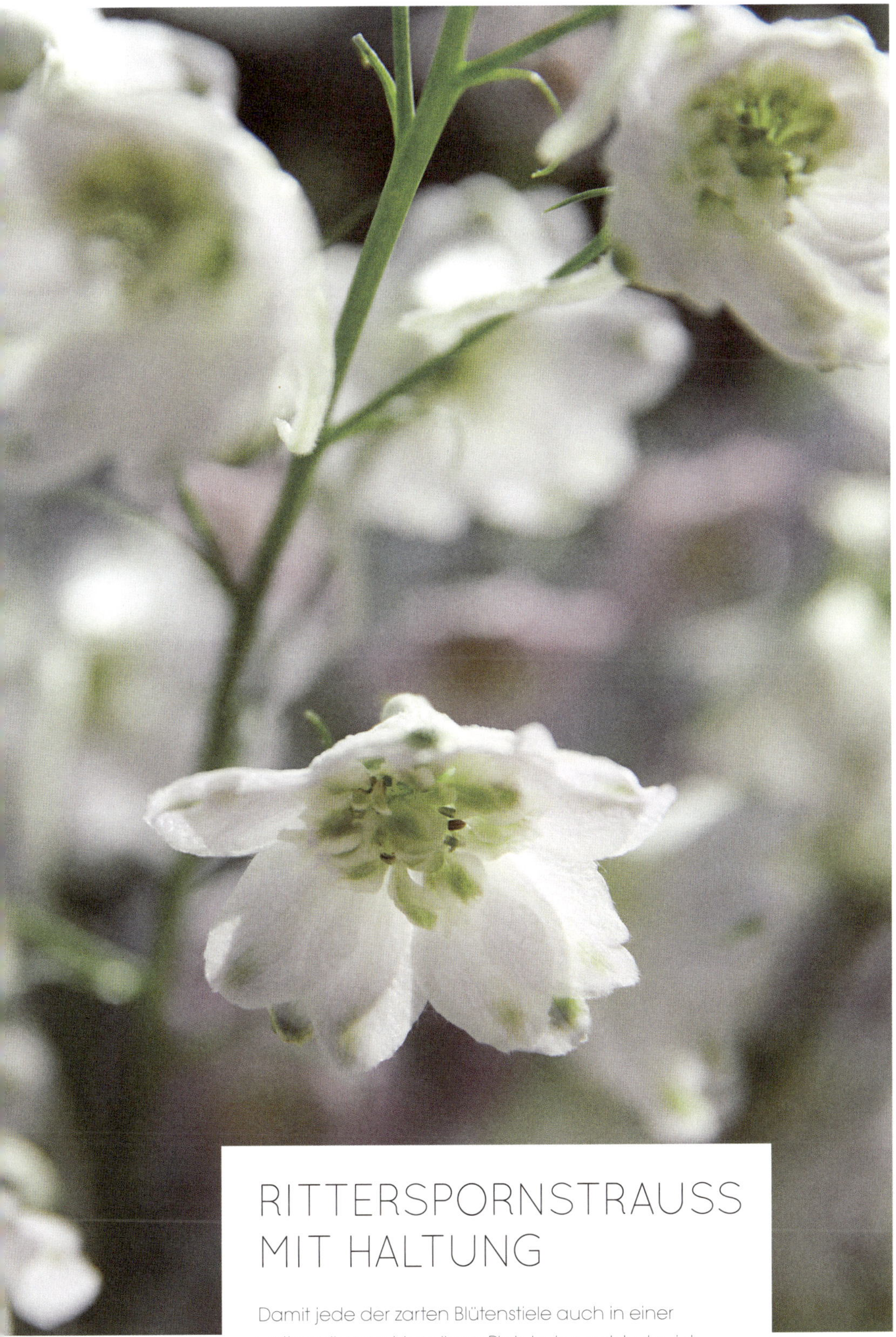

RITTERSPORNSTRAUSS MIT HALTUNG

Damit jede der zarten Blütenstiele auch in einer weitrandigeren Vase ihren Platz bekommt, habe ich ein Gerüst aus weißem Rebenbindedraht angefertigt. Zunächst mit den Fingern einen Knoten mit offener Schlaufe bilden **(1)**, dann durch diese Schlaufe weitere Luftmaschen einhäkeln und so fortfahren bis ein langes, luftiges Schlaufenband entsteht **(2)**. Dieses zusammenknautschen **(3)** und in die Vase einfügen. So stabilisiert, kommen die einzelnen Blütenstiele locker und duftig zur Geltung.

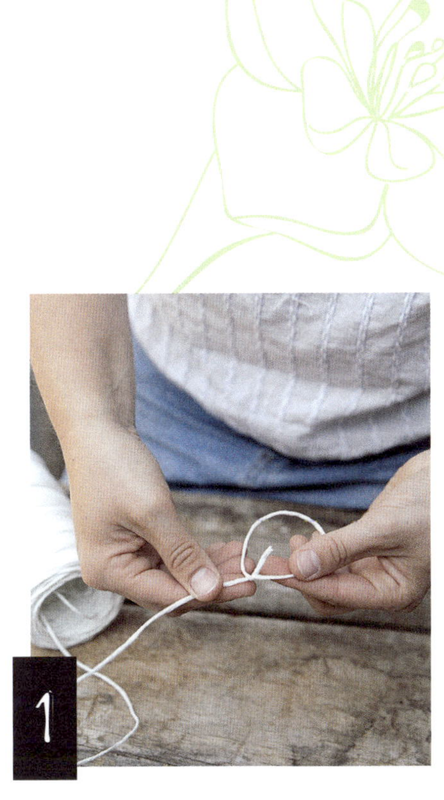

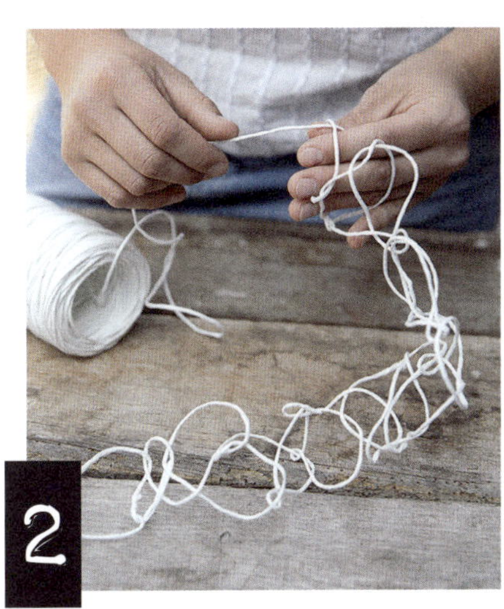

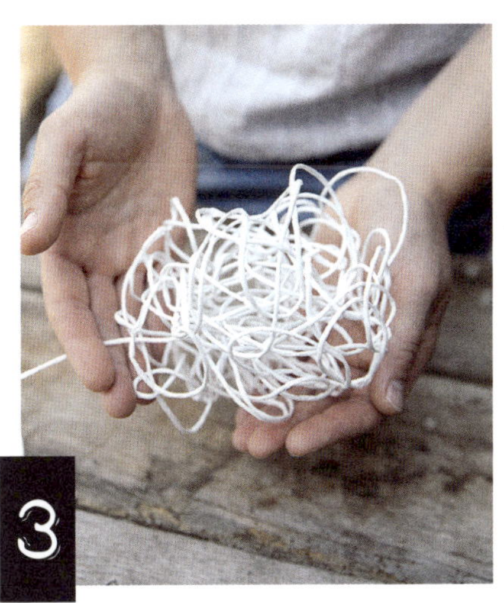

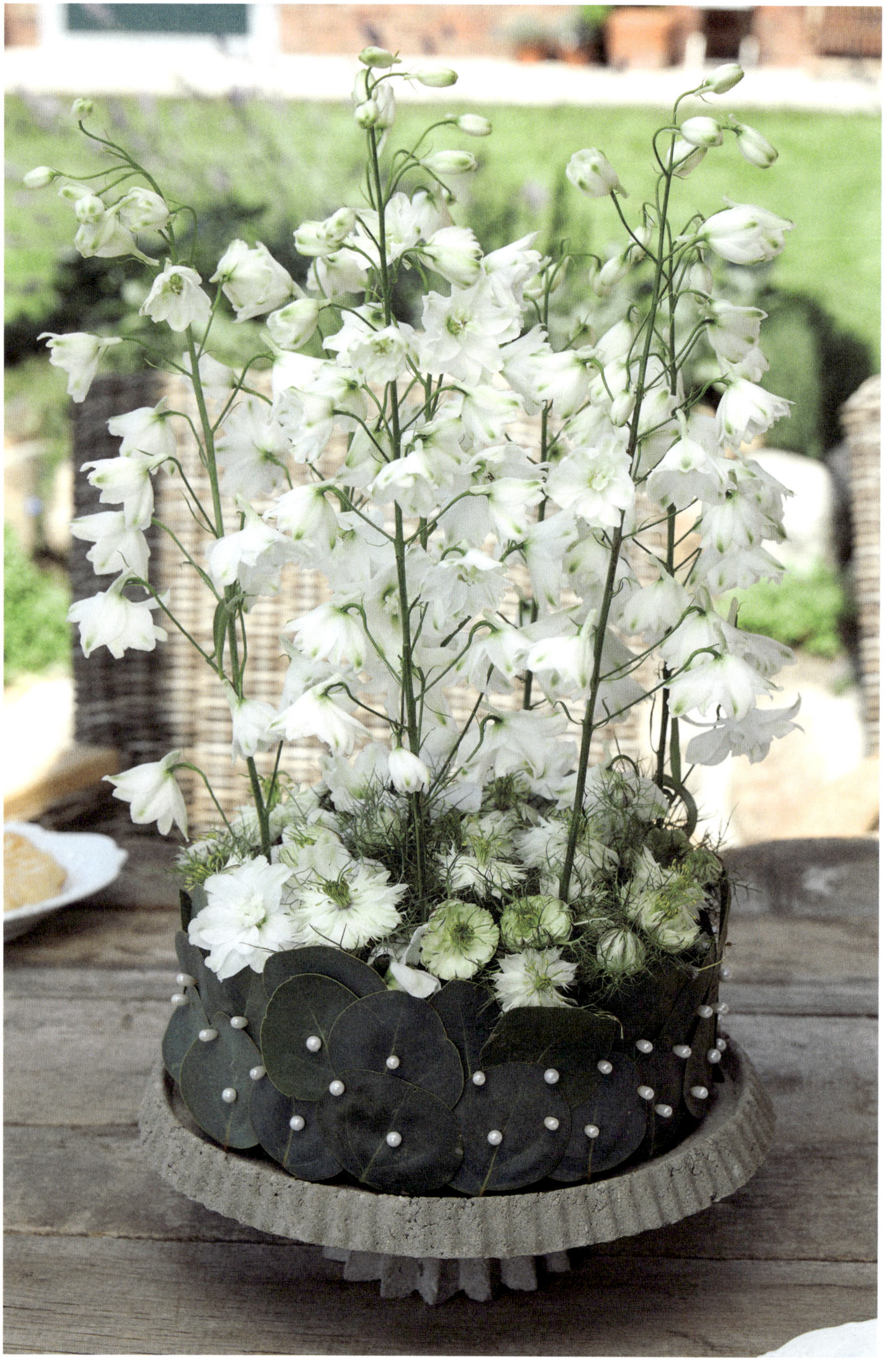

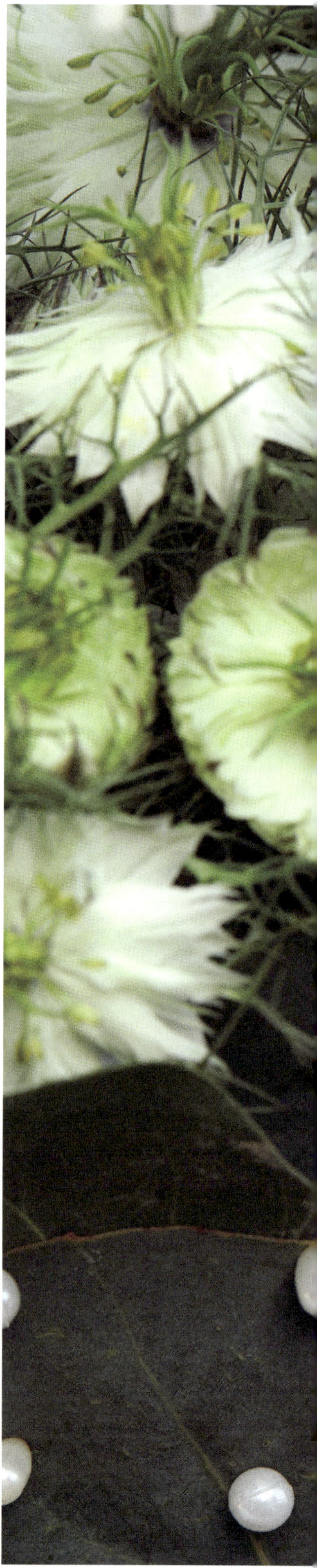

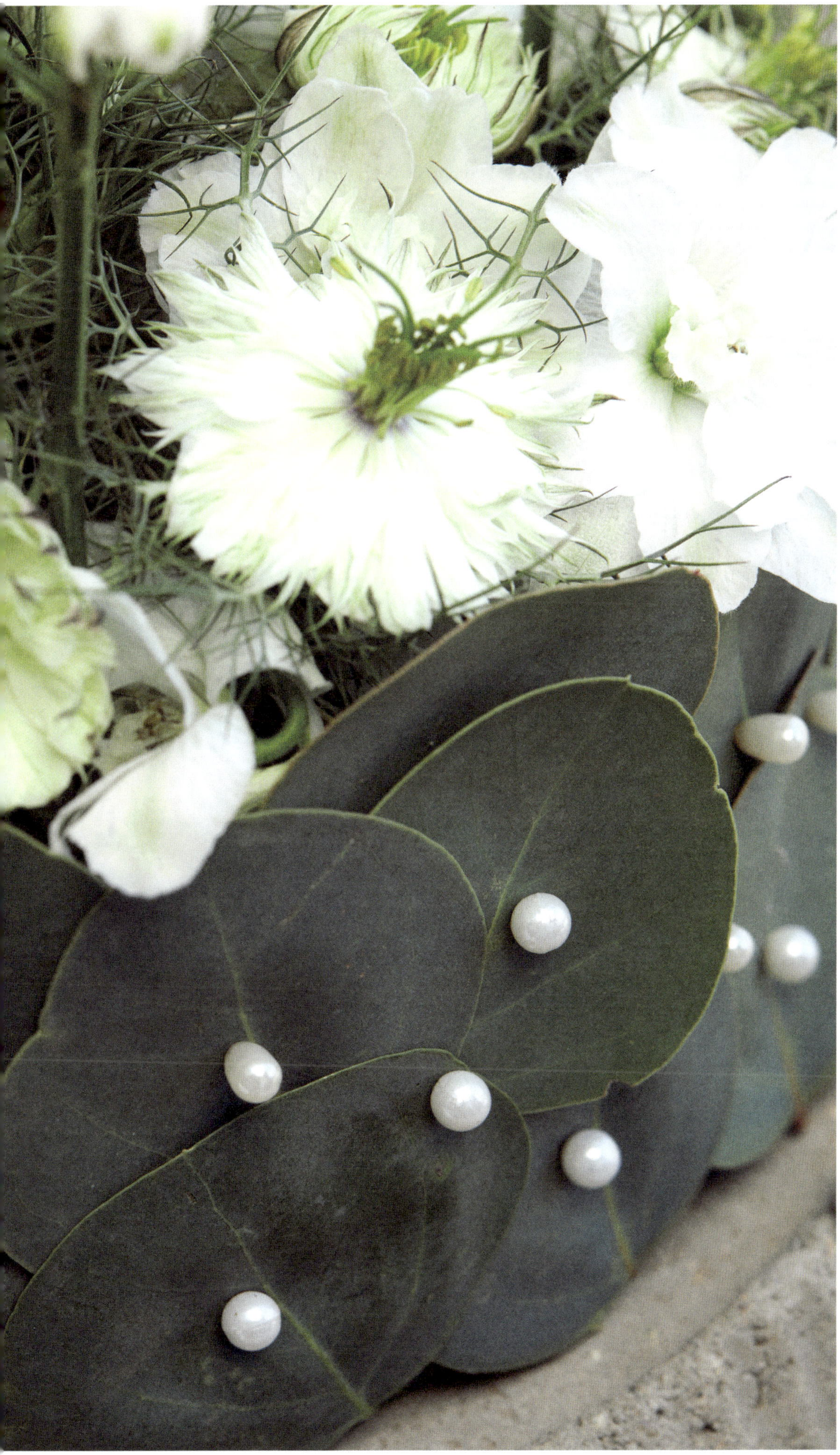

RITTERSPORN-GESTECK

Mit Schmucknadeln habe ich außen einzelne Eukalyptusblätter auf einen runden Frischblumensteckschaum-Zylinder genadelt, diesen mit fünf bis sieben langen Rittersporntrieben, sowie kurz geschnittenen Jungfer-im-Grünen-Blüten in der Basis besteckt. Das Ganze steht auf einer steinernen Tortenplatte mit Fuß und geht so schnell, dass ich diese Dekoration bei Überraschungsbesuch auch noch hinbekomme.

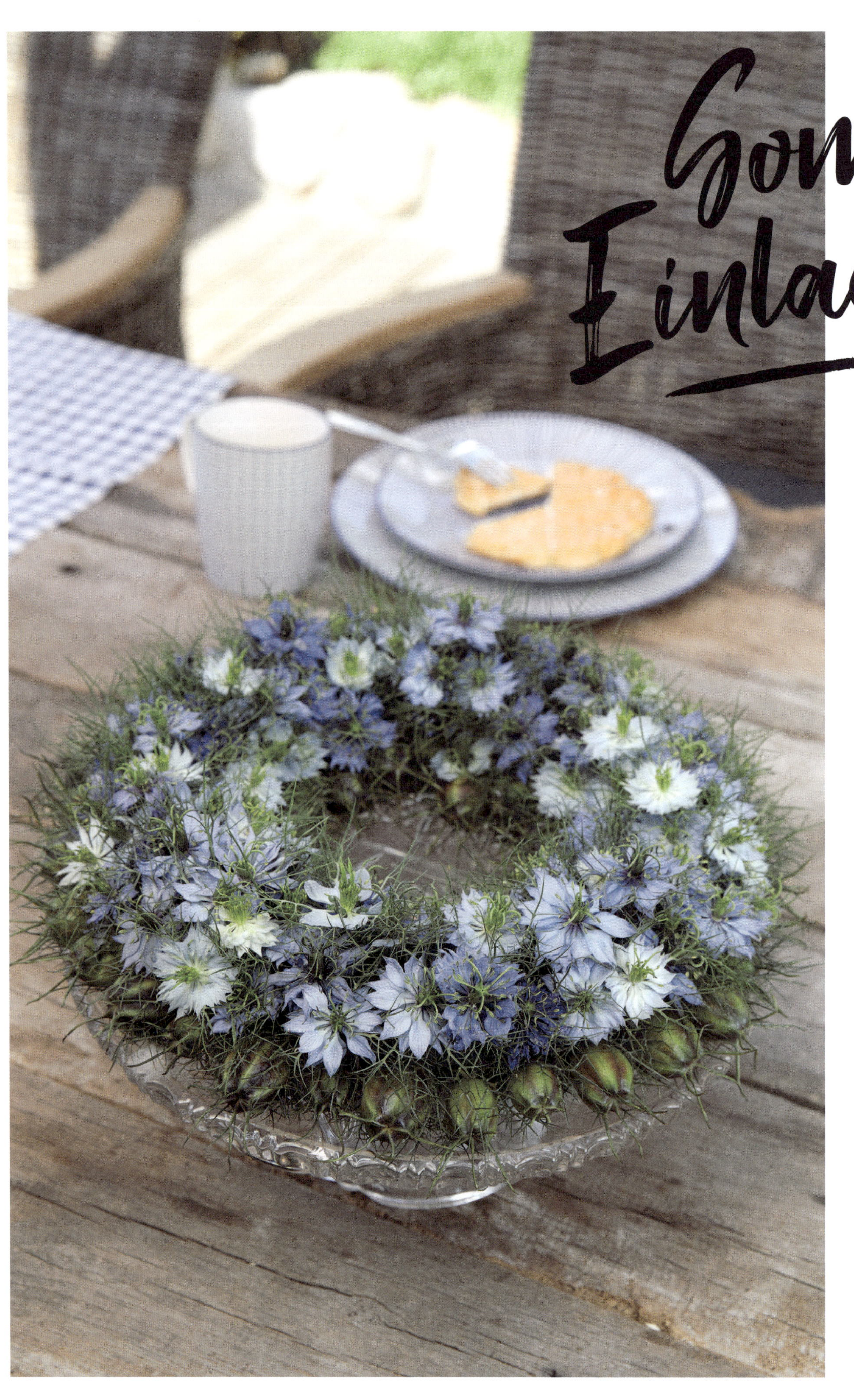

Sommer-Einladung!

NIGELLA-KRÄNZCHEN UND KERZEN-GESTECKE

Jungfer-im-Grünen, deren botanischer Name *Nigella damascena* lautet, gehört zu meinen Sommer-Lieblingsblüten. Sie eignet sich aufgrund der sie umgebenden puschelig wirkenden Blättchen perfekt, um Formen aller Art zu erstellen. Da braucht es keinerlei zusätzliches Grün. Für den klassischen Tischkranz stecken die offenen Blüten dicht an dicht in einer Kranzunterlage aus Frischblumensteckschaum, die Früchte habe ich ringartig am unteren Rand innen wie außen eingesteckt. Auch die bauchigen Kerzenhalter basieren auf Steckschaumzylindern. Die Wachslichter fixiere ich mit einem speziellen Kerzenhalter.

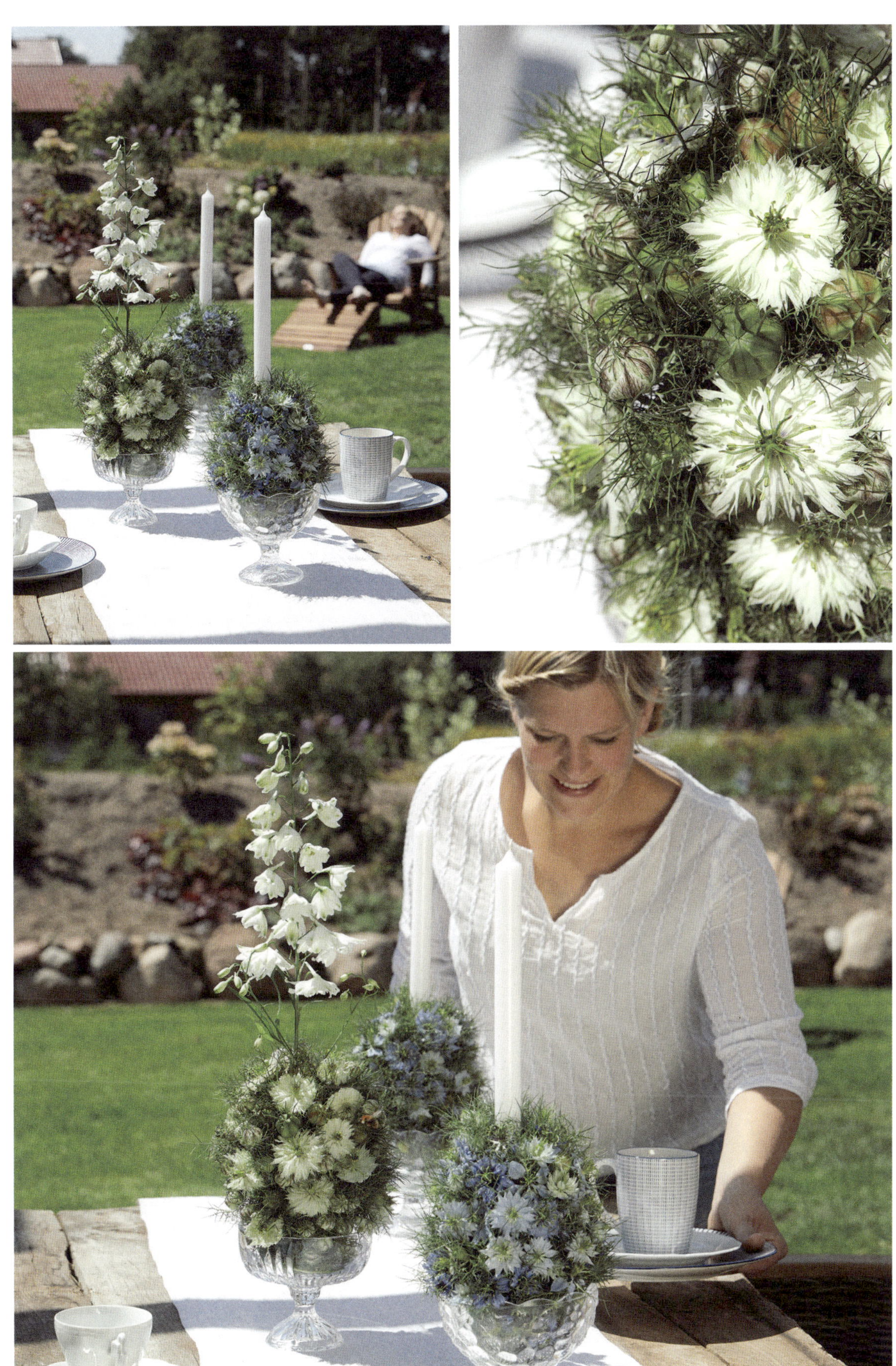

Blütenrausch im Feld

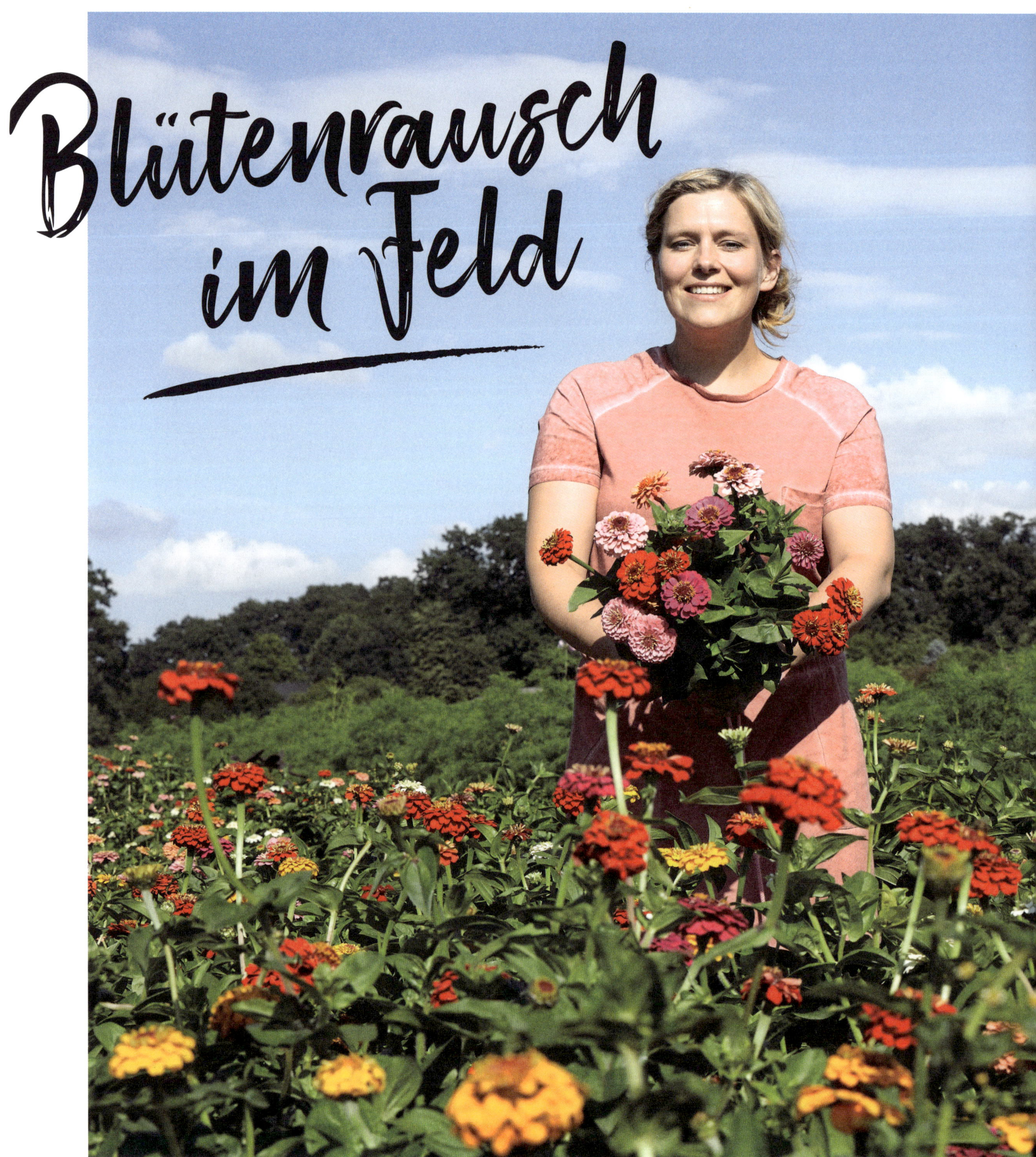

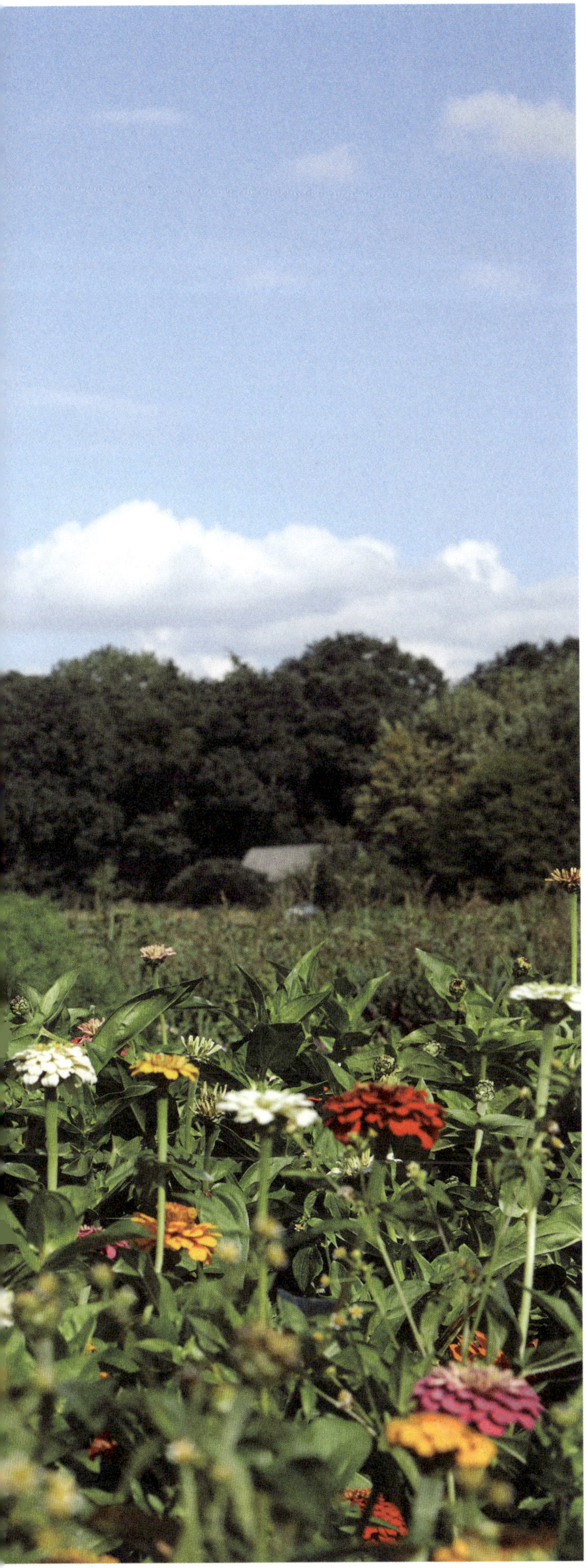

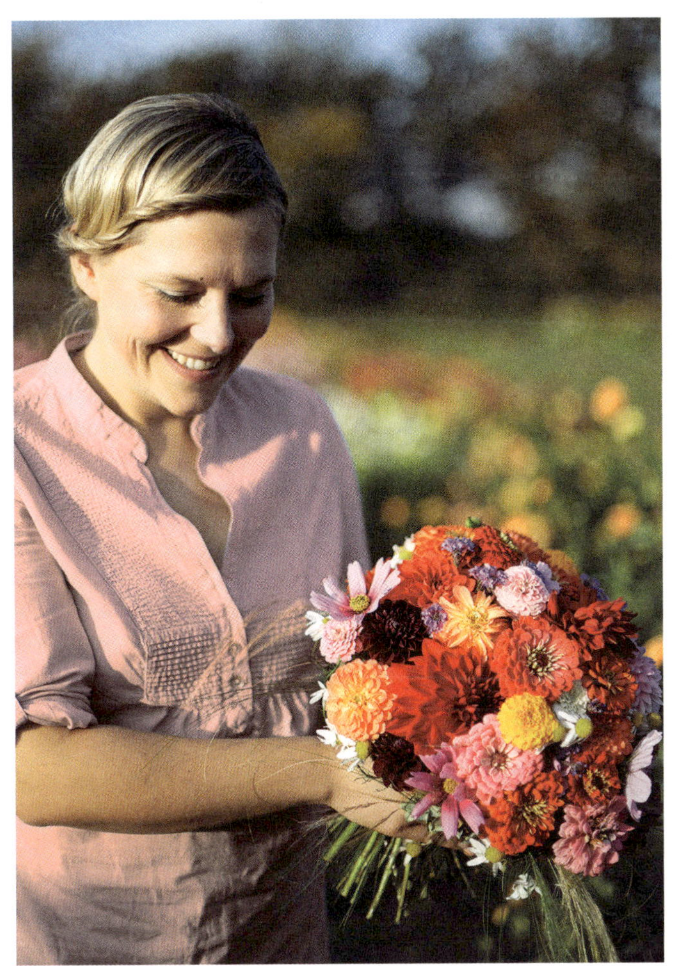

ZINNIENSTRAUSS

Endlich ist es soweit. Das Blumenfeld der Gärtnerei Hörtemöller hat seit gestern geöffnet. Das lass ich mir natürlich nicht entgehen und ernte sofort die ersten Zinnien. Unübertroffen ist die Farbvielfalt dieser typischen Sommerblüherin. Die bunten Blumen sind ganz schnell zu einem runden Strauß gebunden, mit dem ich lieben Menschen gerne eine Freude mache.

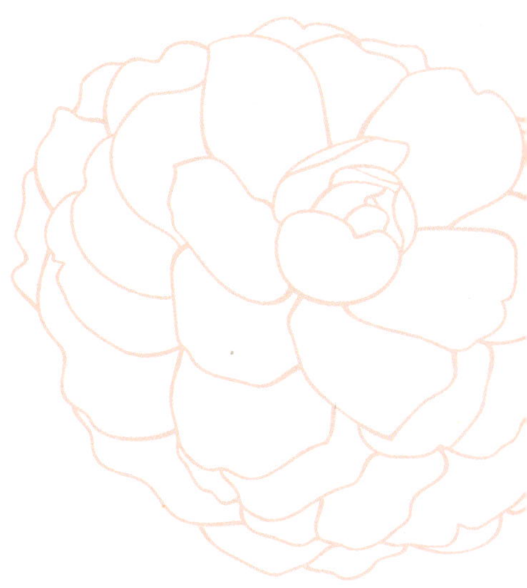

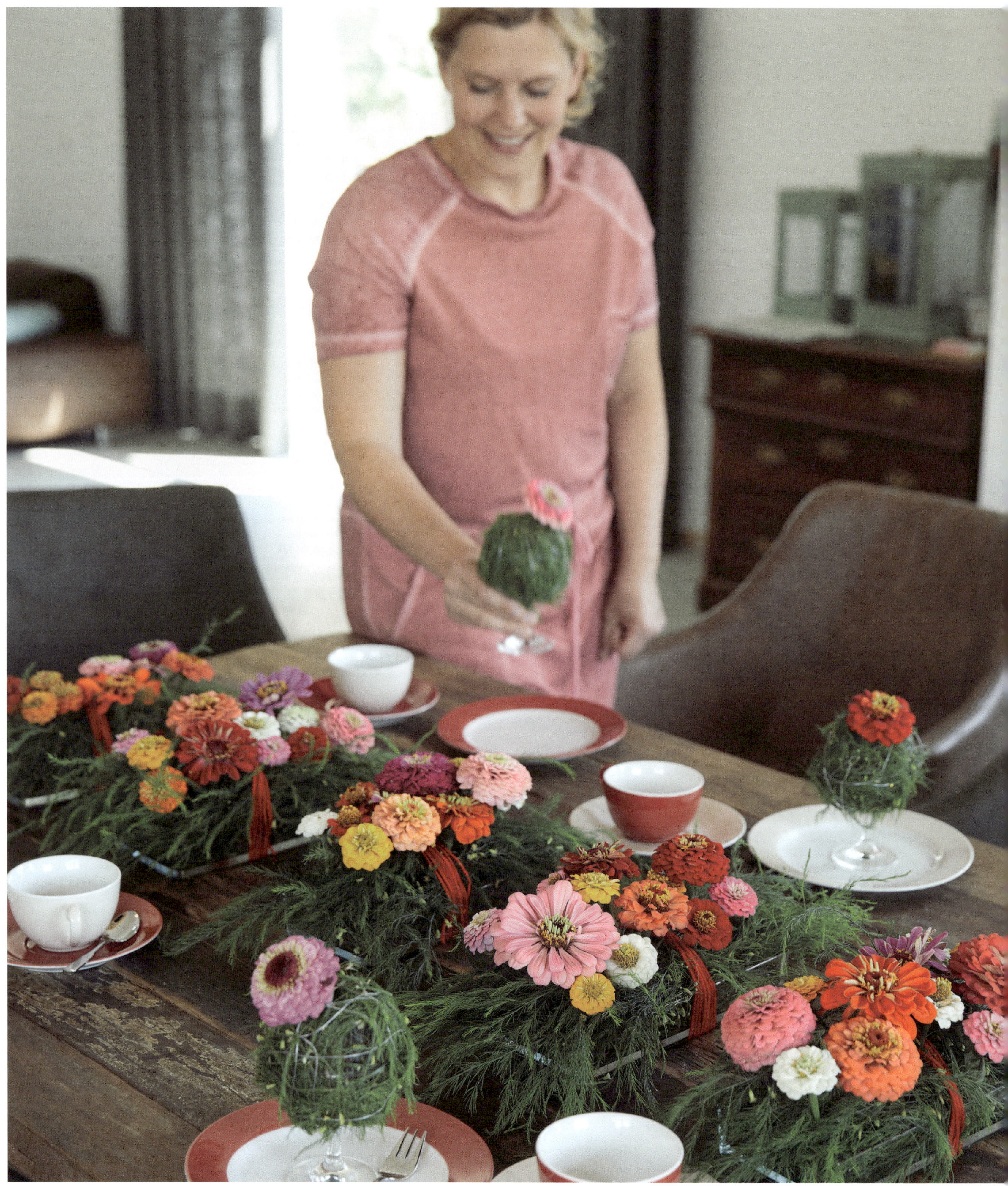

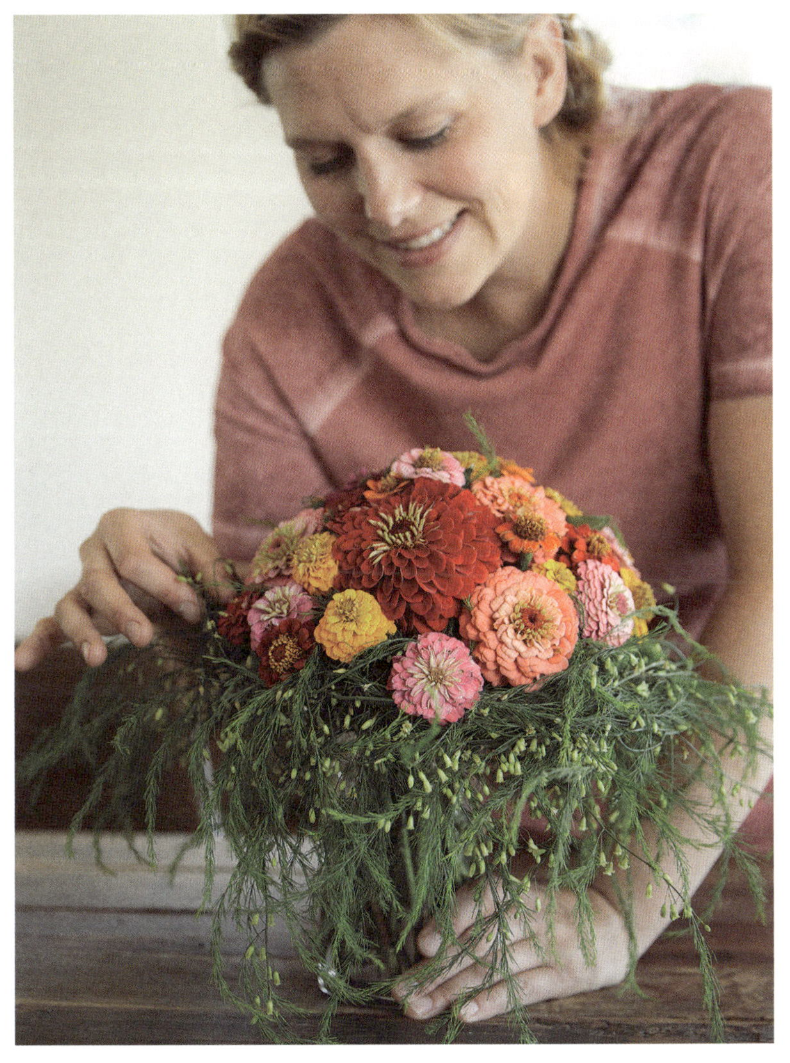

TISCHSCHMUCK MIT ZINNIEN

Das saftige Grün vom Spargel, der nach der Spargelsaison die Felder begrünt, ist toll, um es mit den Zinnien zu kombinieren. So gestalte ich regelrechte Polster, auf die sich die Zinnien betten lassen. Für die schlichte wie farbintensive Tischdekoration habe ich das Spargelgrün bündelweise aufeinandergeschichtet **(1)** und nur mit einem Bindfaden mittig auf der länglichen Glasschale befestigt **(2).** So kommen die bunten Zinnien gut zur Geltung **(3).** Für den Platzschmuck auf den Tellern habe ich alte Cognacschwenker mit etwas Wasser versehen, dann mithilfe von dünnem Draht mit Spargelgrün umwickelt und jeweils eine Blüte eingesteckt. Wem das mit dem Wasser zu heikel ist, der steckt schlussendlich ein mit Wasser und der Blüte gefülltes Kunststoffröhrchen in die Spargelkrautumhüllung.

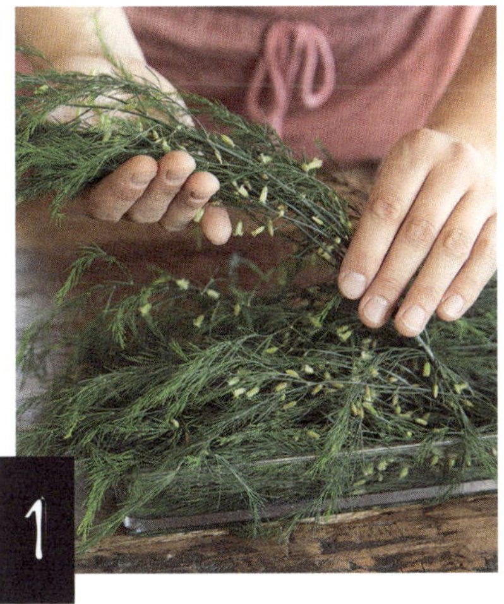

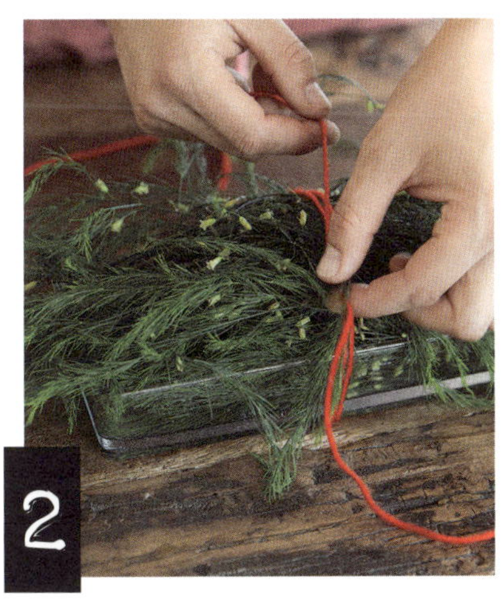

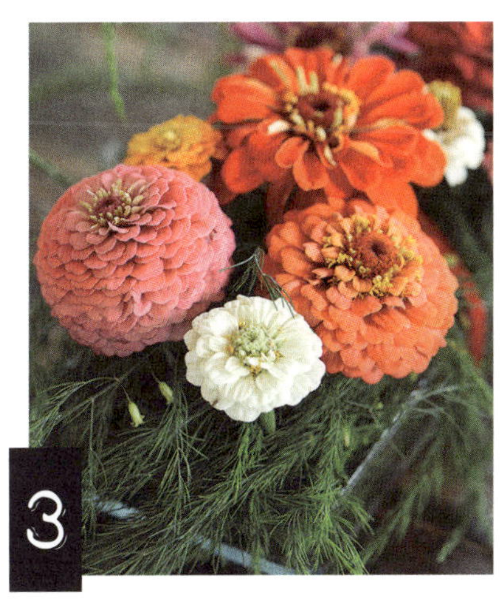

Rendezvous der Sinnlichkeit

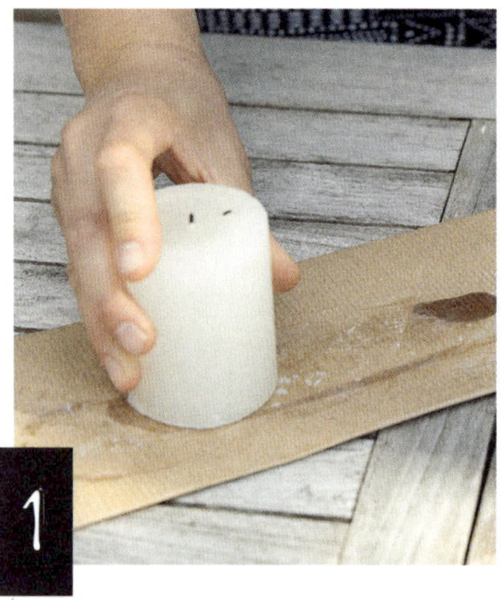

1

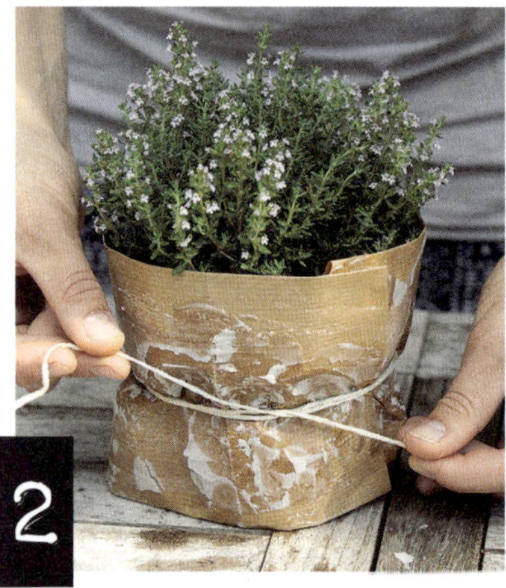

2

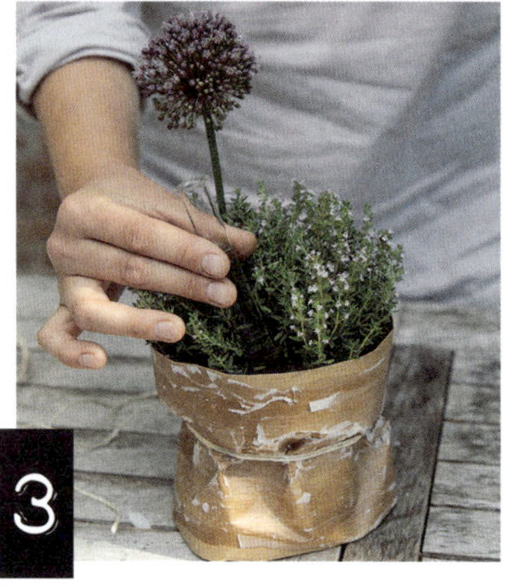

3

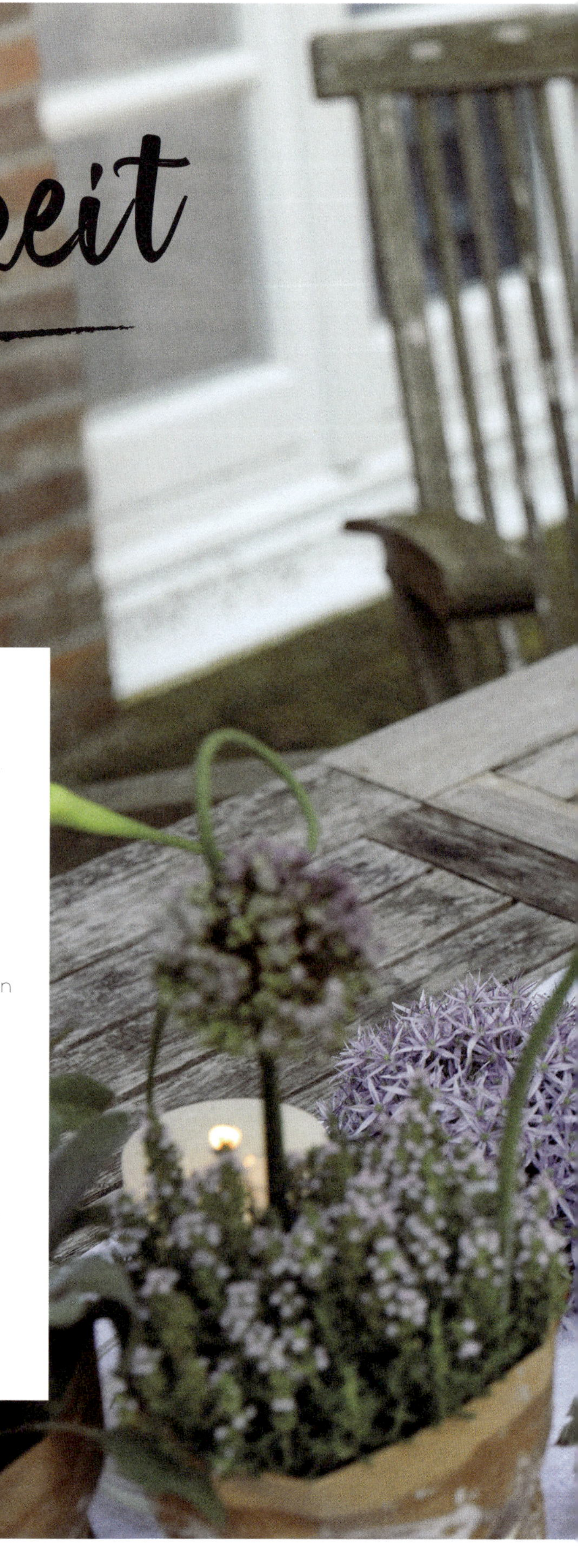

KRÄUTERTAFEL IN VIOLETT

Im Hochsommer liegt Kräuterduft in der Luft. Für unsere Sommergäste gestalten wir in unserem Bauern-Café häufig Tischschmuck mit den Pflanzen aus dem Kräutergarten. Aufgrund der Menge an Tischen greifen wir gerne auf einfache, stets verfügbare Materialien zurück. Dazu gehört das bräunliche Packpapier als Topfummantelung. Dieses wird doppelt genommen, rechteckig in Höhe und Umfang auf die einzelnen Pflanzentöpfe zugeschnitten und mit weißem Kerzenwachs versehen **(1).** So entsteht eine tolle brüchige, wachsige Oberfläche. Damit umwickeln wir die Tontöpfe und fixieren es mit Bindfaden **(2).** Wer möchte, setzt noch ein paar bewegungsreiche *Allium*-Blüten dazu, die in wassergefüllten Kunststoffröhrchen stecken **(3).**

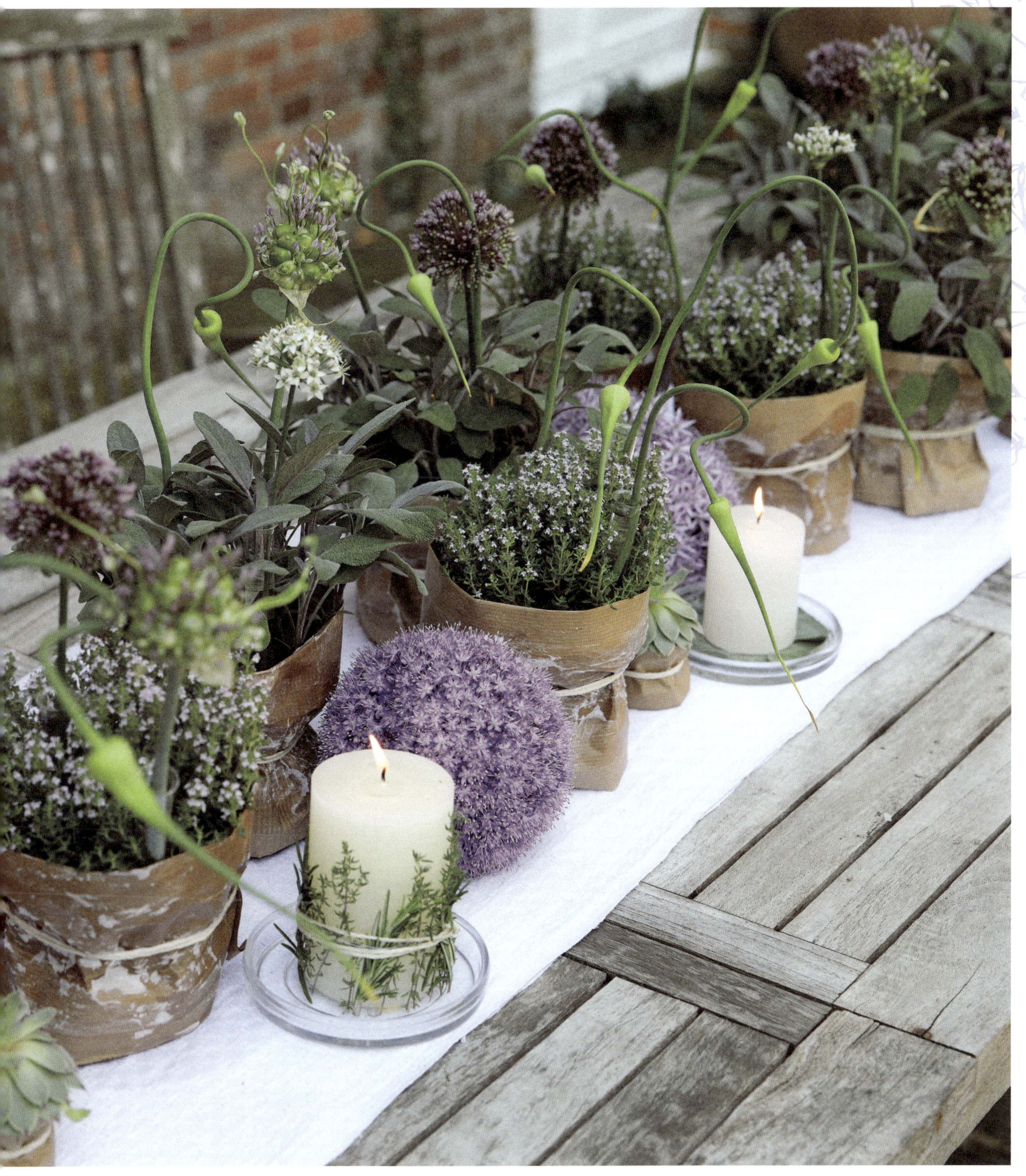

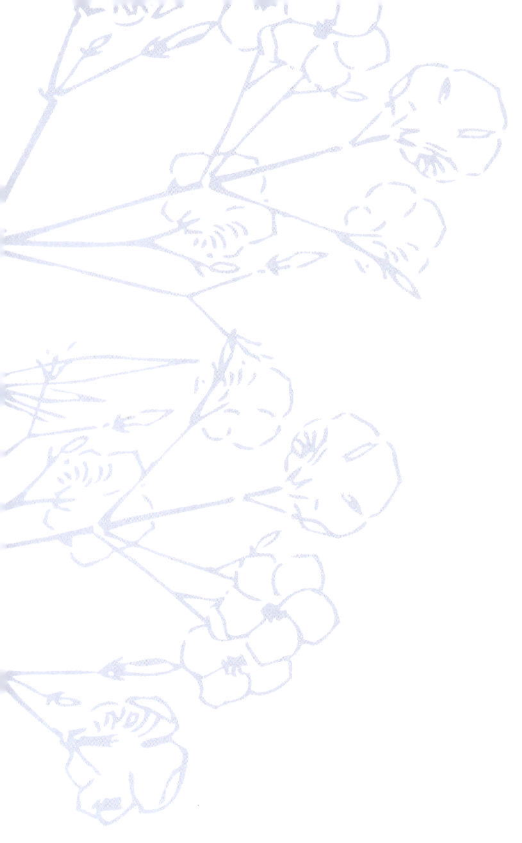

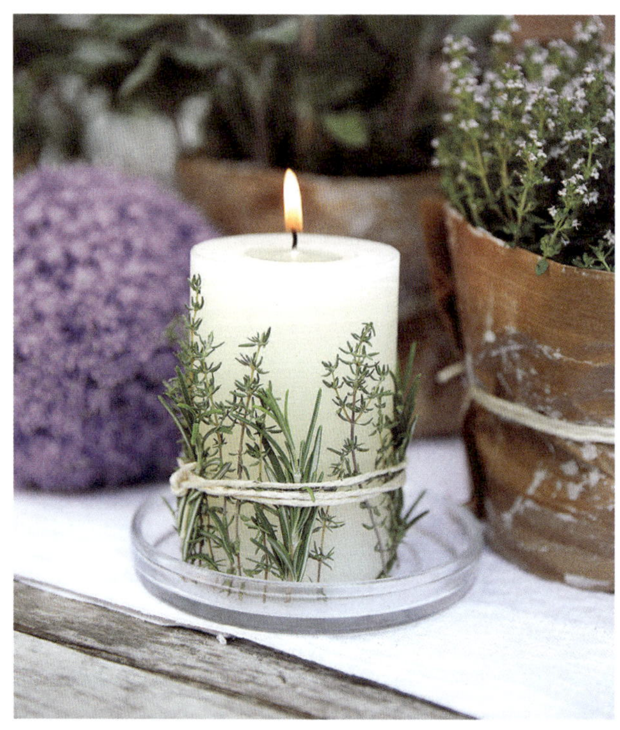

KRÄUTER- UND ALLIUM-DEKORATION

Die dicken kugeligen *Allium*-Blüten, die zwischen dem Sammelsurium aus verschiedenen Kräutertöpfen als farbliche Akzentuierungen liegen, sind von ihren Stielen befreit und halten sich so ein paar Stunden ohne Wasser. Die weißen Stumpenkerzen umwickeln wir mit mediterranen Kräutertrieben, wie Rosmarin oder Thymian, und dem naturfarbenen Bindfaden. Ich bin immer wieder begeistert, wie einfach das geht und wie wundervoll dieser verwitterte Holztisch mit seiner weißlichen Patina, dazu die graugrünen Kräuter in den weißlich-bräunlichen Packpapierumhüllungen und den violetten oder weißen Blüten aussieht!

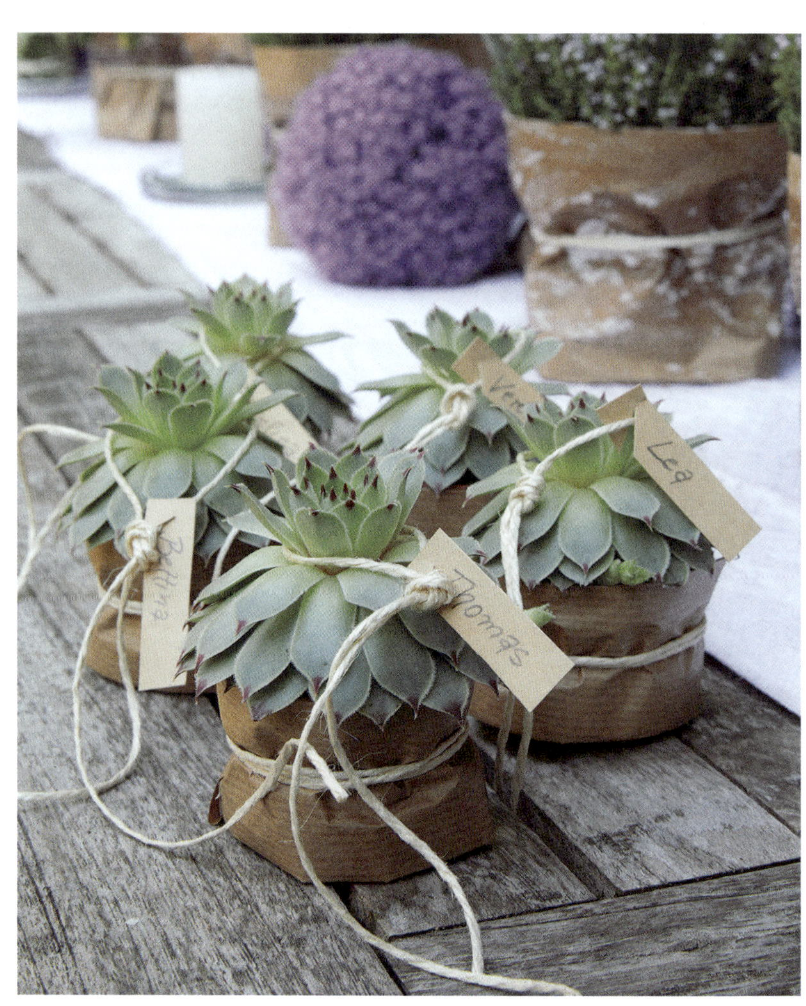

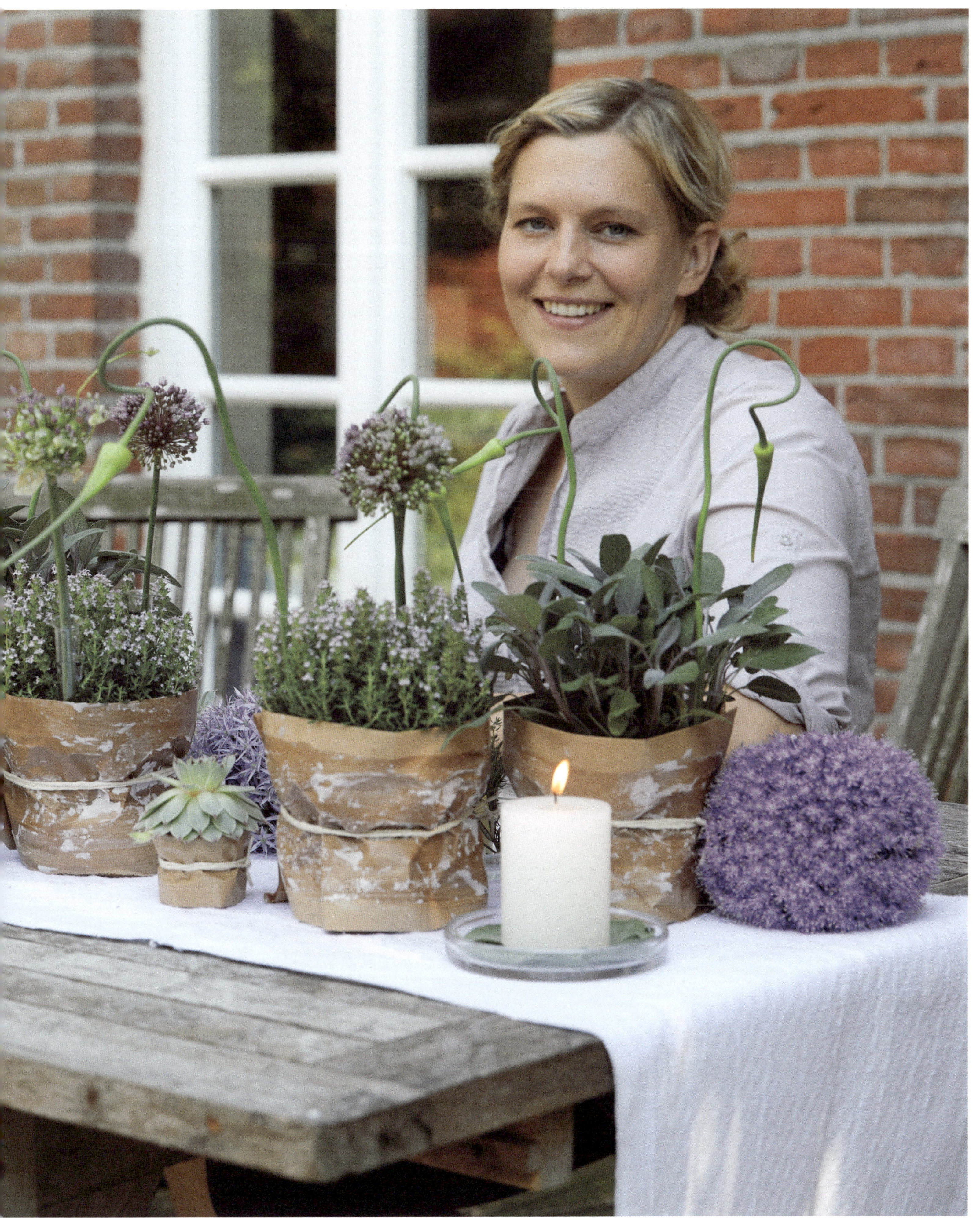

ALLIUM-GESTECKE

Dazu gibt's die Blütengestecke, bei denen ich als erstes einen großen *Allium*-Blütenstand positioniere und in dessen Mitte verschiedene Kräutertriebe, weiße Jungfer-im-Grünen und Pfefferminzstängel stecke. Gleich mehrere davon gemacht, ergeben reizvolle Blickpunkte auf dem Sommergartentisch.

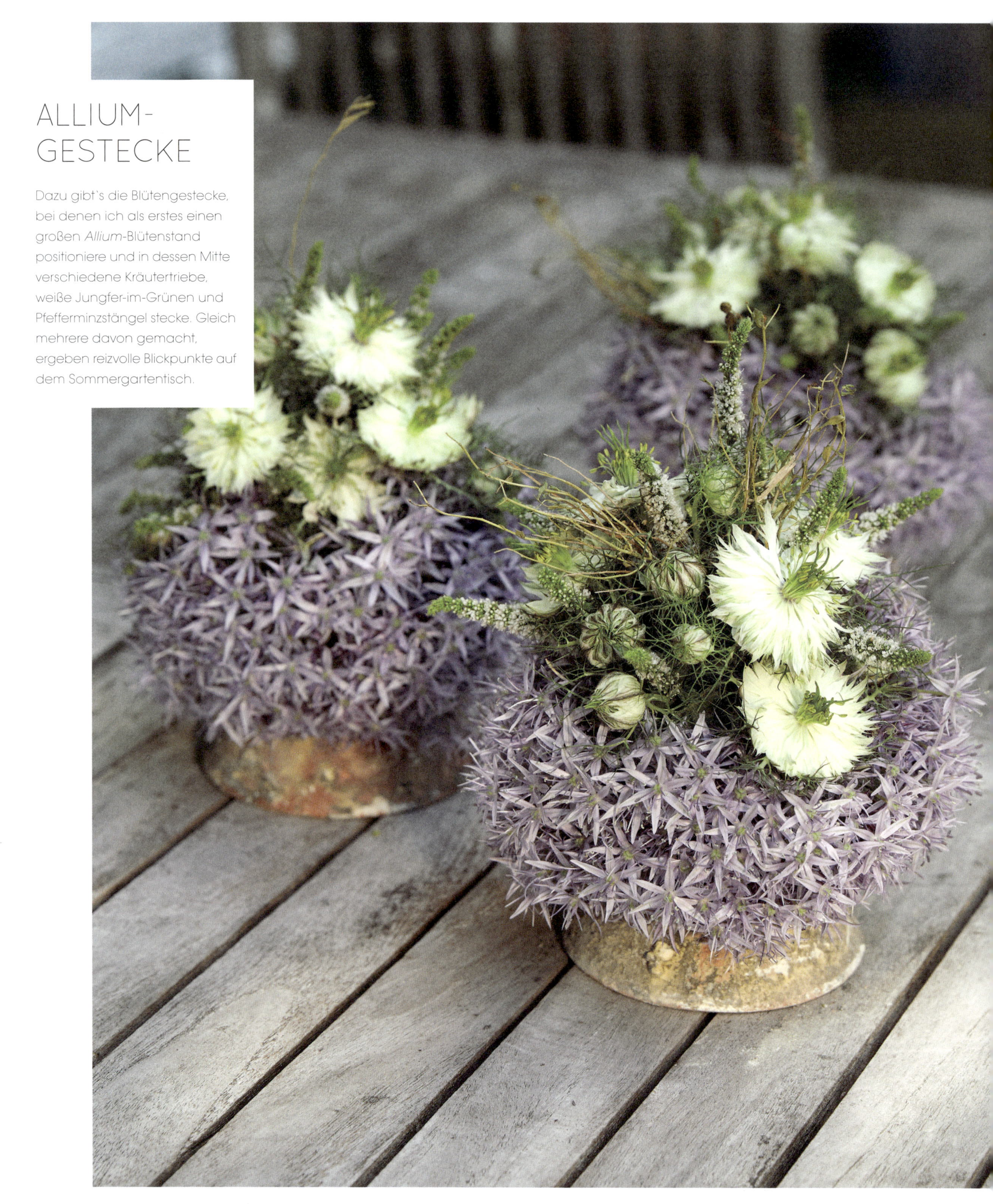

Reizvolle Blickpunkte

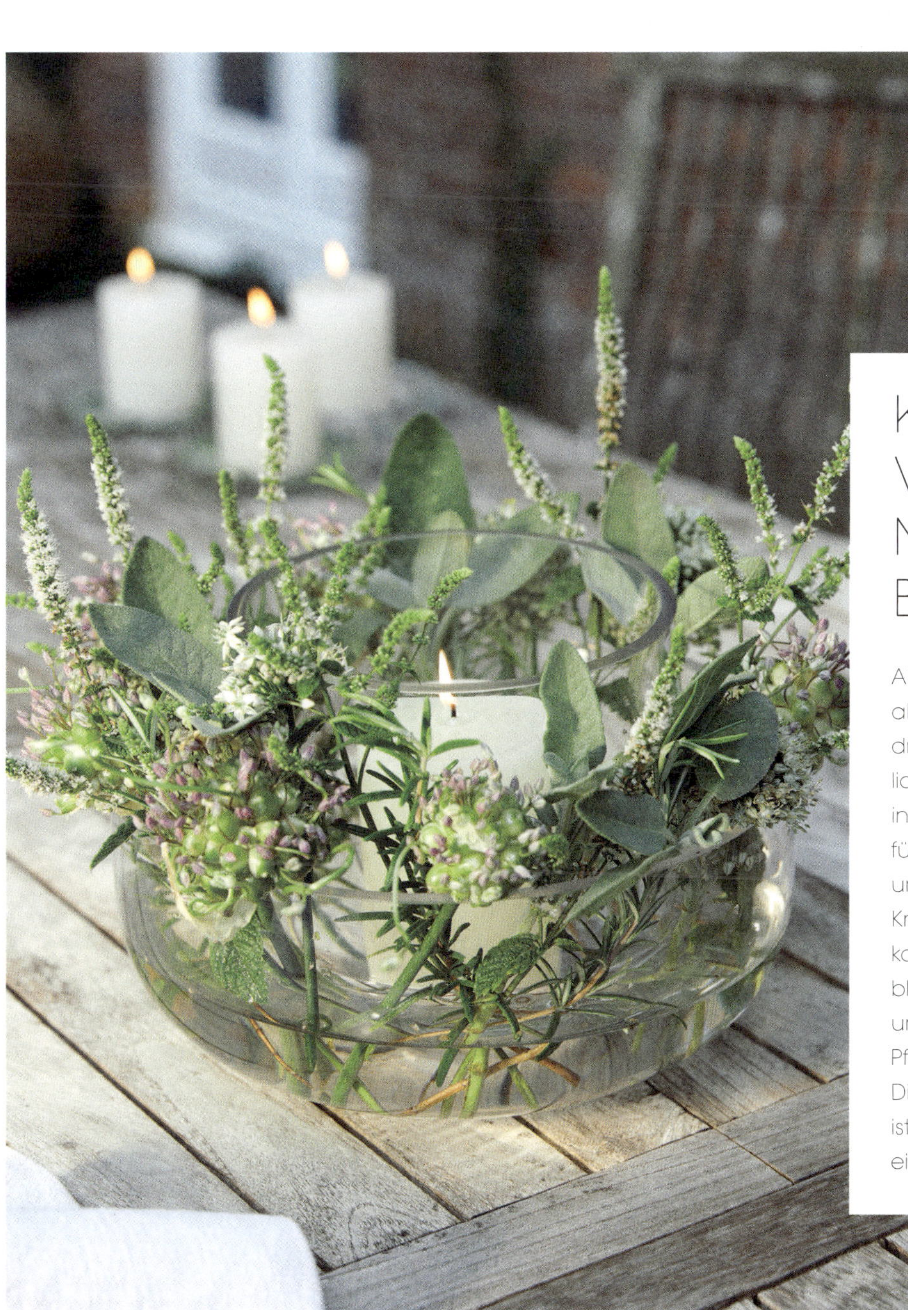

KRÄUTER WINDLICHT MIT MINZ-BLÜTEN

Alternativ gestalte ich für die abendlichen Plauderstunden draußen gerne das Kräuter-Windlicht. Dazu setze ich das Kerzenglas in eine größere Glasschale und fülle den Zwischenraum mit Wasser und ein paar Stielen aus meinem Kräutergarten. Das zarte Farbspiel kommt von den violetten Zwiebelblüten, die botanisch *Allium* heißen, und weißer zudem duftender Pfefferminze, botanisch *Mentha*. Dieser zauberhafte Tischschmuck ist schnell gemacht und verbreitet ein wunderbar heimeliges Licht.

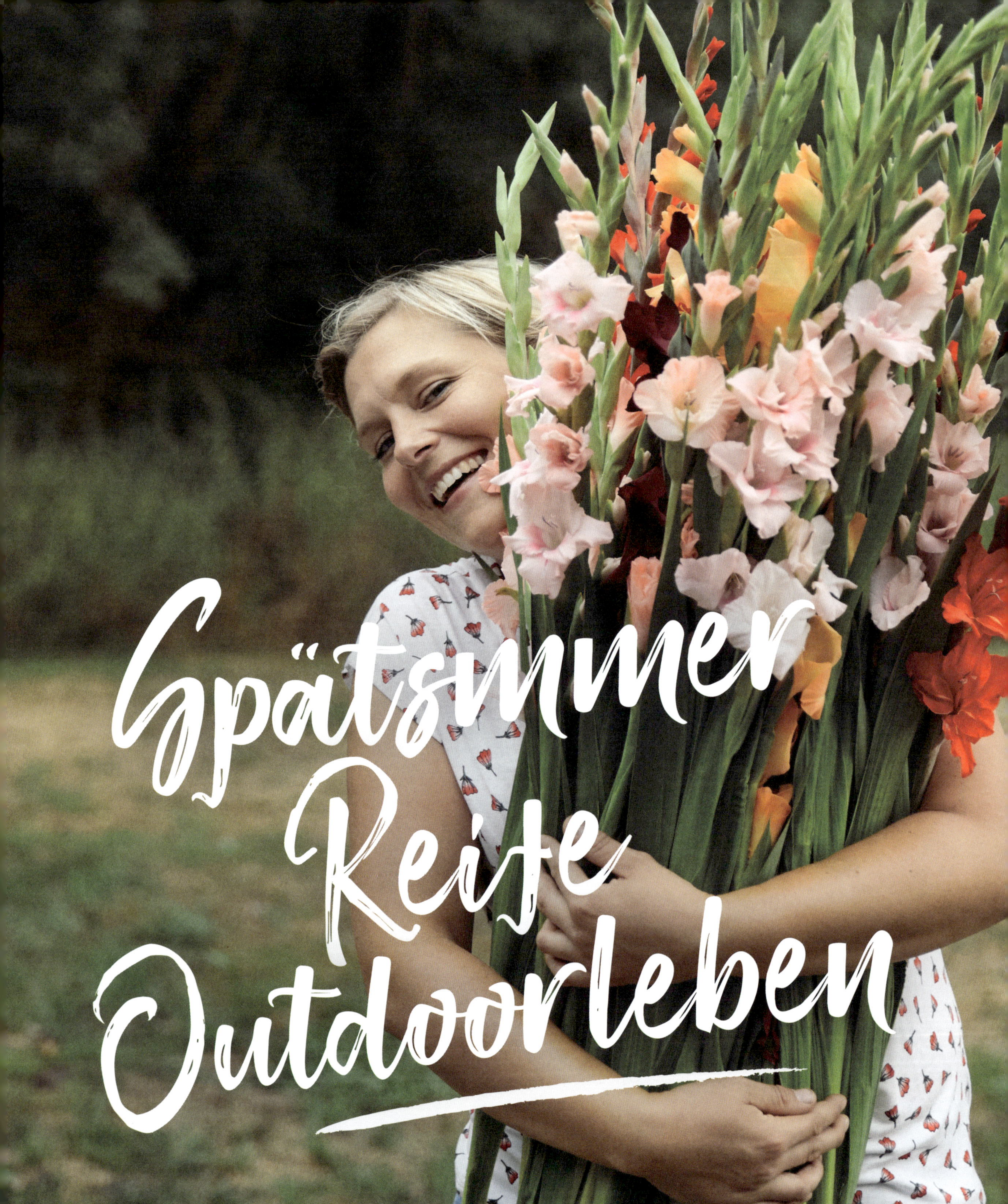
Spätsummer
Reife
Outdoorleben

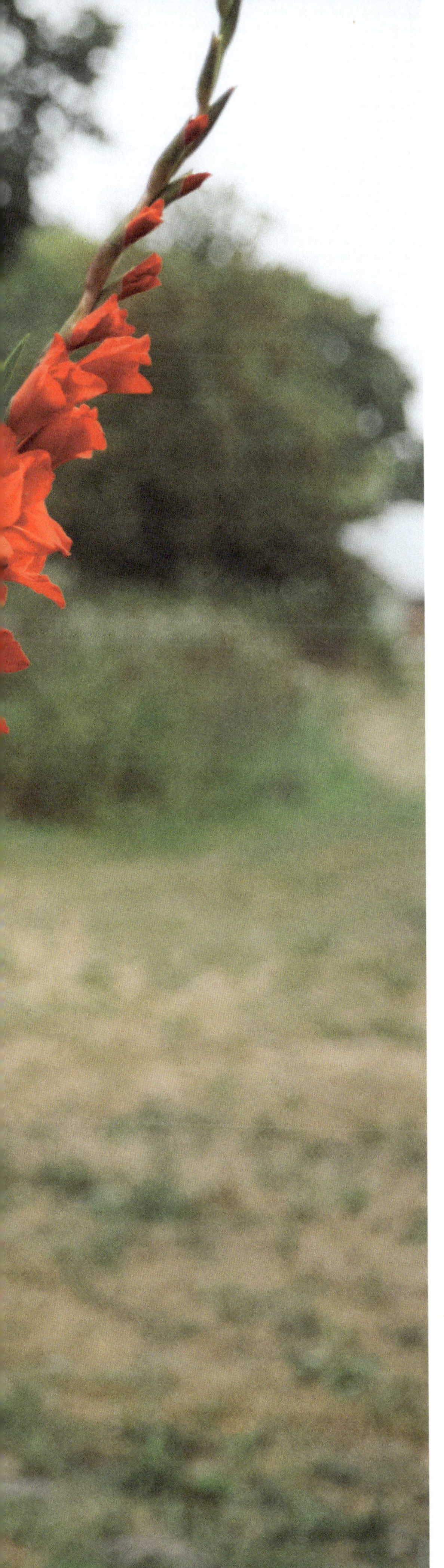

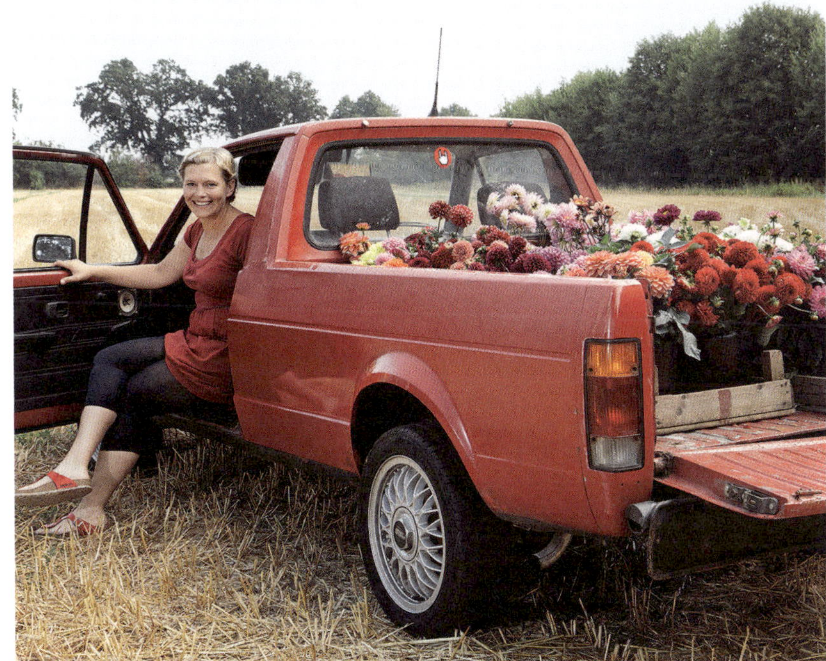

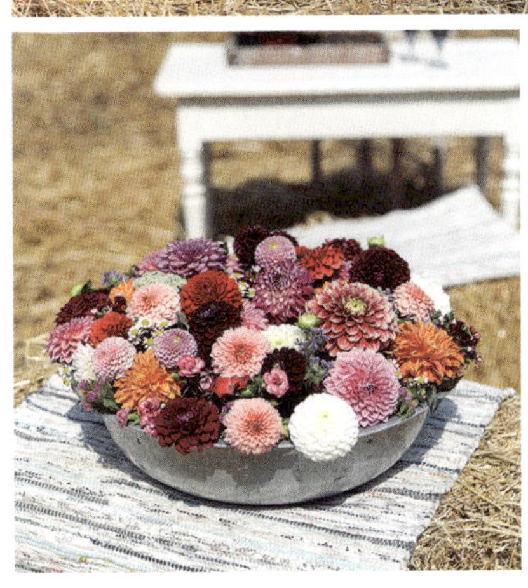

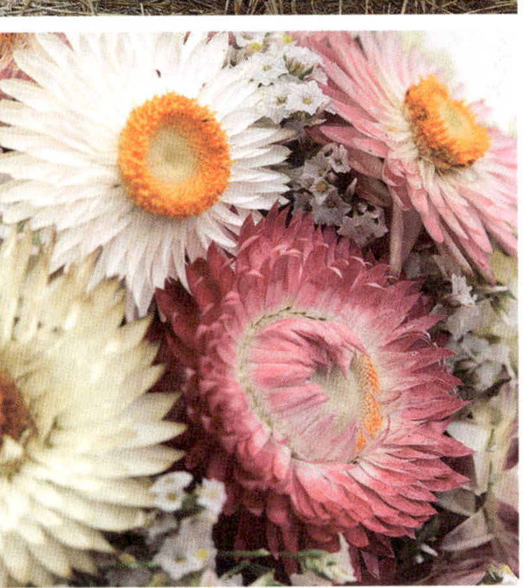

ERNTEN UND GENIESSEN

Jetzt heißt es, aus dem Vollen schöpfen zu können. Die Natur brilliert mit ihrem reichsten Feuerwerk an Farben und Formen. Da kann meine Floristenseele nicht widerstehen. Gleich arme- oder lastwagenweise schaffe ich die Blumen heran, um daraus die üppigsten Kreationen zu erstellen. Die Ernte ist reich und reichlich. Dafür Danke, liebe Natur!

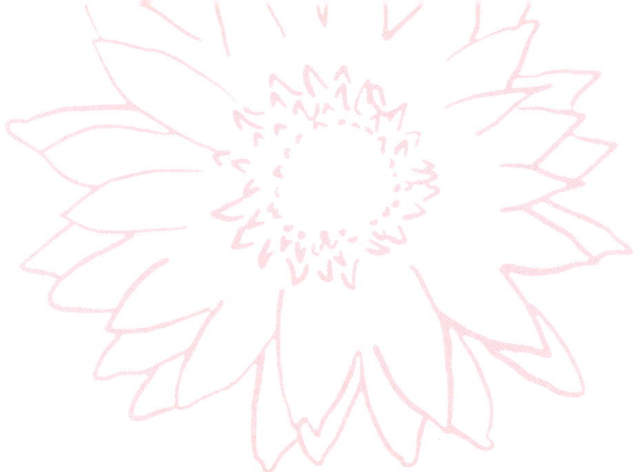

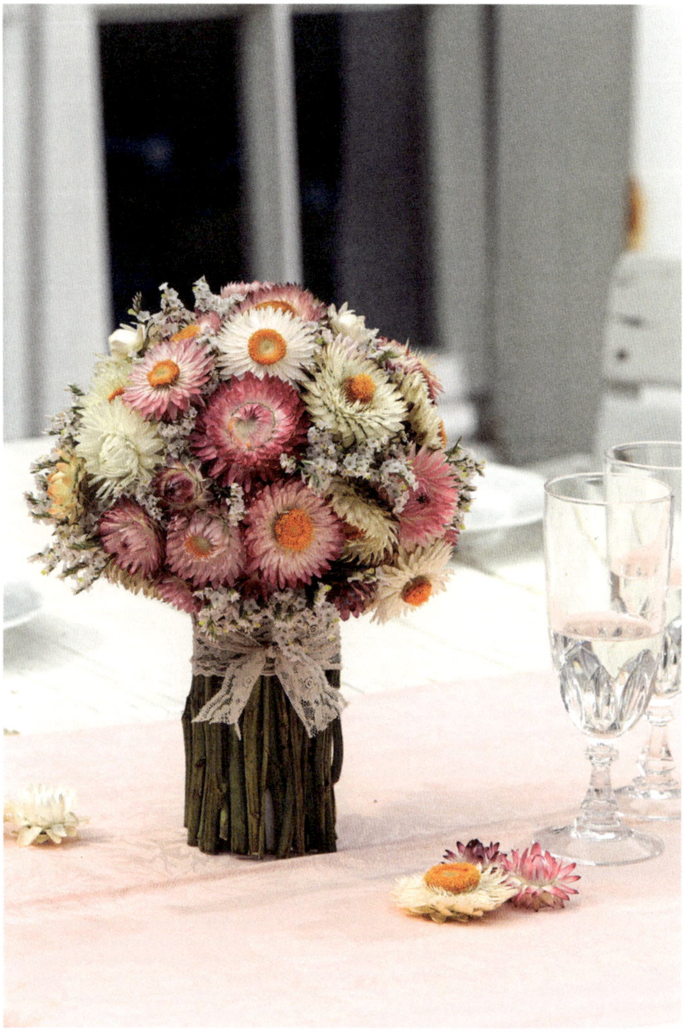

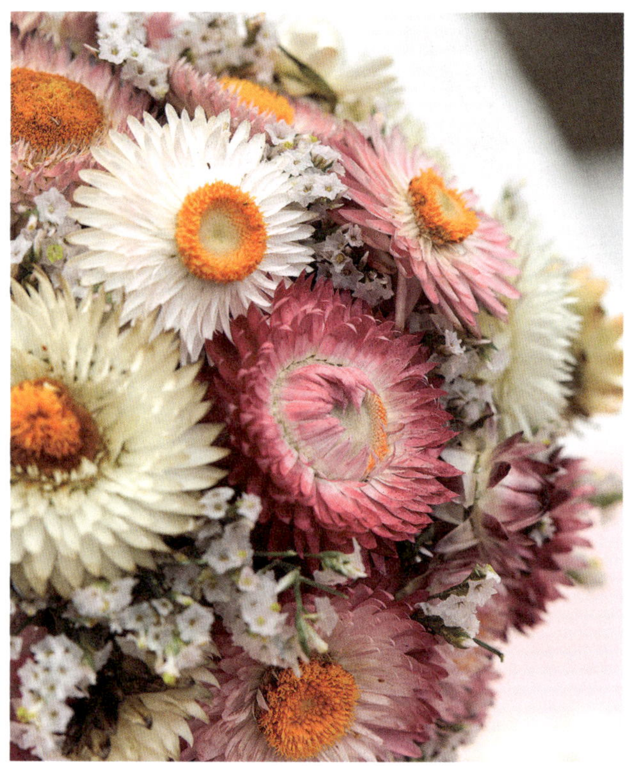

STROHBLUMEN-ALLERLEI

Das Ernten der reifen Strohblumen macht mir besondere Freude. Denn bei ihnen ist per se sicher: Sie halten ewig! Schließlich brauchen sie keinerlei Wasserversorgung mehr. Sie sind bereits trocken und können deswegen ohne Probleme auf ein Stück Stoff geklebt werden, was ich mit seiner blütenreichen Umrandung dann als Tischläufer verwende. Dazu nur ein paar Gläser mit Mädchenhaargras platziert – fertig ist der Gartentisch fürs Freundinnentreffen. Für den Stehstrauß verwende ich einen Brautstraußhalter, die Blüten werden oben in den Steckschaum eingesteckt, die Stiele der Strohblume von unten um den Griff des Brautstraußhalters gebunden. So entsteht ein festes Bündel das guten Stand bietet. Später findet der Strauß in meiner Küchenecke ein passendes Plätzchen.

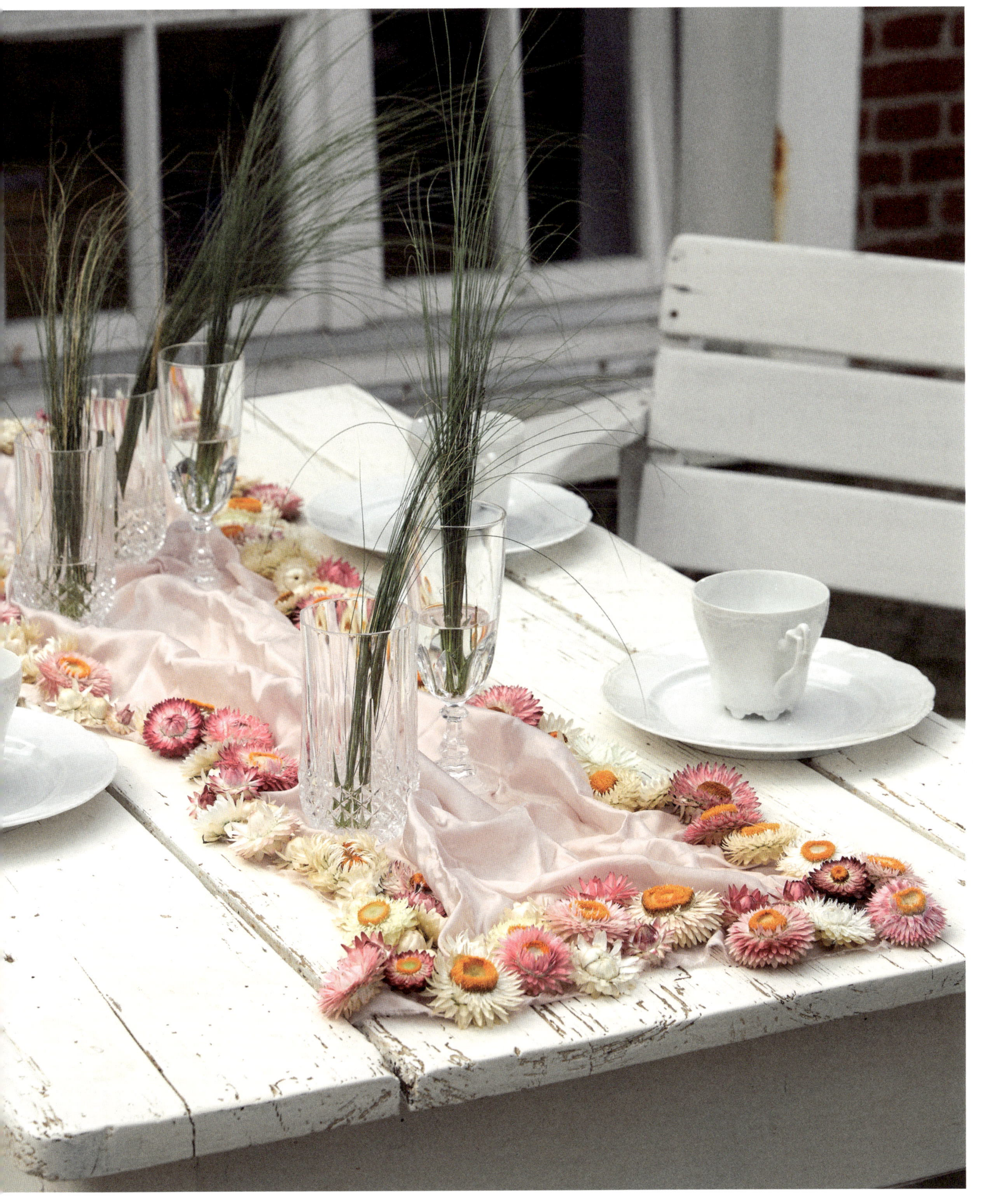

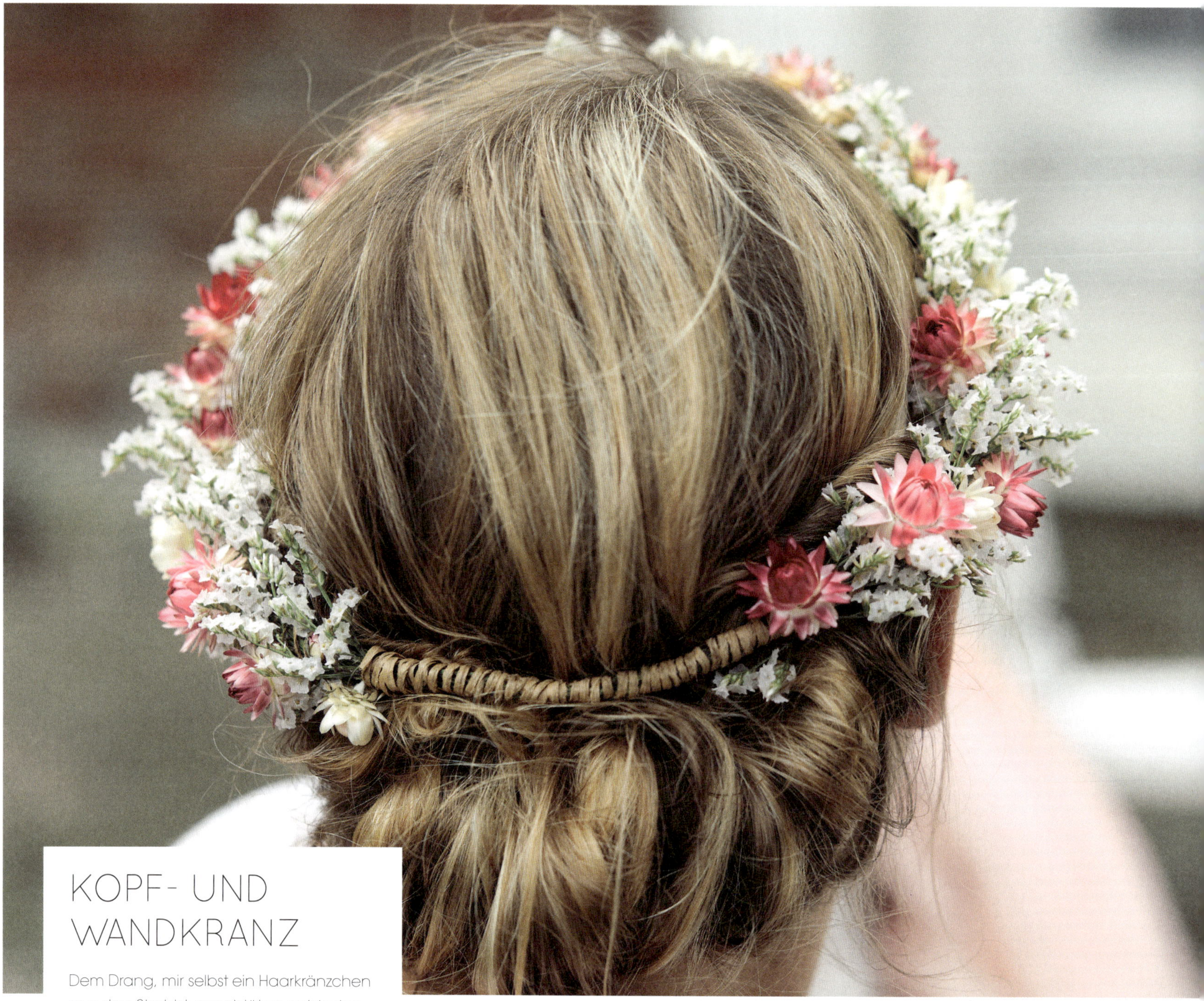

KOPF- UND WANDKRANZ

Dem Drang, mir selbst ein Haarkränzchen aus den Strohblumenblüten zu binden, kann ich nicht widerstehen. Das ist das letzte Sommerfeeling mit Haltbarkeitsgarantie! Der mit Strohblumenblüten dicht an dicht beklebte Strohkranz ist schnell gemacht, aber nicht ganz unempfindlich. Damit er besser anzufassen und zu transportieren ist, habe ich ihn deshalb auf einen geringfügig größeren und mit Stoff ummantelten Kranzkörper gebunden. So ist er geschützt, wenn er an der Hauswand unseren Eingangsbereich schmückt. Der Clou: Ein paar Stränge aus geflochtenem Mädchenhaargras zusammengenommen mit Band führe ich außerdem noch um dieses Kranzensemble herum.

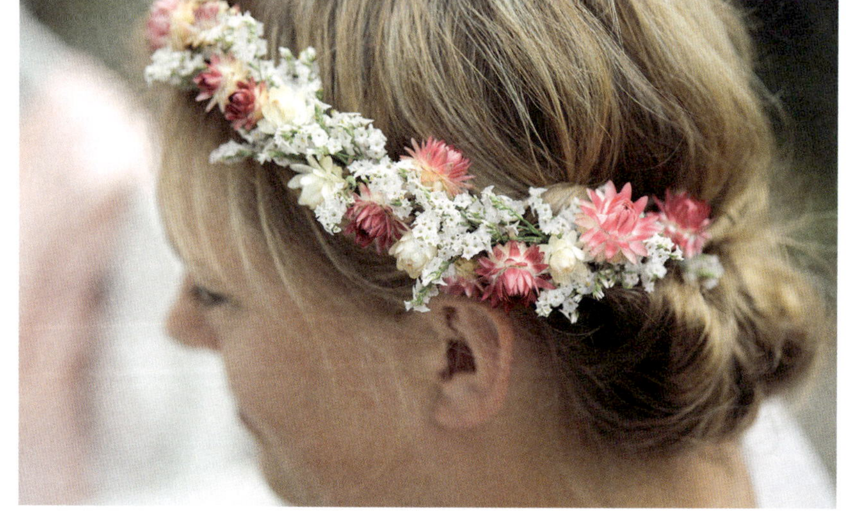

Kränzchen-Vielfalt

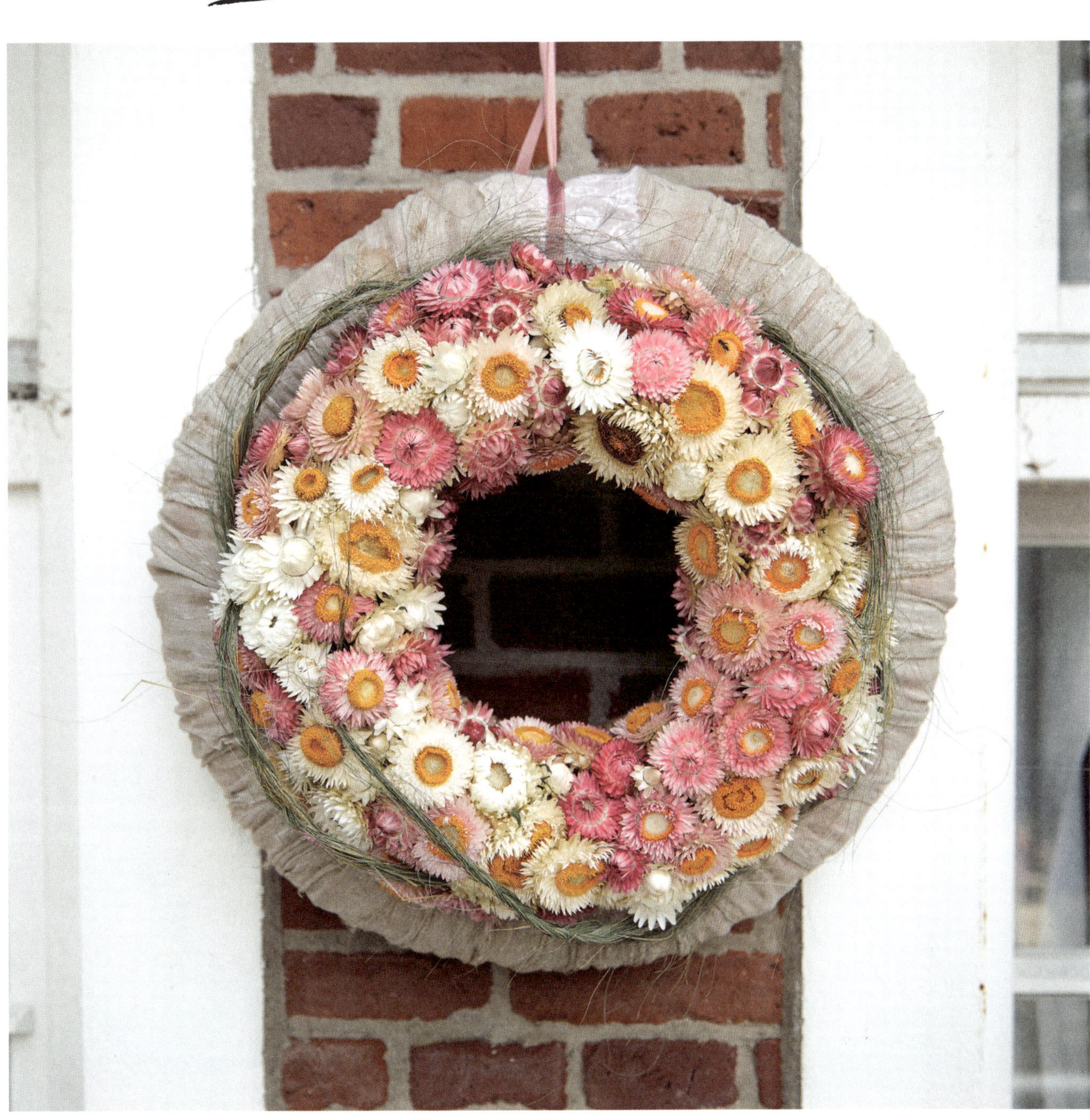

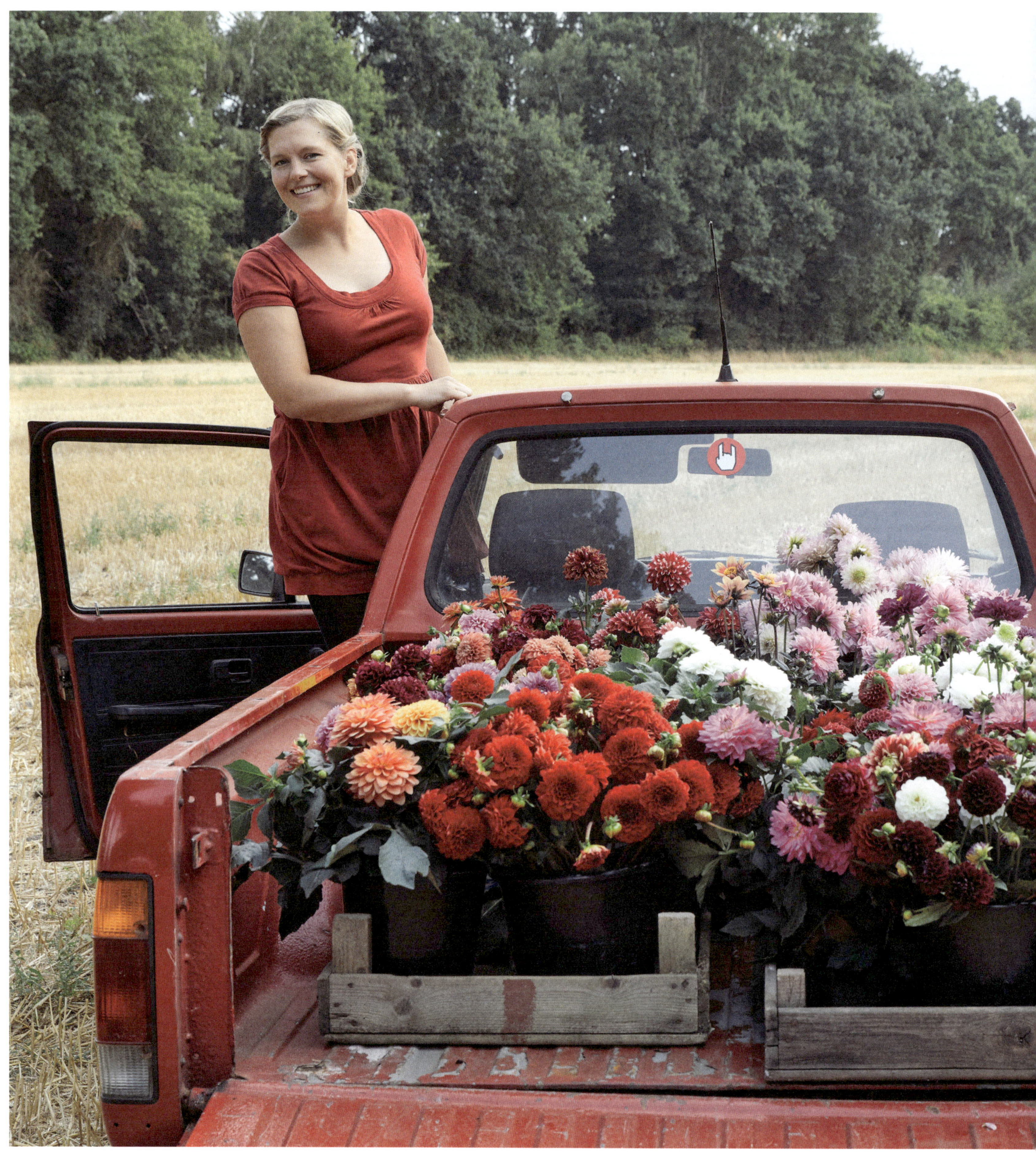

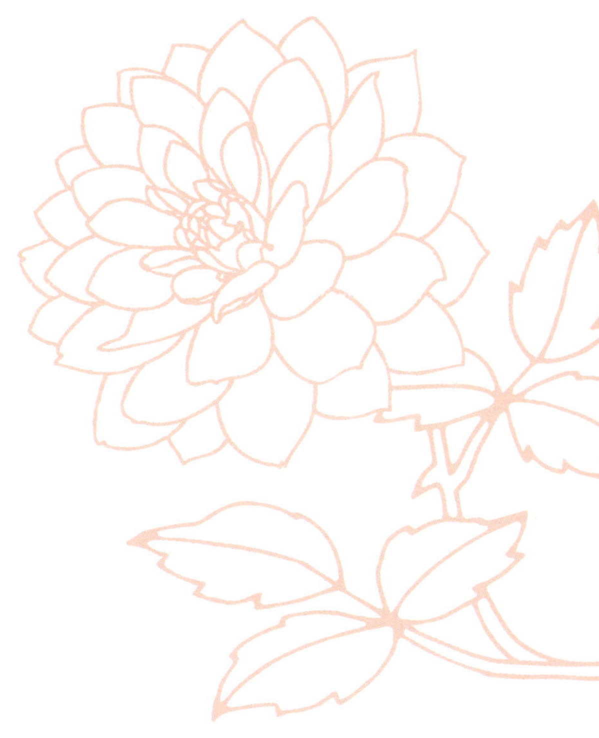

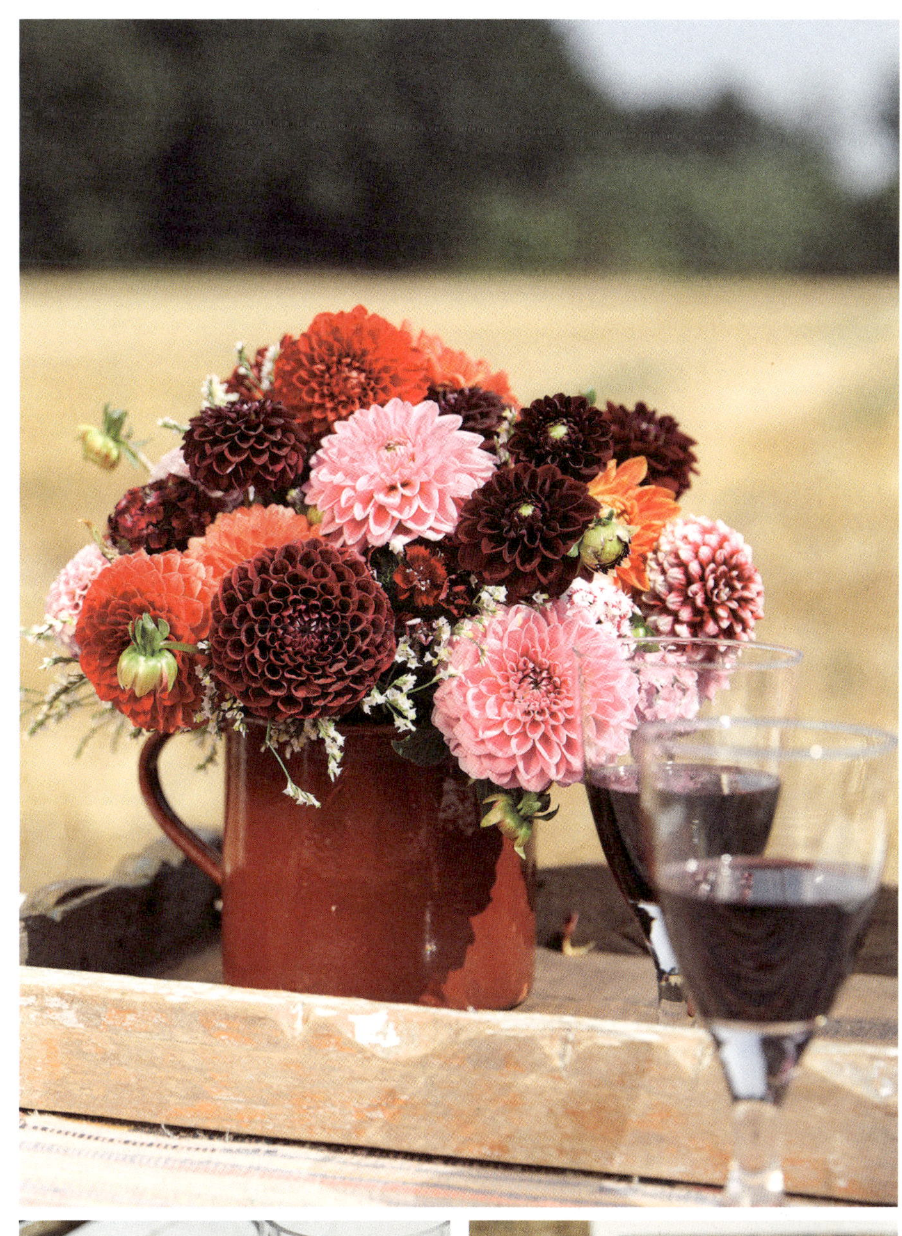

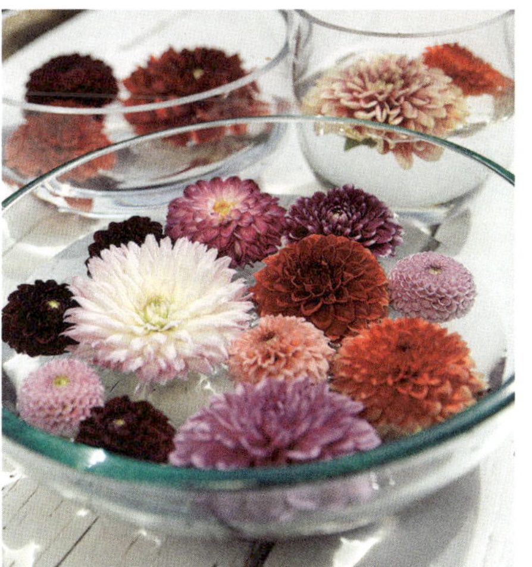

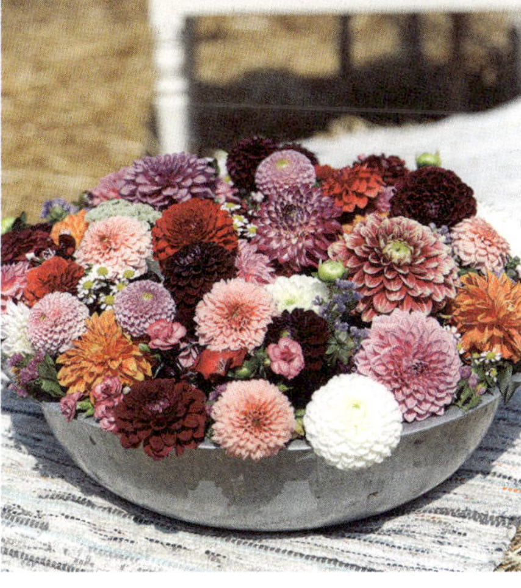

DAHLIEN-ERNTE

Die Menge und Fülle der Dahlien ist einfach wahnsinnig! Gleich eimerweise hole ich sie vom Dahlienacker. Dabei mag ich es am liebsten, wenn alle Farben gleichermaßen dabei vorkommen. Rund und bunt muss es sein, das ist die Hochsommerfreude pur, die diese Blumen ausstrahlen! In die Emaillekanne sind die Blüten einfach so hineingestellt, in die Glasschale mit Wasser einfach ohne Stiele aufs Wasser gelegt. Bei der weitrandigen, ausrangierten Kuchenform habe ich die Oberfläche gitterartig mit transparentem Klebeband versehen und in die Zwischenräume die kurz gestielten Blüten gesteckt. So bleiben sie an Ort und Stelle ohne zusammenzurutschen!

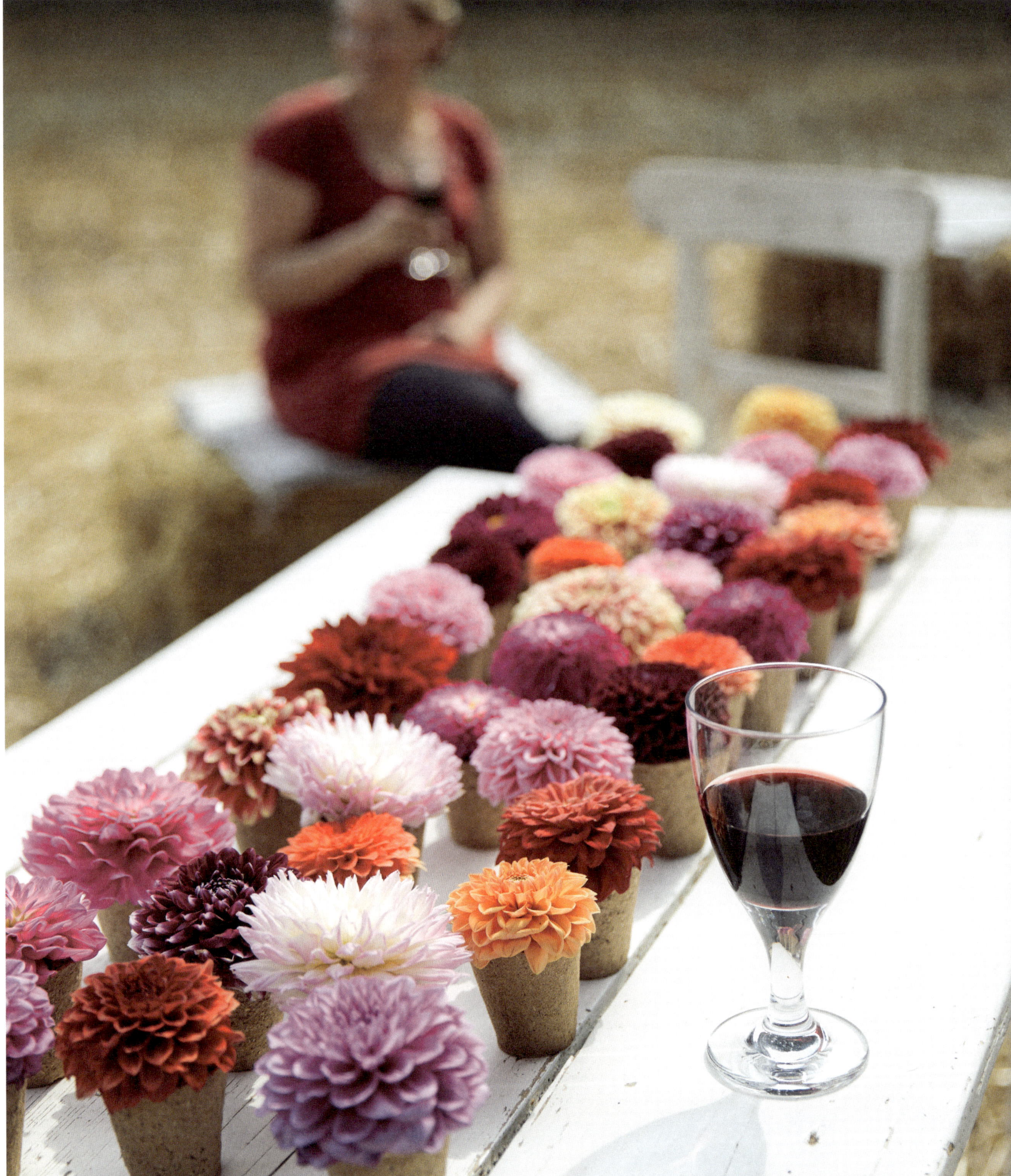

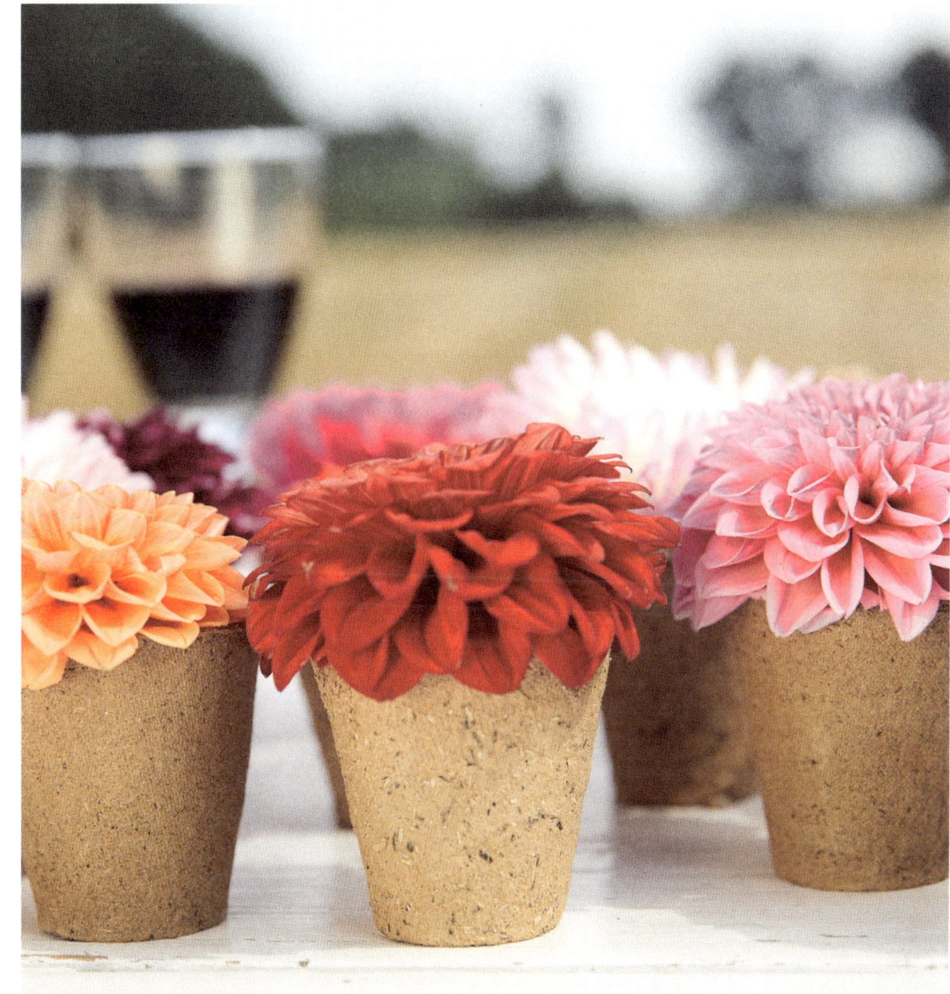

TOPF AN TOPF

Die kleinen, naturfarbenen Anzuchttöpfchen haben es mir angetan. Da sie aber feuchtigkeitsaufsaugend sind, muss der eingesteckte Würfel aus gewässertem Frischblumensteckschaum mit Frischhaltefolie umkleidet sein **(1)** und **(2).** Oben offen ins Gefäß gesteckt **(3),** kann ich so jedes Töpfchen mit je einer Dahlienblüte versehen. In der Menge auf einem langen Tisch siehts einfach grandios aus!

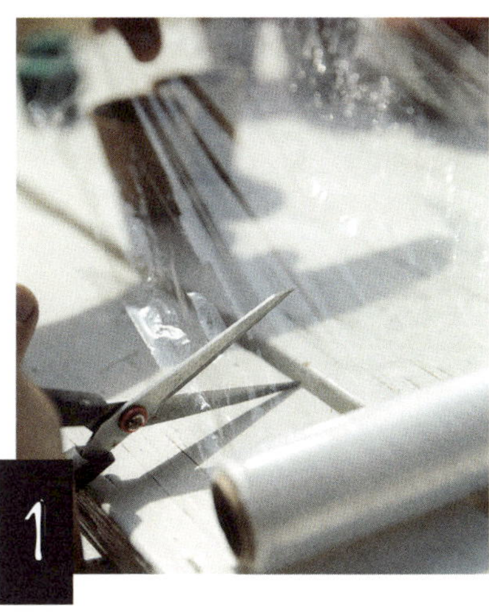

1

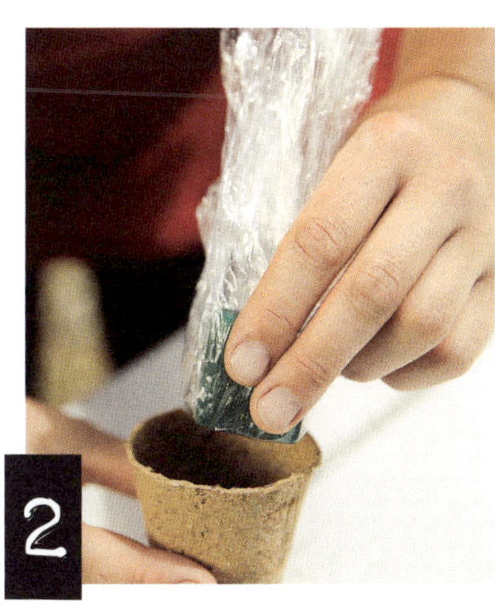

2

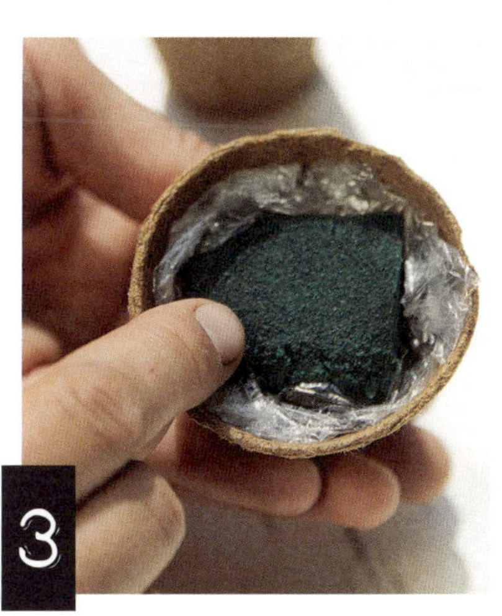

3

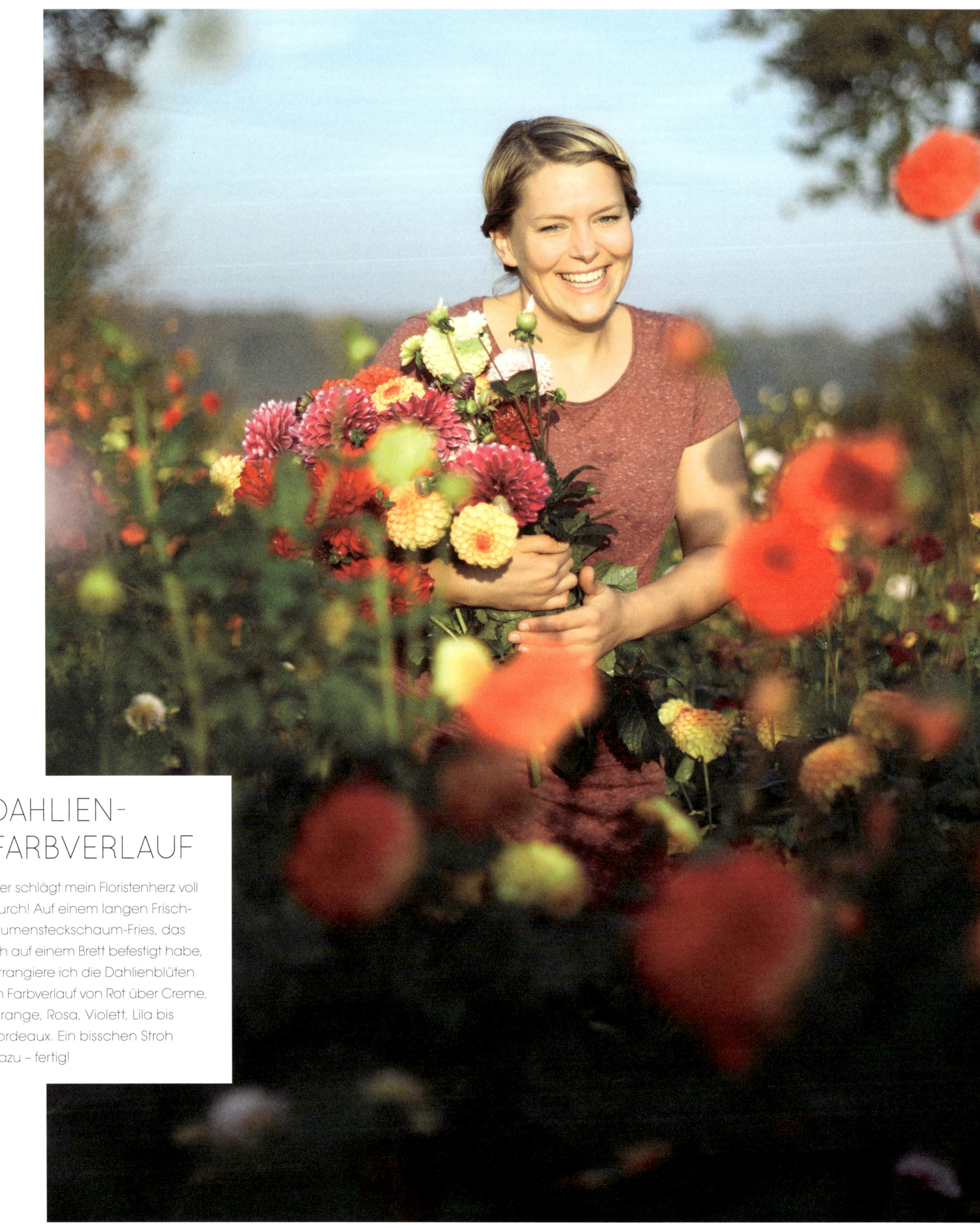

DAHLIEN-FARBVERLAUF

Hier schlägt mein Floristenherz voll durch! Auf einem langen Frischblumensteckschaum-Fries, das ich auf einem Brett befestigt habe, arrangiere ich die Dahlienblüten im Farbverlauf von Rot über Creme, Orange, Rosa, Violett, Lila bis Bordeaux. Ein bisschen Stroh dazu – fertig!

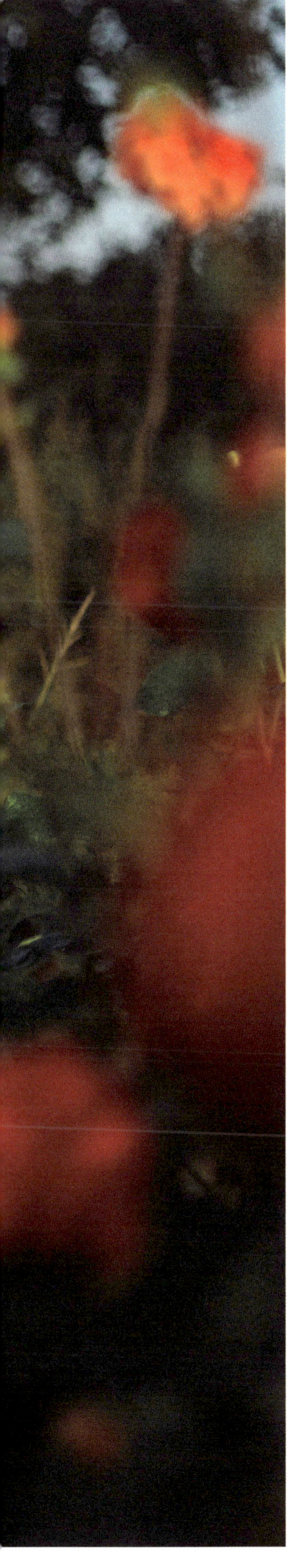

Farbfans aufgepasst!

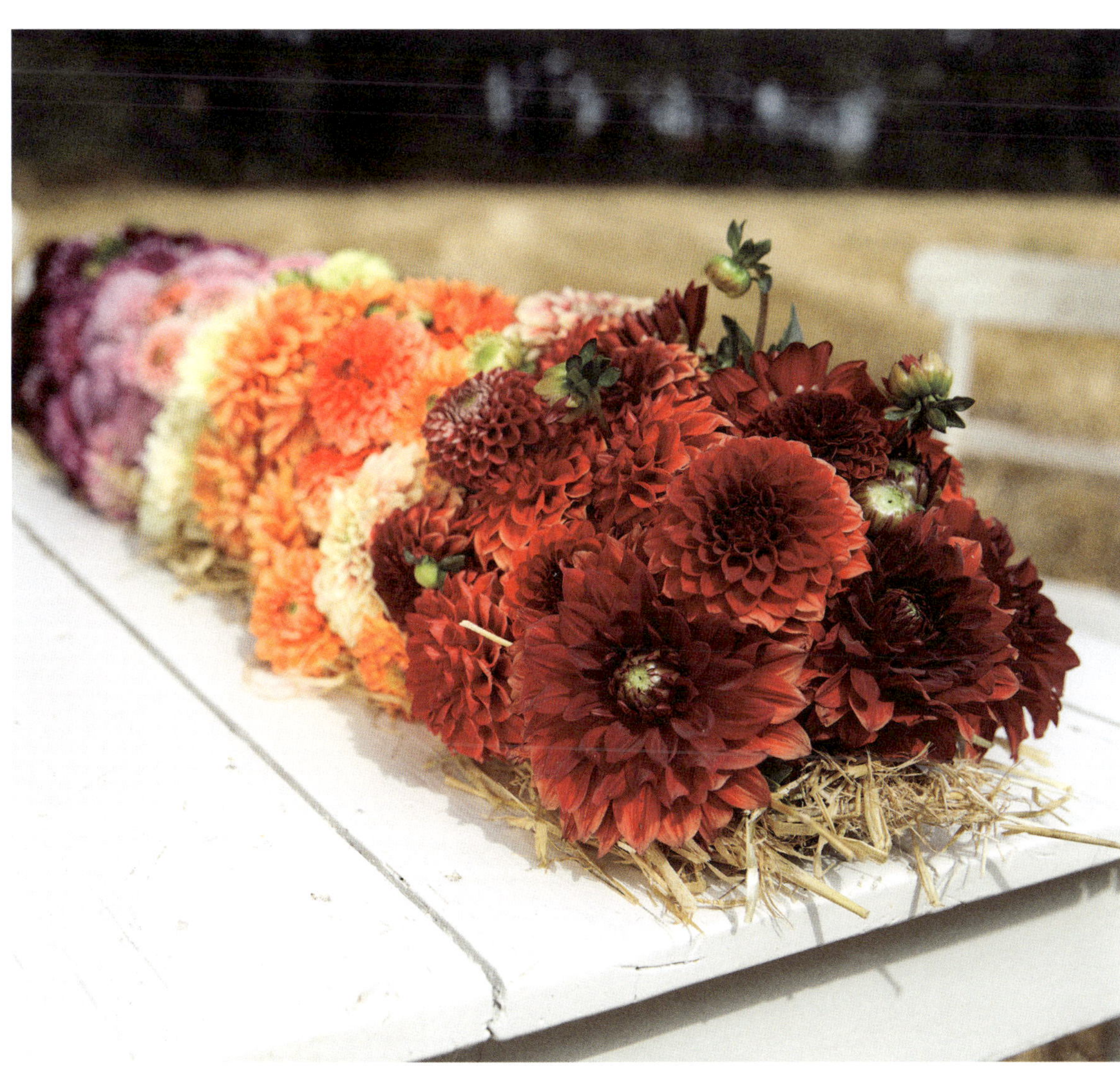

Aufrechte Gesellen

GLADIOLENVASEN

Die langen steifen Gladiolen muss man lieben. Ich habe sie in mein Herz geschlossen. Zum einen, weil ich gerne auch ihre einzelnen Blüten abknipse und direkt in kleinen Tischgestecken verarbeite. Zum anderen, weil sie als ganze Stiele in eine tolle Vase gestellt eine unglaubliche Fernwirkung erzielen. Die beiden Emaillekübel mit der bunten Pracht sind einfach ein Must-have jetzt in der Sommerzeit!

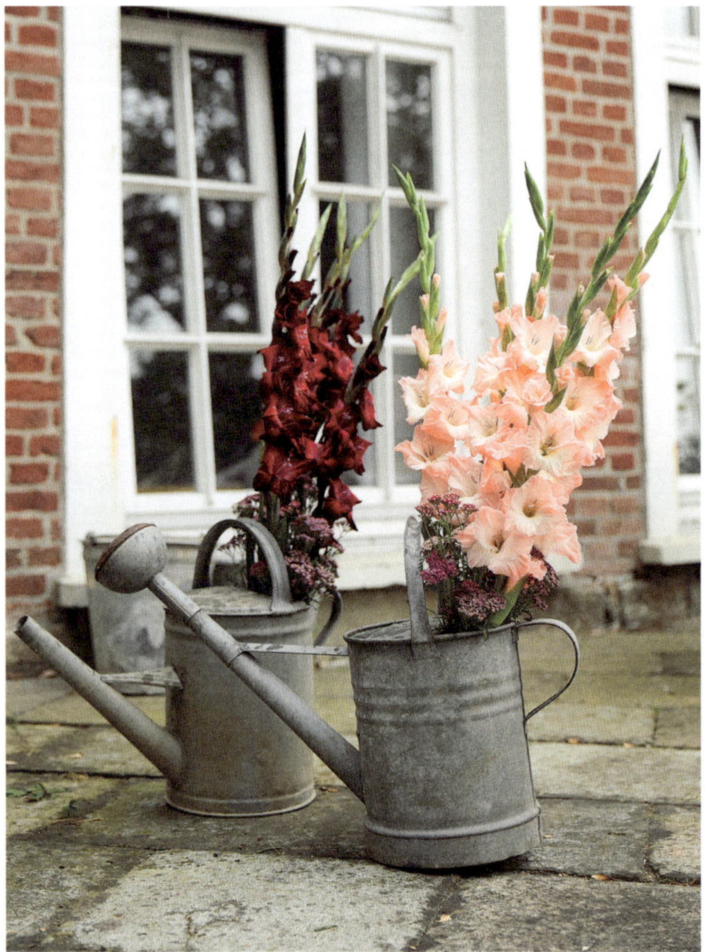

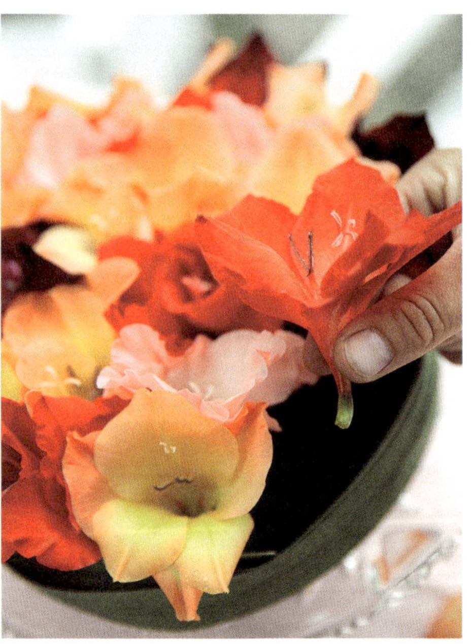

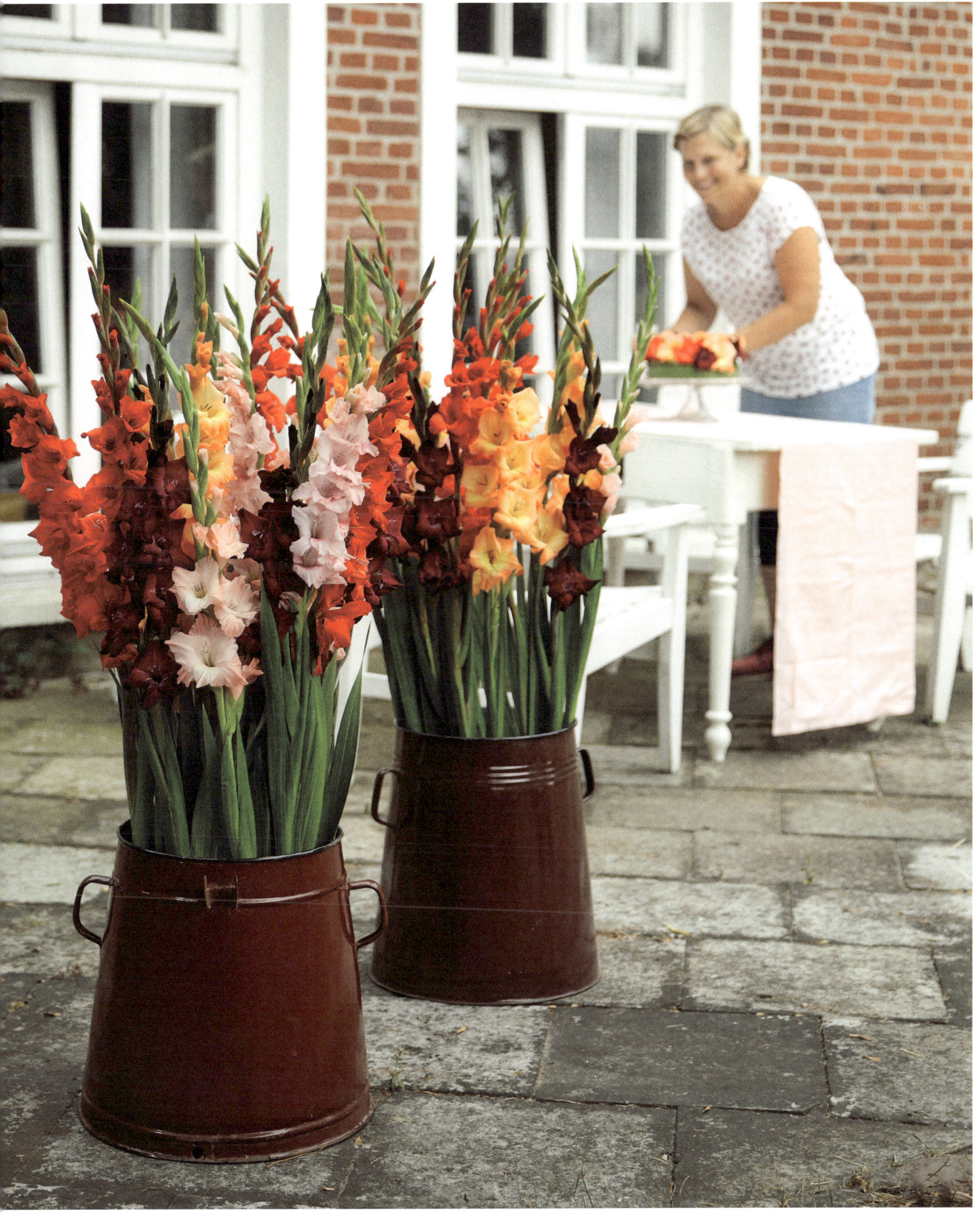

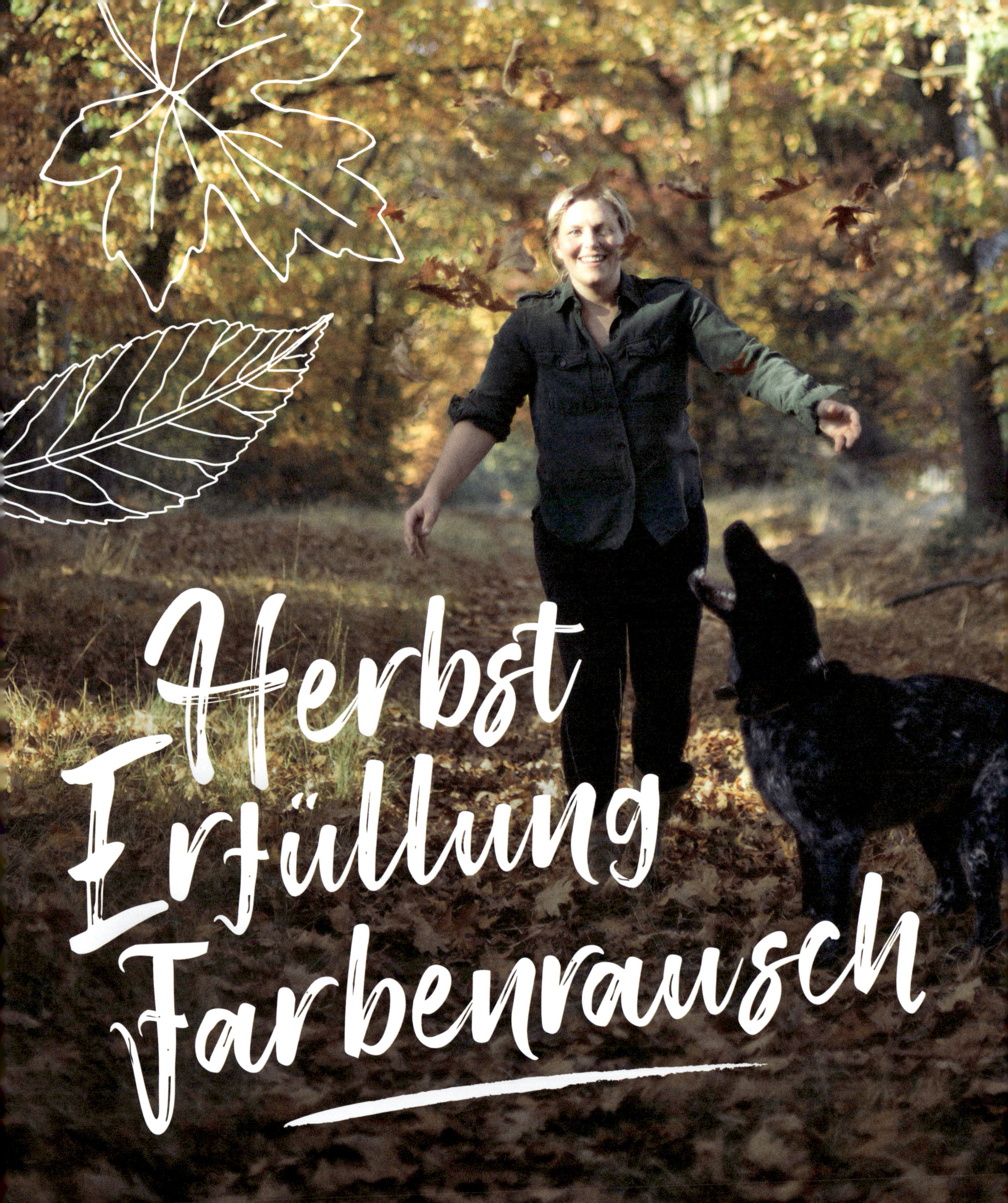
Herbst
Erfüllung
Farbenrausch

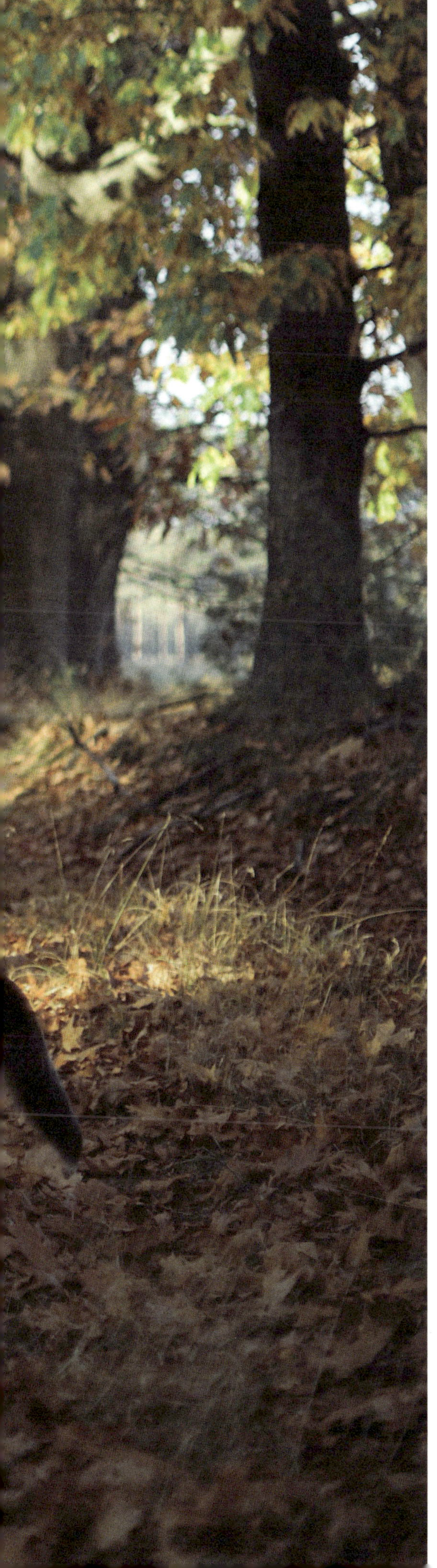

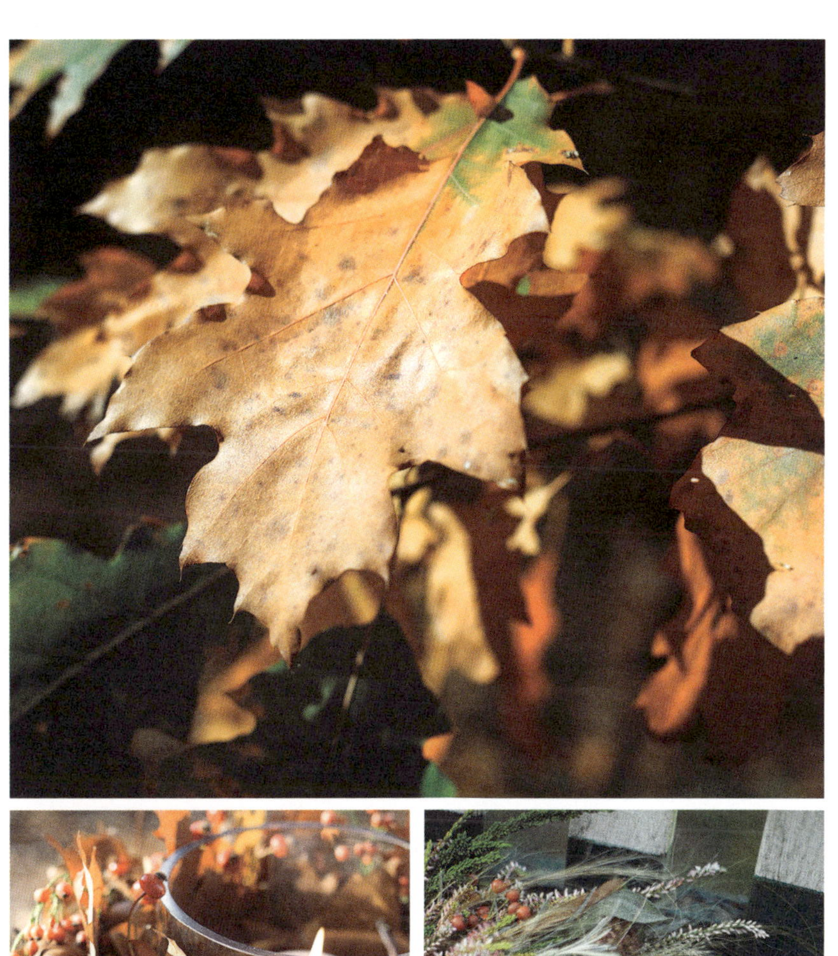

EIN LETZTER HOCHGENUSS

Nun ist er da, der Herbst. Die Natur ist auf dem Höhepunkt ihrer Leuchtkraft, ihrer Formenvielfalt, ihrer Fülle. Blätter, Früchte, Blüten – meine Floristenseele kann gar nicht genug bekommen von dieser Üppigkeit. Und so genieße ich es, jetzt aus dem Vollen schöpfen zu können und die Juwelen der Natur noch einmal in einem Feuerwerk der Ideen und Schmuckstücke abfackeln zu können. Denn danach kommt alles zur Ruhe. Doch zuvor laufe auch ich zur Höchstform auf. Voilà, hier sind meine Herbstideen!

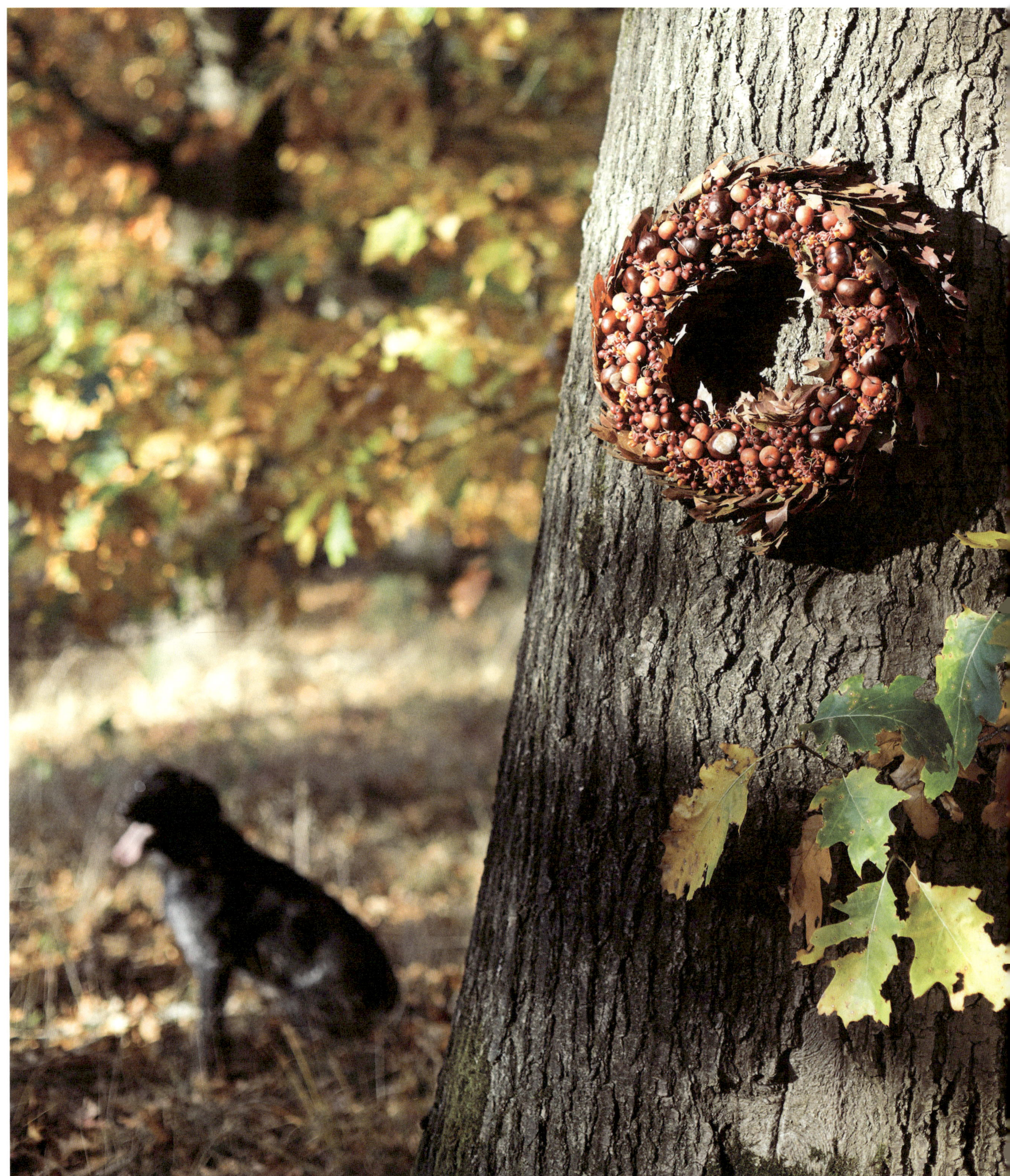

Draußen genießen!

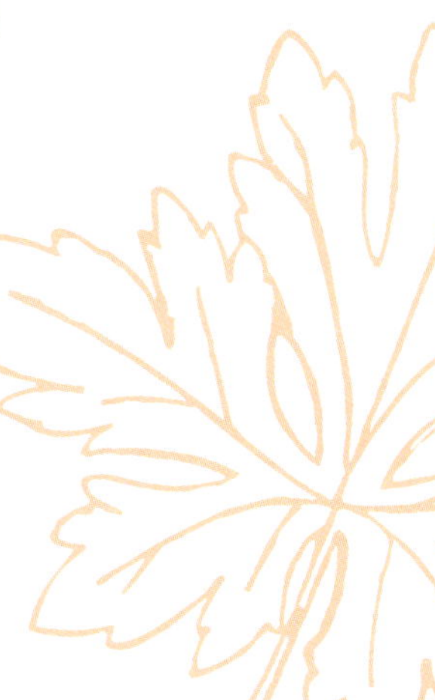

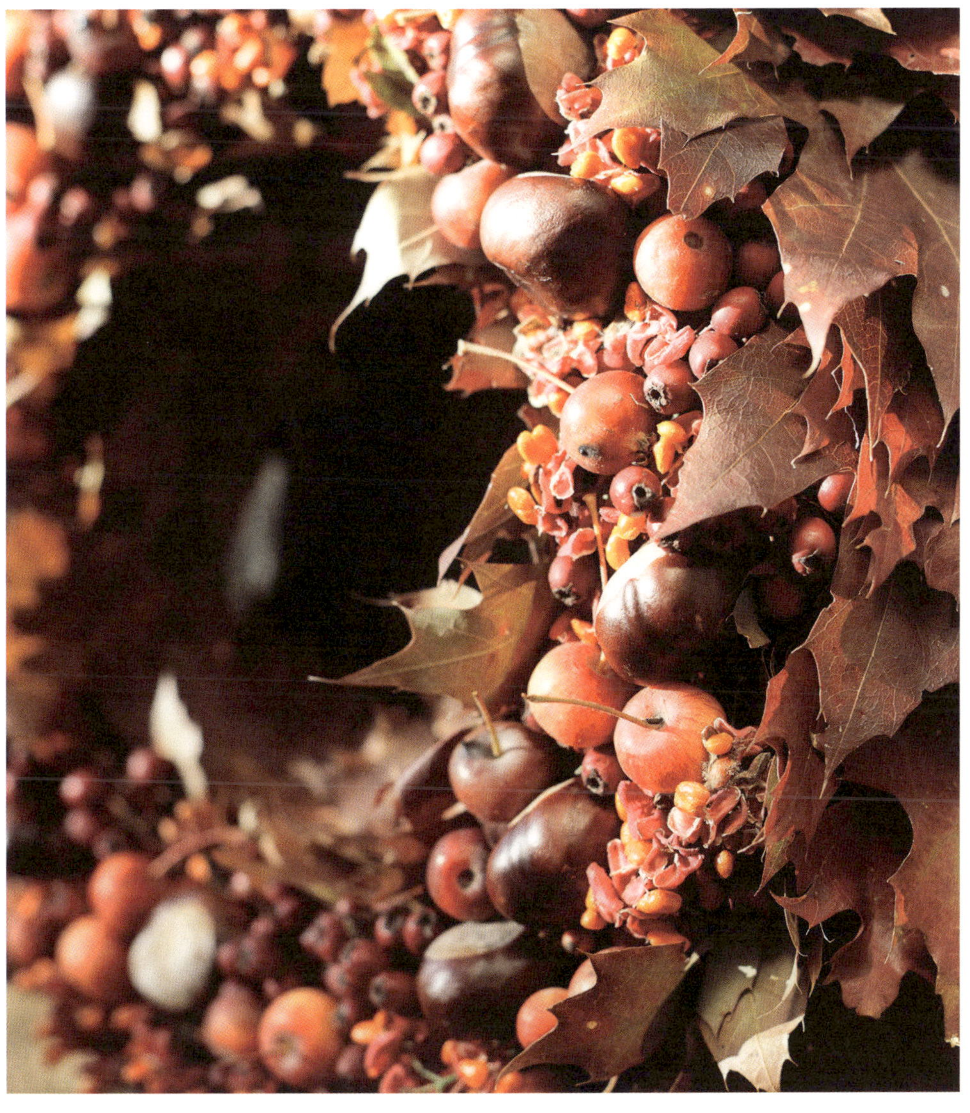

KRANZ MIT LAUBRAND

Das wunderschöne Laub der Amerikanischen Eiche verwende ich gerne für das seitliche Gestalten eines Strohkranzes, dessen Mitte ich anschließend mit einer Mischung aus den verschiedenen Herbstfrüchten bestecke. Kastanien und Eicheln spieße ich dazu jeweils auf Holzspießchen, Kleinteiliges klebe ich mit Heißkleber dazwischen oder befestige es mit den entsprechenden bügelartigen Metallhaften.

Lebens-freude pur!

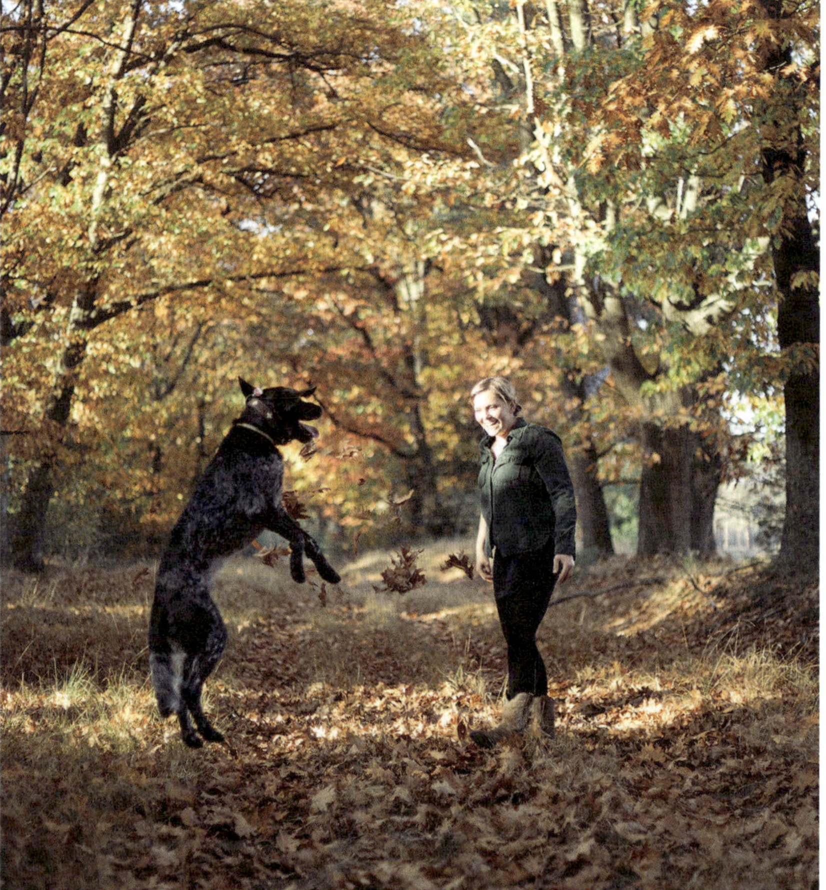

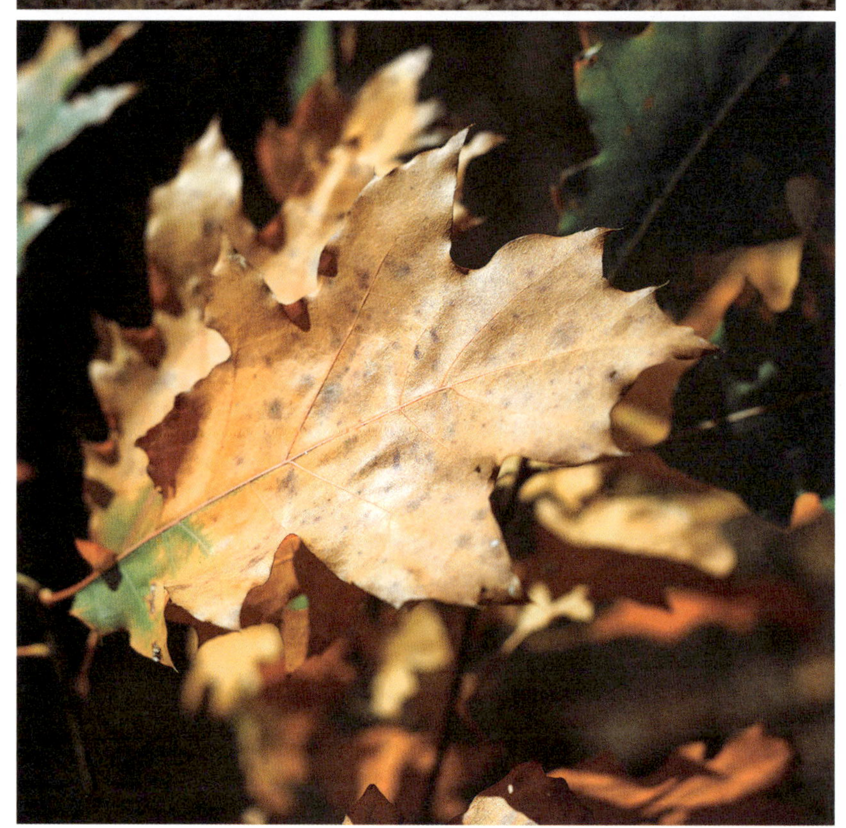

KASTANIEN-KRANZ

Mit den glänzenden Früchten der großen Kastanie, die auf unserem Hof steht, mache ich jedes Jahr einen üppigen Kranz, der uns lange Zeit erfreut. Dazu spieße ich einfach die auf Holzstäbchen gesteckten Baumfrüchte rundum auf die Strohkranzunterlage. Damit die Unterlage zwischen den runden Schmuckteilen nicht durchblitzt, stecke ich fortlaufend immer einzelne Laubblätter zwischen die Kastanien.

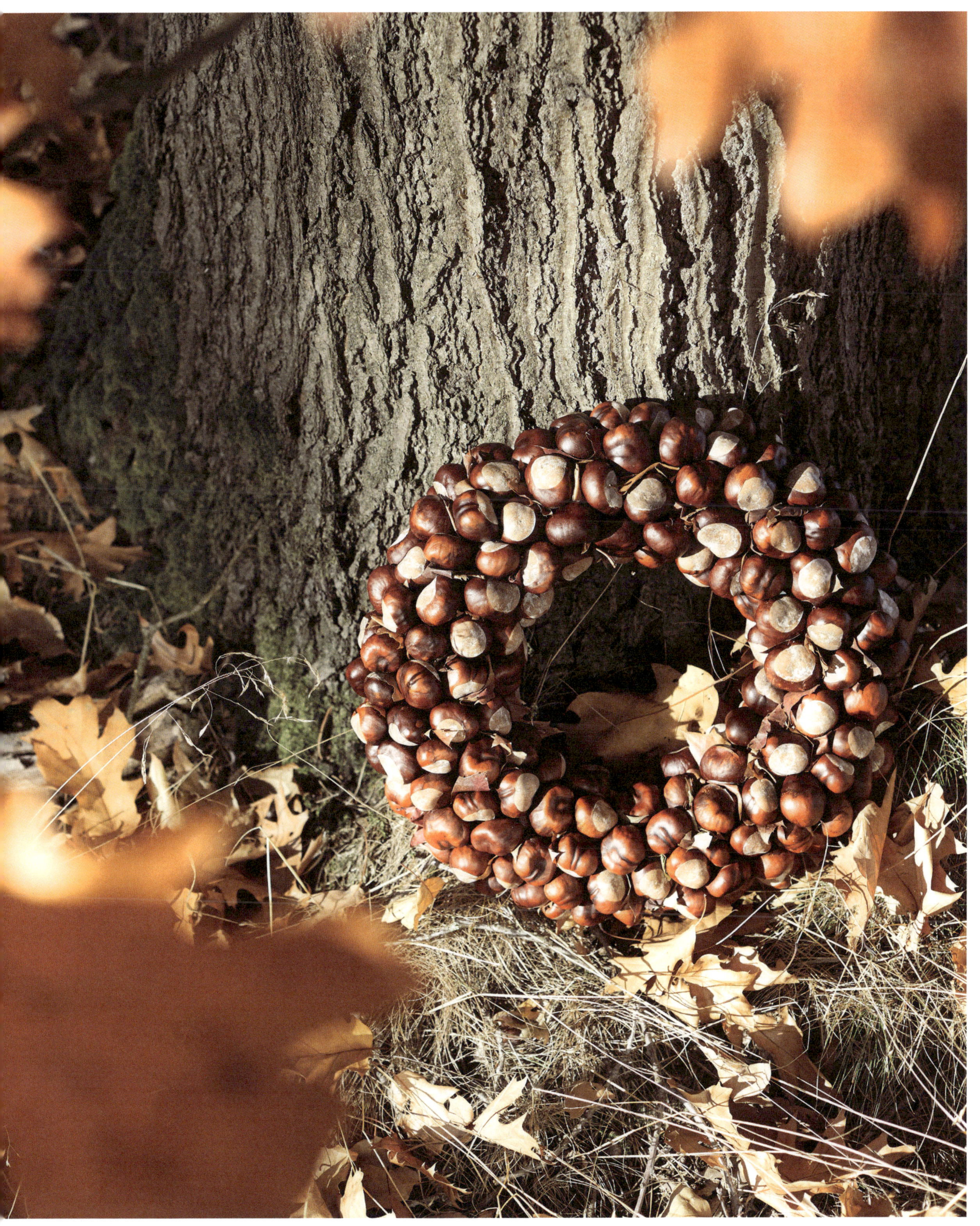

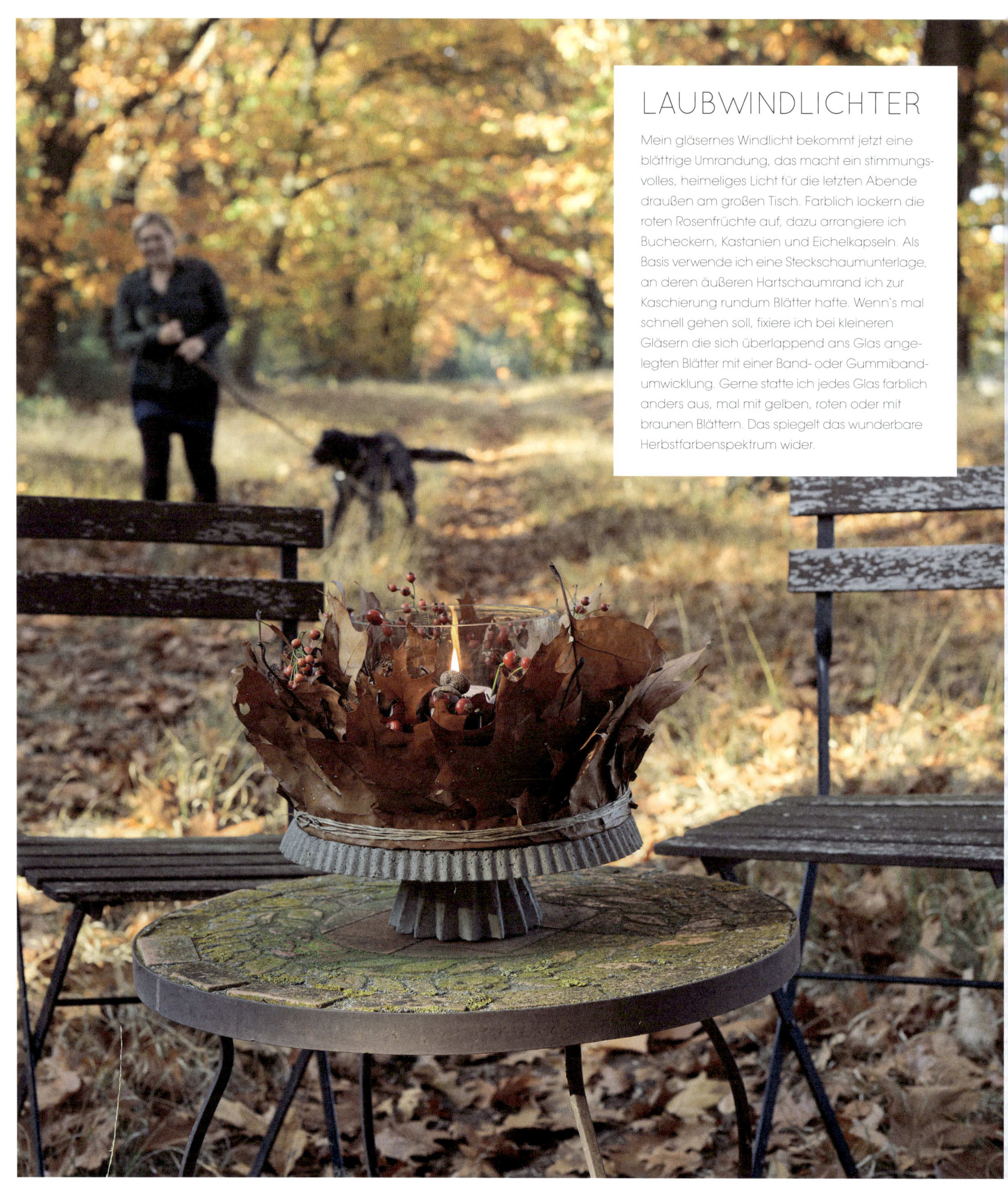

LAUBWINDLICHTER

Mein gläsernes Windlicht bekommt jetzt eine blättrige Umrandung, das macht ein stimmungsvolles, heimeliges Licht für die letzten Abende draußen am großen Tisch. Farblich lockern die roten Rosenfrüchte auf, dazu arrangiere ich Bucheckern, Kastanien und Eichelkapseln. Als Basis verwende ich eine Steckschaumunterlage, an deren äußeren Hartschaumrand ich zur Kaschierung rundum Blätter hafte. Wenn's mal schnell gehen soll, fixiere ich bei kleineren Gläsern die sich überlappend ans Glas angelegten Blätter mit einer Band- oder Gummibandumwicklung. Gerne statte ich jedes Glas farblich anders aus, mal mit gelben, roten oder mit braunen Blättern. Das spiegelt das wunderbare Herbstfarbenspektrum wider.

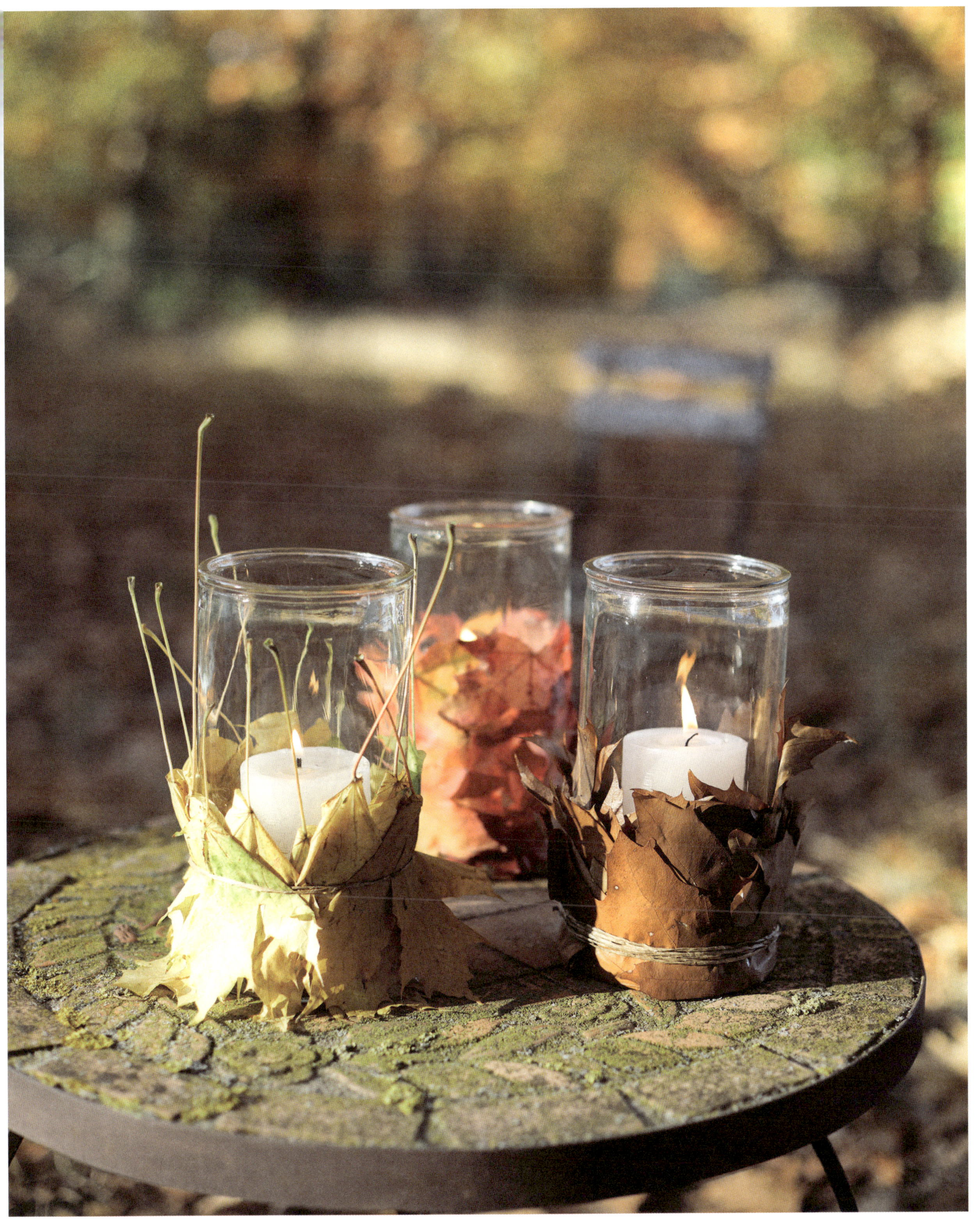

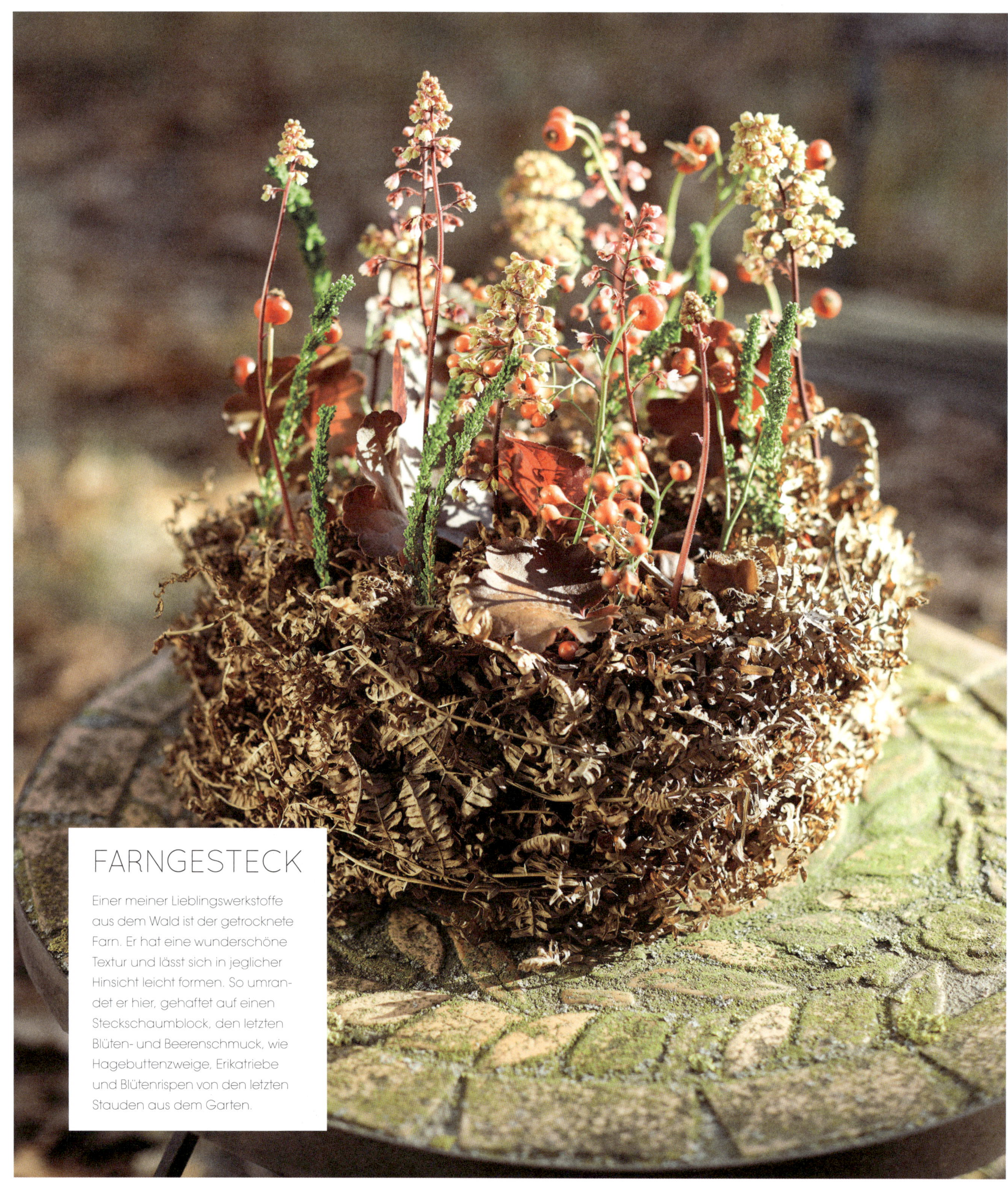

FARNGESTECK

Einer meiner Lieblingswerkstoffe aus dem Wald ist der getrocknete Farn. Er hat eine wunderschöne Textur und lässt sich in jeglicher Hinsicht leicht formen. So umrandet er hier, gehaftet auf einen Steckschaumblock, den letzten Blüten- und Beerenschmuck, wie Hagebuttenzweige, Erikatriebe und Blütenrispen von den letzten Stauden aus dem Garten.

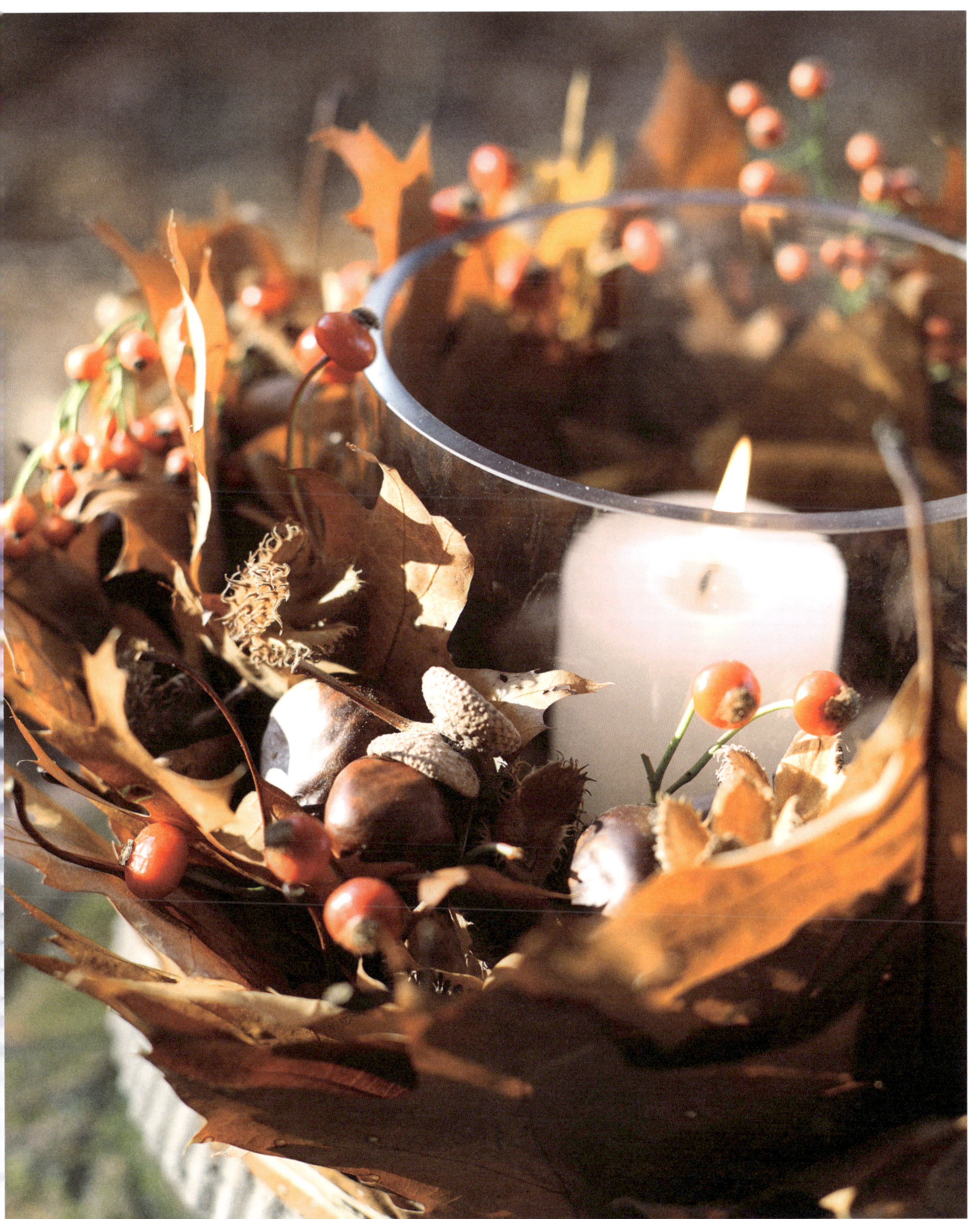

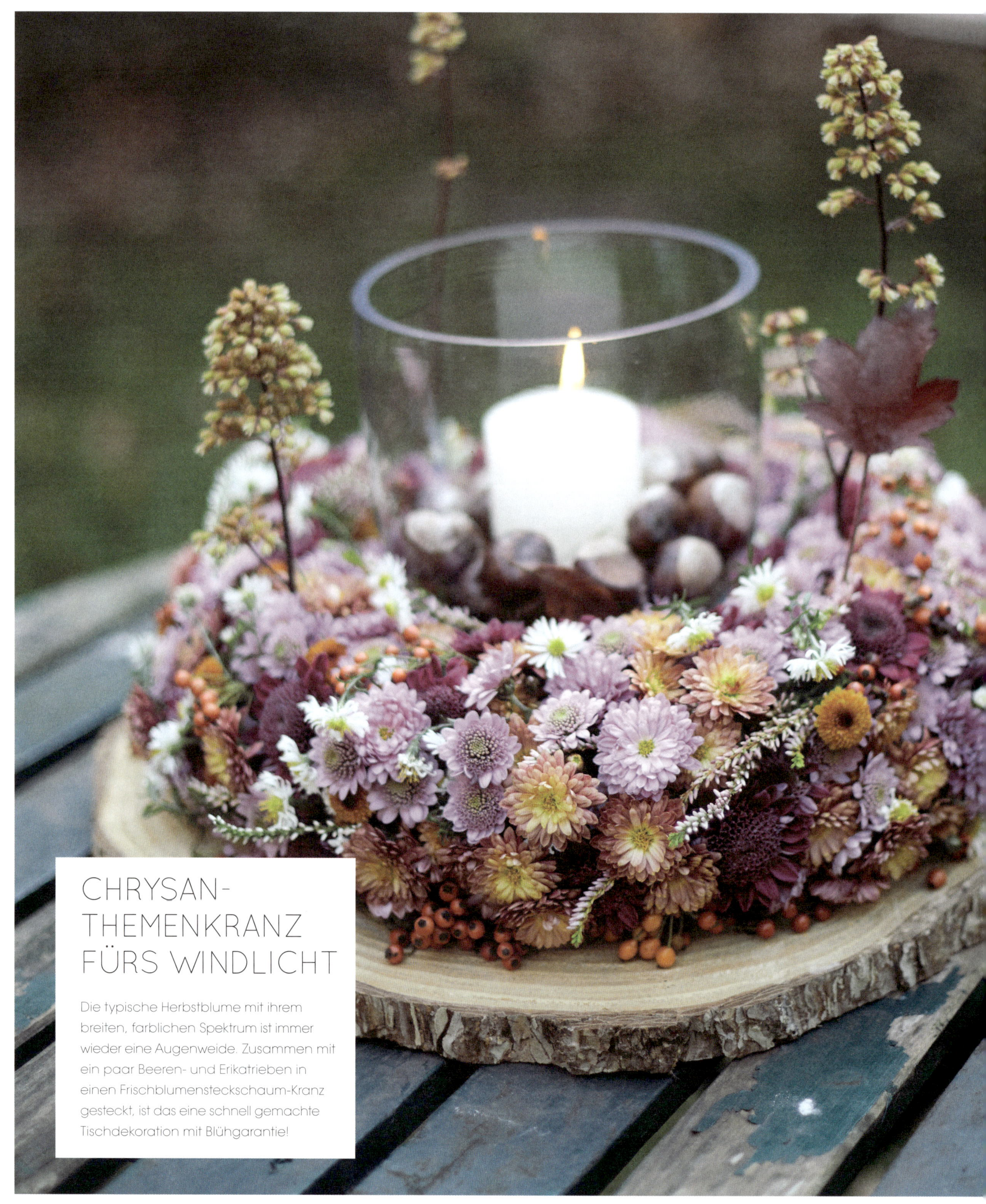

CHRYSAN-THEMENKRANZ FÜRS WINDLICHT

Die typische Herbstblume mit ihrem breiten, farblichen Spektrum ist immer wieder eine Augenweide. Zusammen mit ein paar Beeren- und Erikatrieben in einen Frischblumensteckschaum-Kranz gesteckt, ist das eine schnell gemachte Tischdekoration mit Blühgarantie!

Stillleben mit Herbstblühern

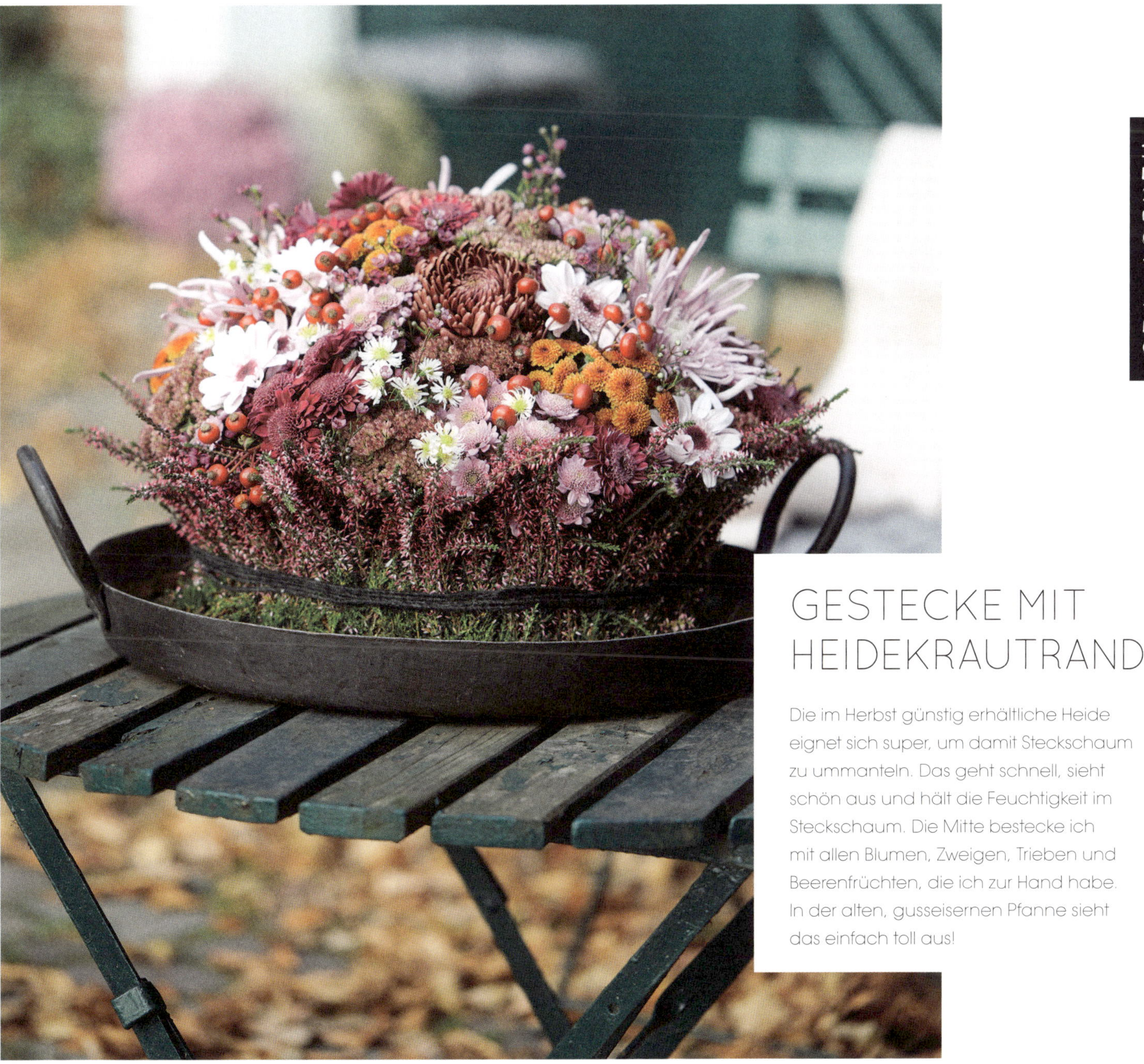

GESTECKE MIT HEIDEKRAUTRAND

Die im Herbst günstig erhältliche Heide eignet sich super, um damit Steckschaum zu ummanteln. Das geht schnell, sieht schön aus und hält die Feuchtigkeit im Steckschaum. Die Mitte bestecke ich mit allen Blumen, Zweigen, Trieben und Beerenfrüchten, die ich zur Hand habe. In der alten, gusseisernen Pfanne sieht das einfach toll aus!

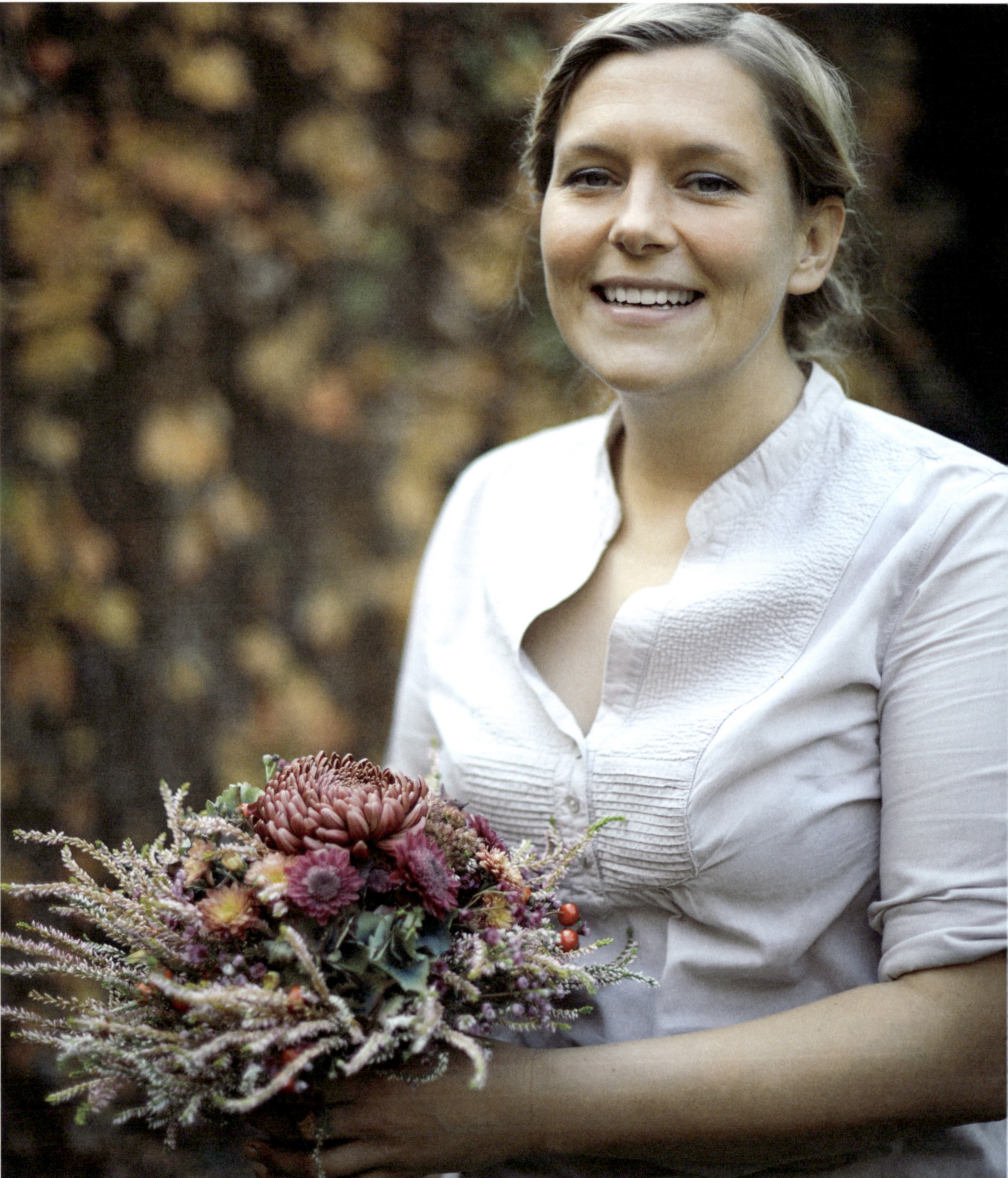

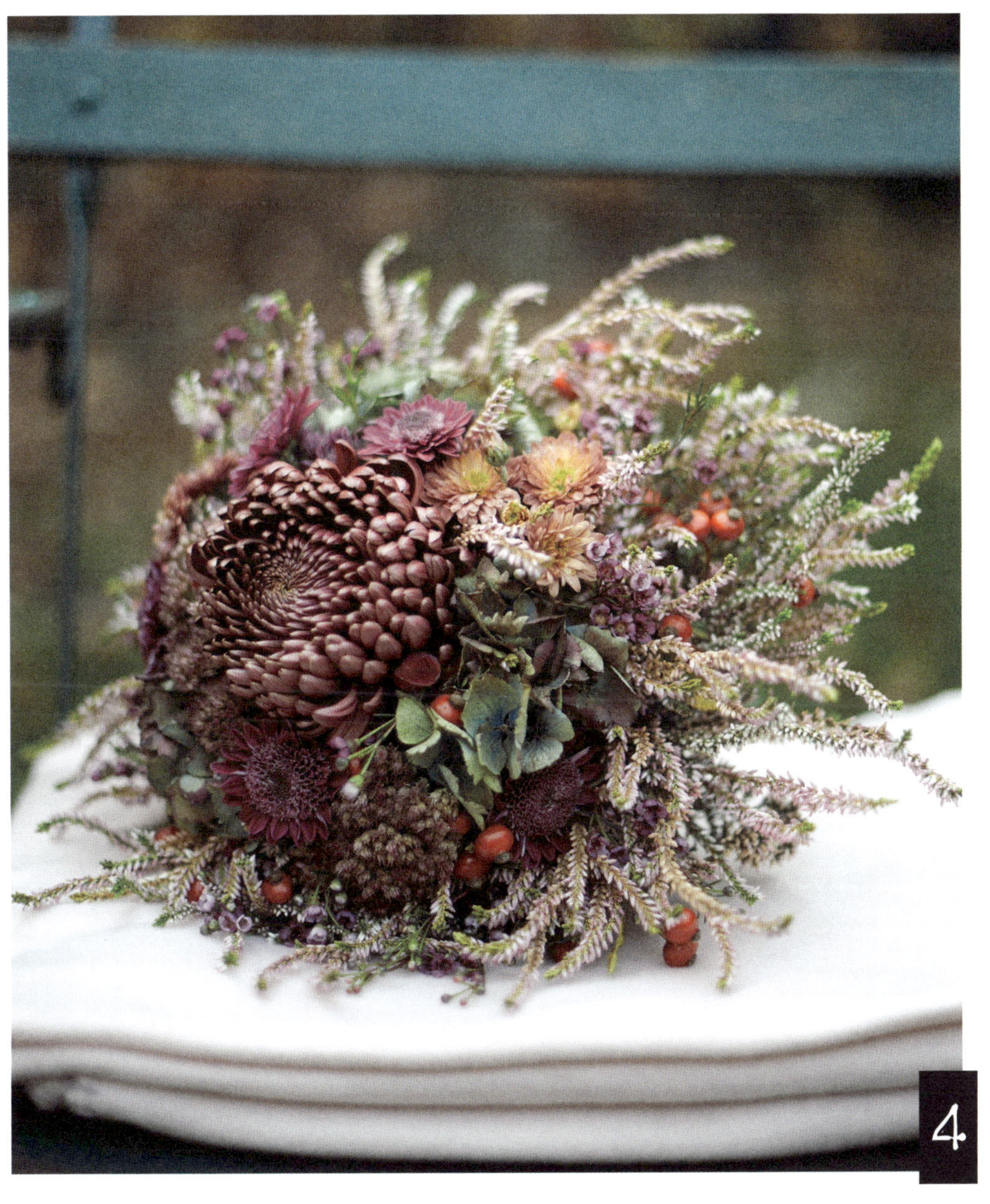

4

HEIDEKRAUT-STRAUSS

Um mit wenigen Handgriffen einen üppigen Strauß herzustellen, wähle ich als füllige Basis eine abgeschnittene Heidepflanze **(1)**, deren Triebe ich mit Band oder Draht bündele **(2)**, um dann die weiteren Straußbestandteile und Blüten einfach durch diese Basis hindurchzustecken **(3)**. Obenauf kommt eine große, gefüllte Chrysanthemenblüte **(4)**. Das geht schnell, hält wunderbar und lange und ergibt einen wunderschönen Strauß – mein schnell gemachtes Mitbringsel für die Nachmittagseinladung bei einer Freundin!

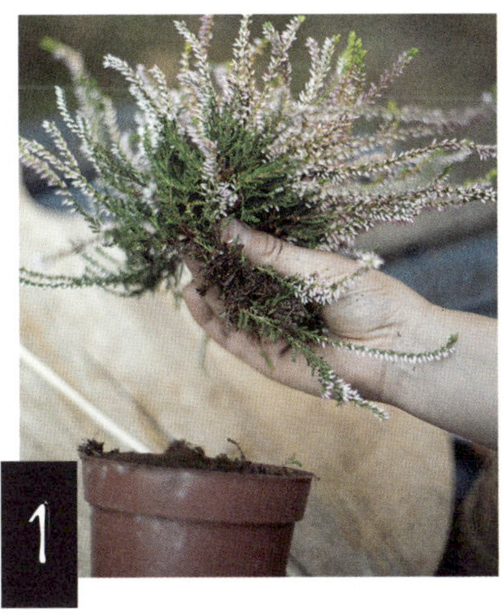

1

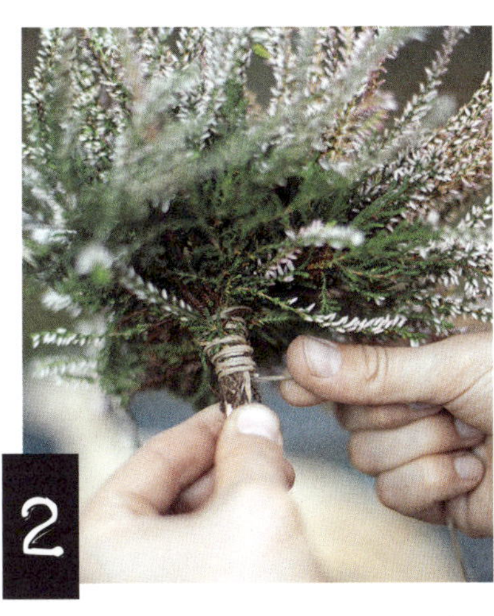

2

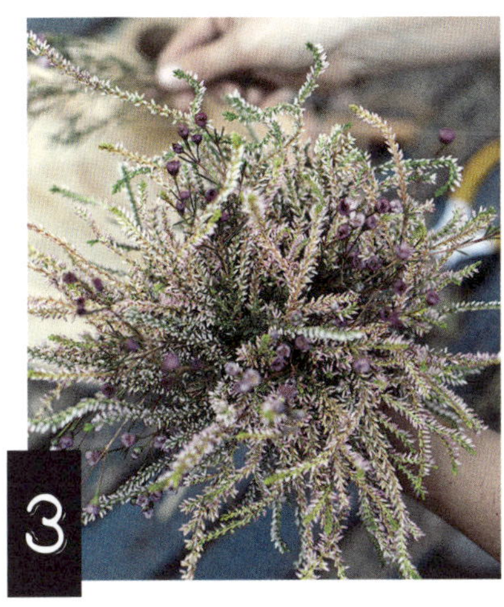

3

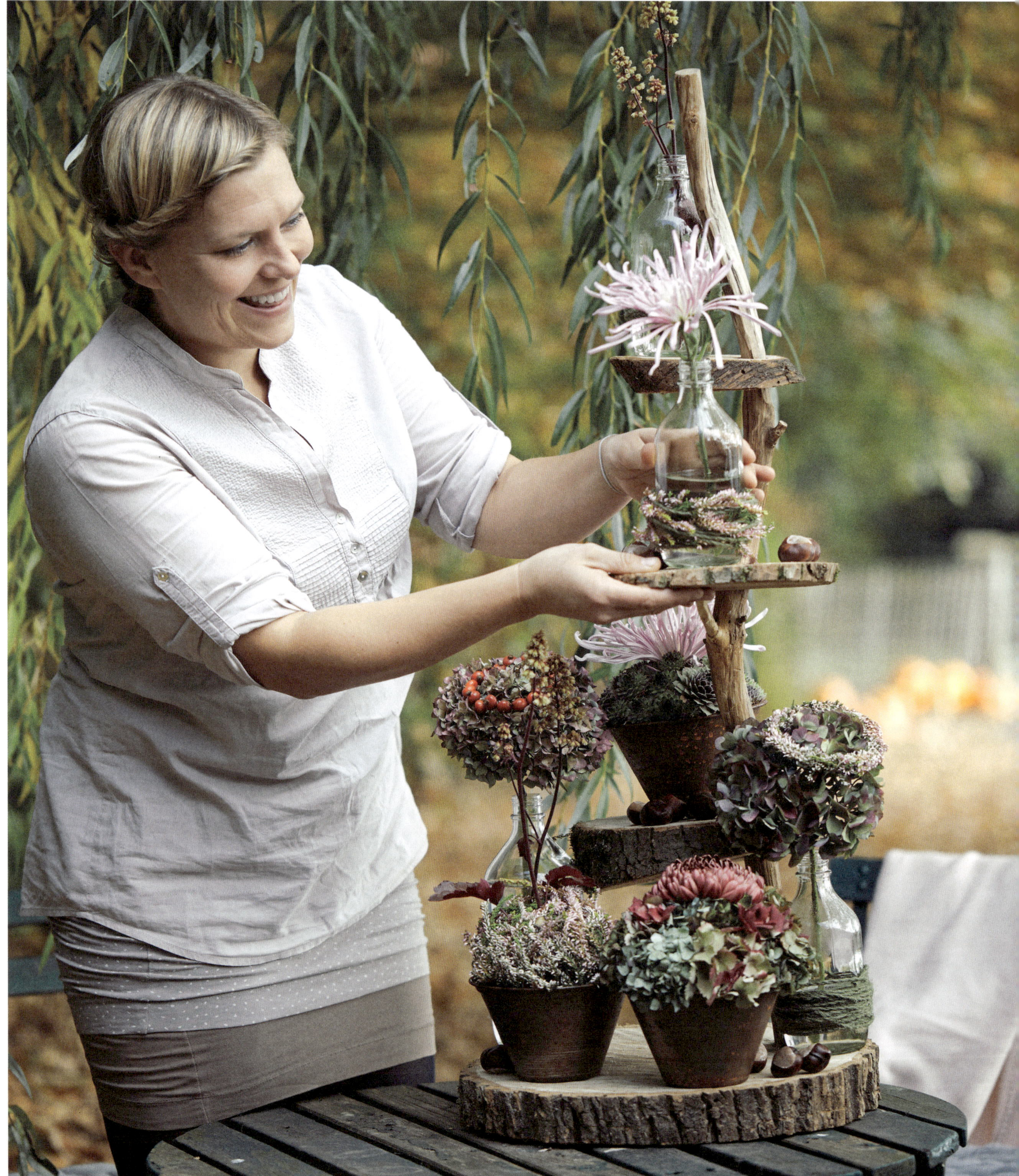

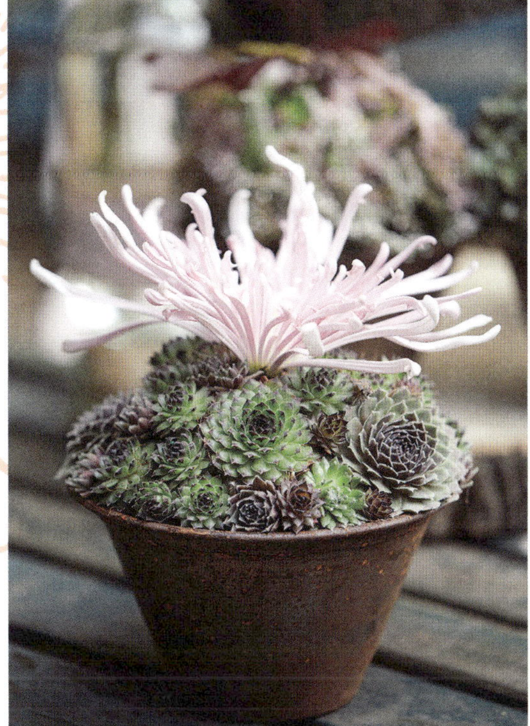

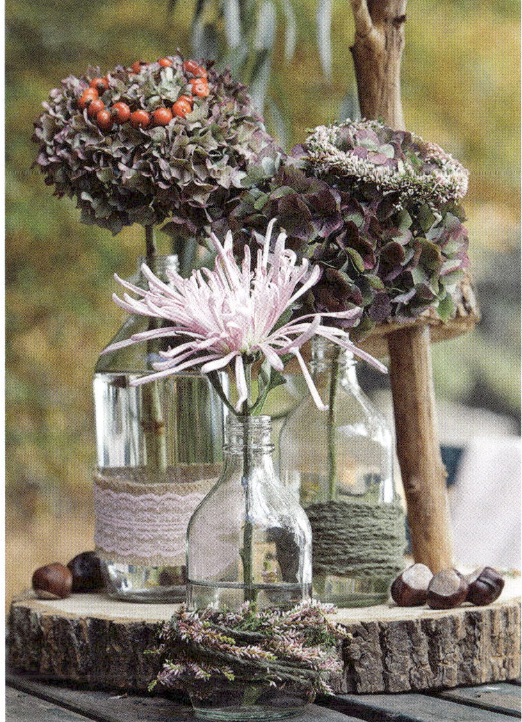

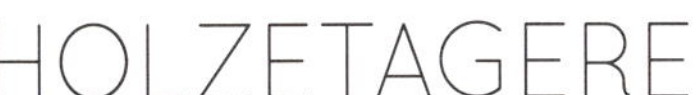

HOLZETAGERE

Ein lieber Nachbar hat mal diese tolle Holzetagere gebaut. Dabei trägt ein stärkerer, sich verzweigender Ast diverse darauf befestigte Astscheiben als Ablageflächen in mehrere Ebenen. Je nachdem, was ich gerade im Garten ernte oder zur Hand habe, dekoriere ich dieses Schmuckteil mit blütengefüllten Tontöpfen, kleinen Blumenvasen oder auch Pflanztöpfen voller Sukkulenten. Oft steht die Pyramide sogar noch draußen, an den letzten Herbsttagen mit wärmendem Sonnenschein.
Und wenn sich die ersten Nachtfröste ankündigen, hole ich sie ins Haus, denn hier ziert sie gleichermaßen wirkungsvoll unsere Diele.

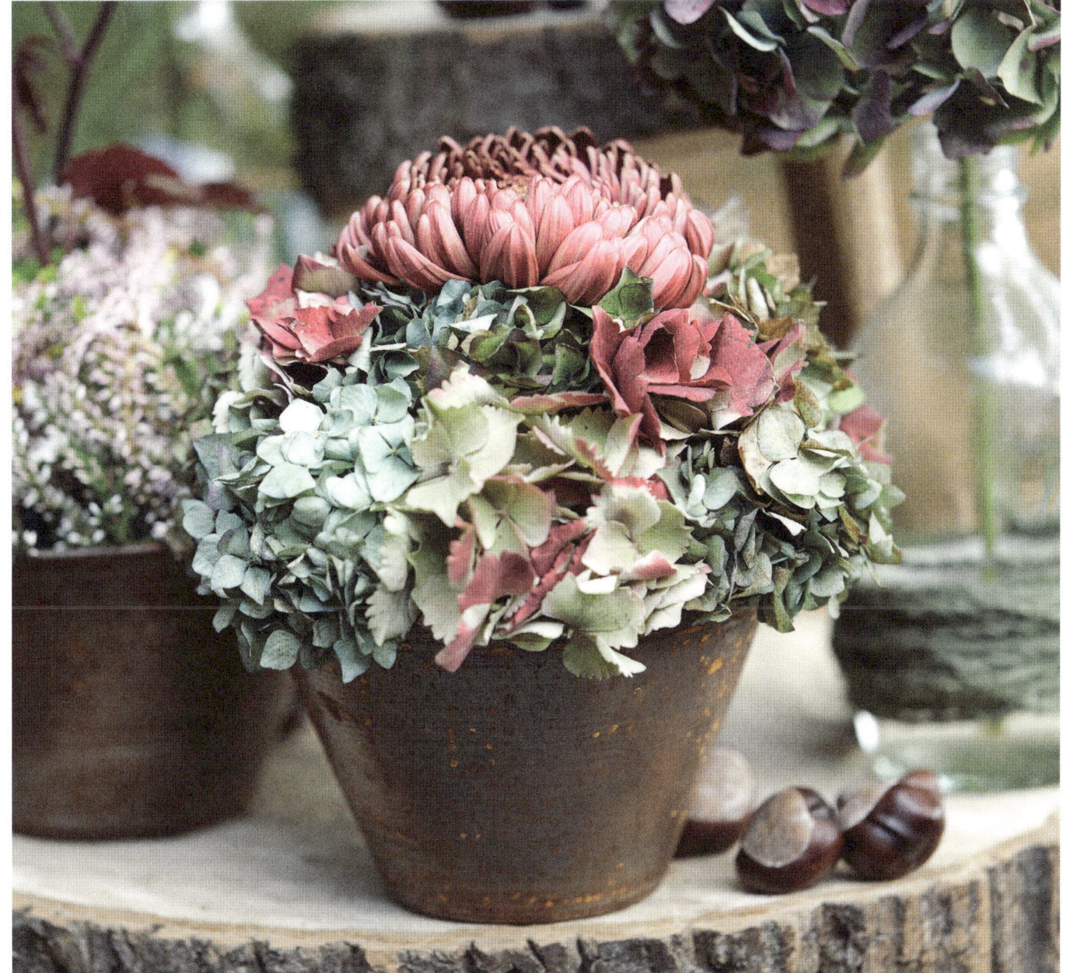

Beeren, die Perlen der Natur

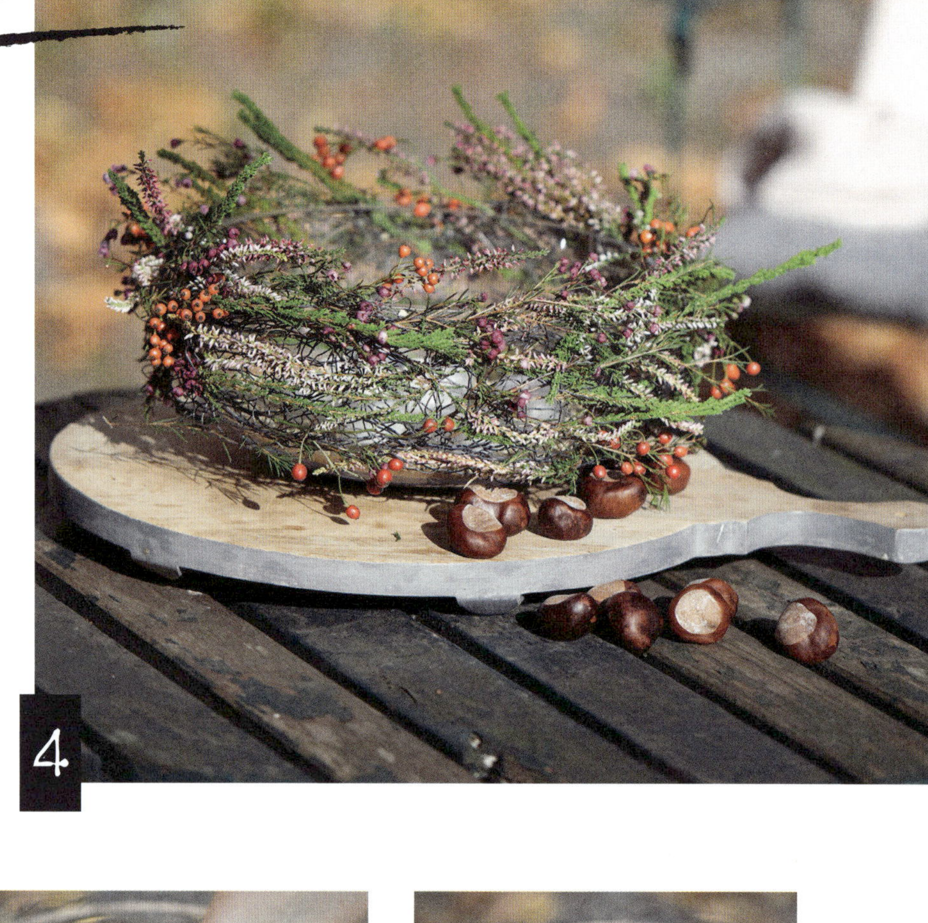

HEIDEWINDLICHT

Meine breite, aber wenig hohe Glasschale funktioniere ich gerne zu einem Windlicht mit vielen Teelichtern um. Dann spule ich großzügig Wickeldraht ab **(1)**, knautsche diesen zusammen und forme ihn zu einem breiten Band, das ich um die Schale lege **(2)**. Das krautige Herbstsortiment aus dem Garten, dazu Beerenschmuck fädele und winde ich nun in dieses Drahtgeflecht hinein **(3)**. Das ergibt ein wunderschönes, durchscheinendes Licht **(4)**.

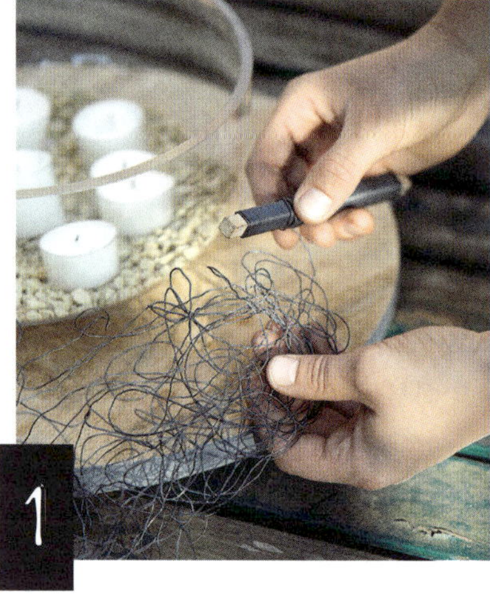

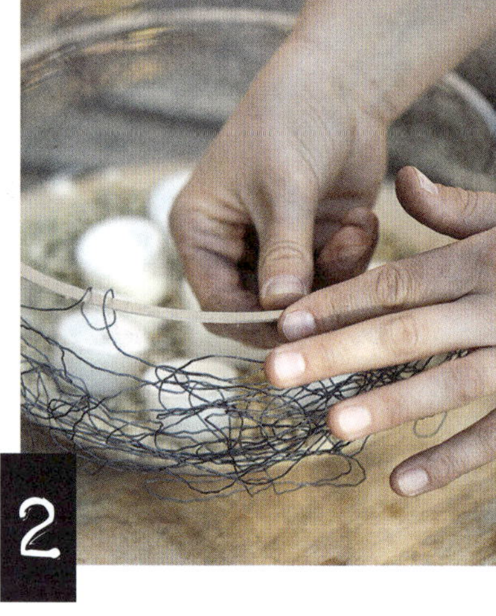

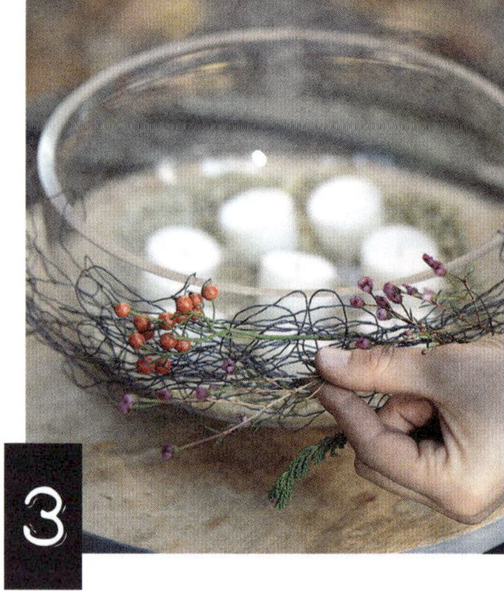

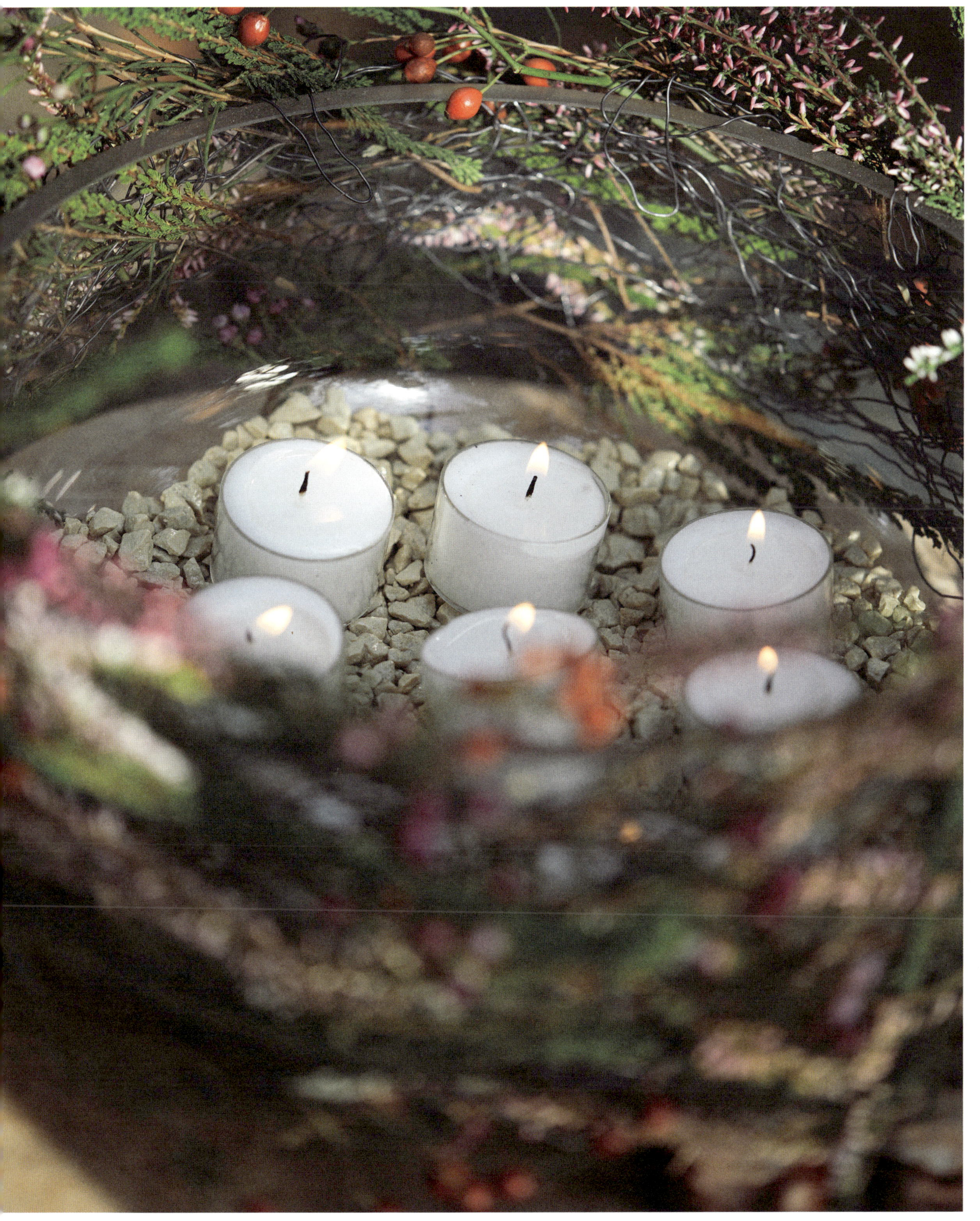

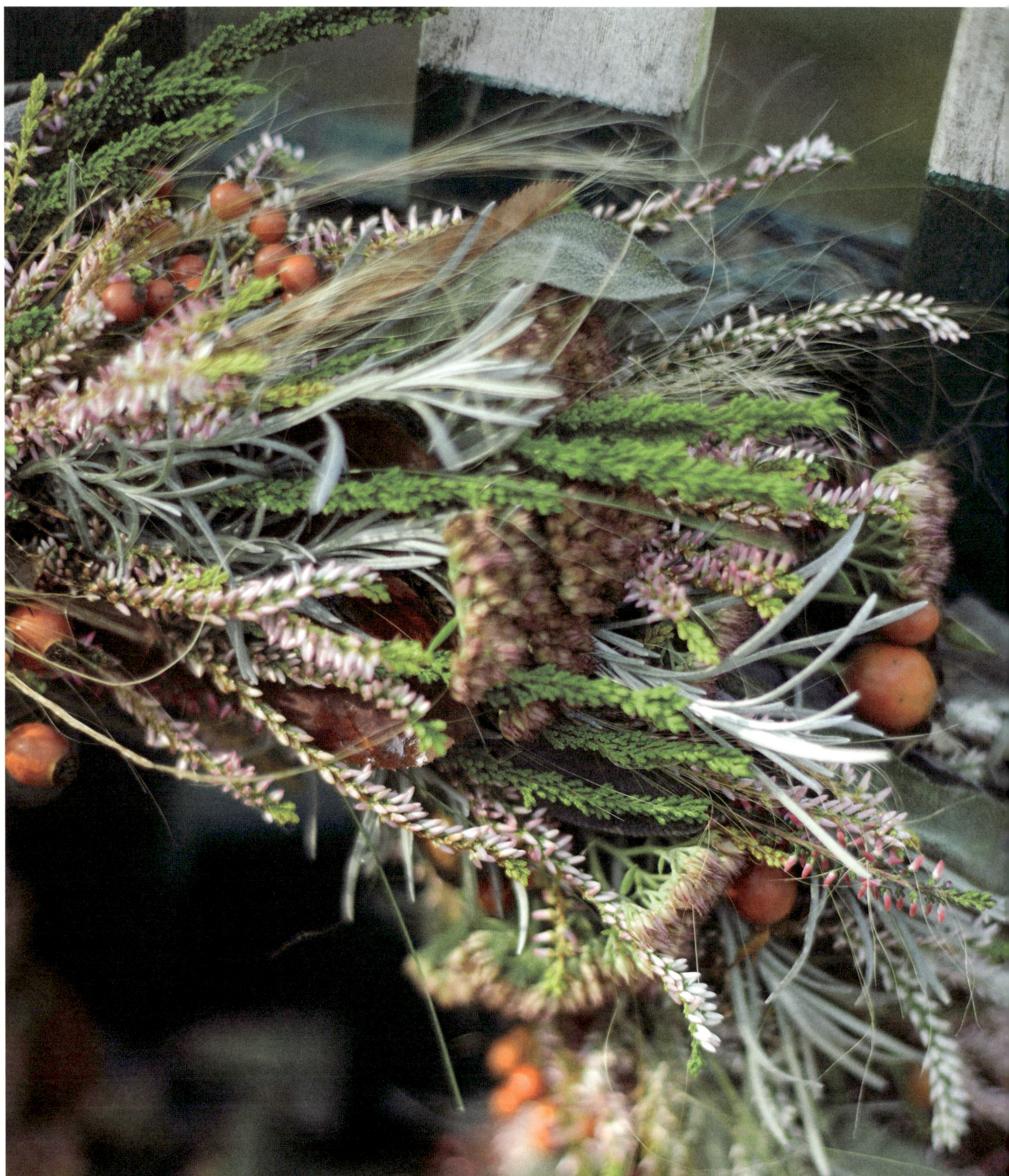

Herzliches Willkommen!

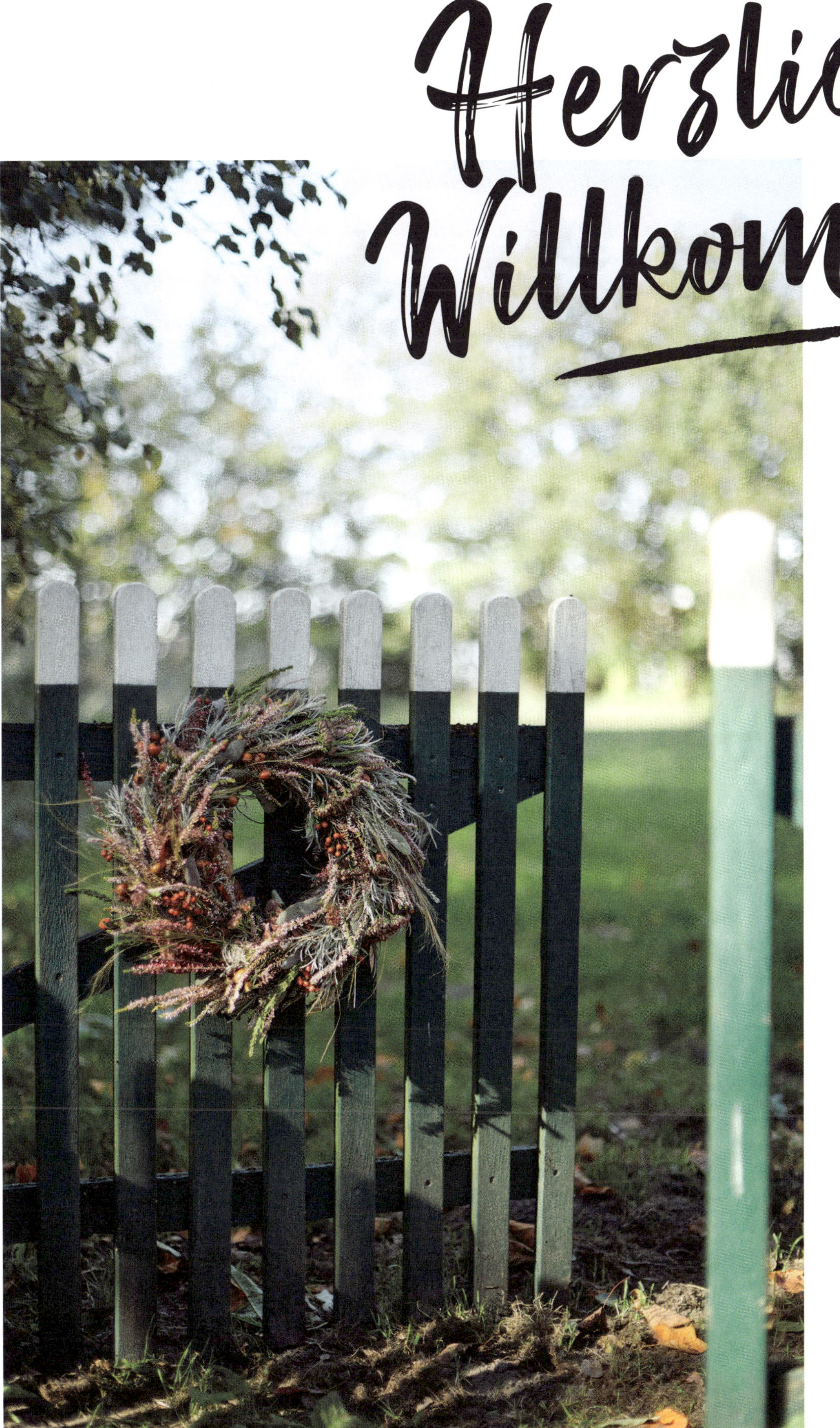

HEIDEKRANZ

Mein im Herbst gefertigter Heidekranz hält dank der passenden Luftfeuchtigkeit draußen so lange, dass er erst seinem adventlichen oder weihnachtlichen Nachfolger weichen muss. Um ihn zu fertigen, wickele ich alle Floralien büschelweise auf einen dünnen Reifen, so dass ein etwas strubbelig aussehender, natürlich wirkender Schmuck für die Gartenpforte entsteht.

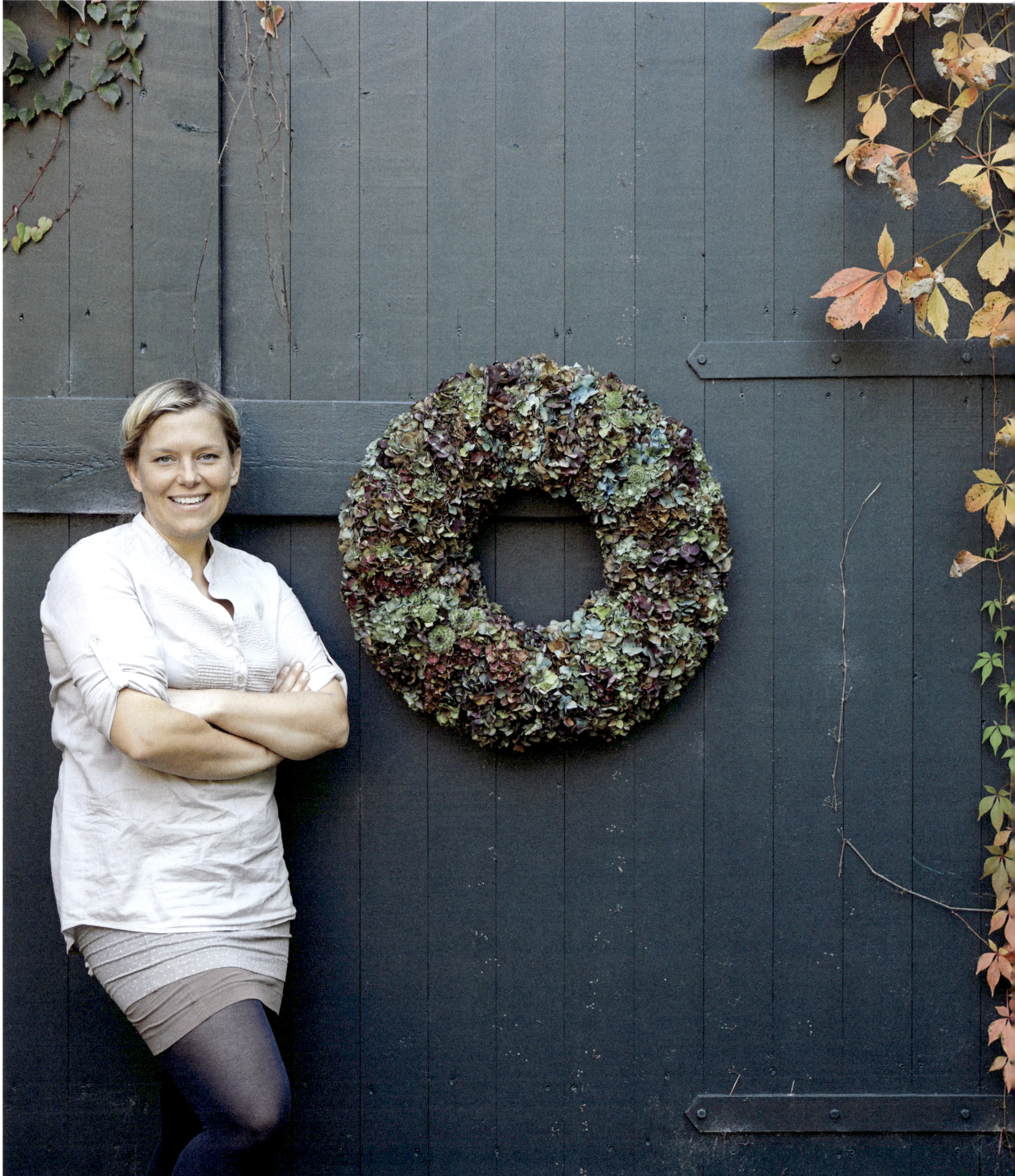

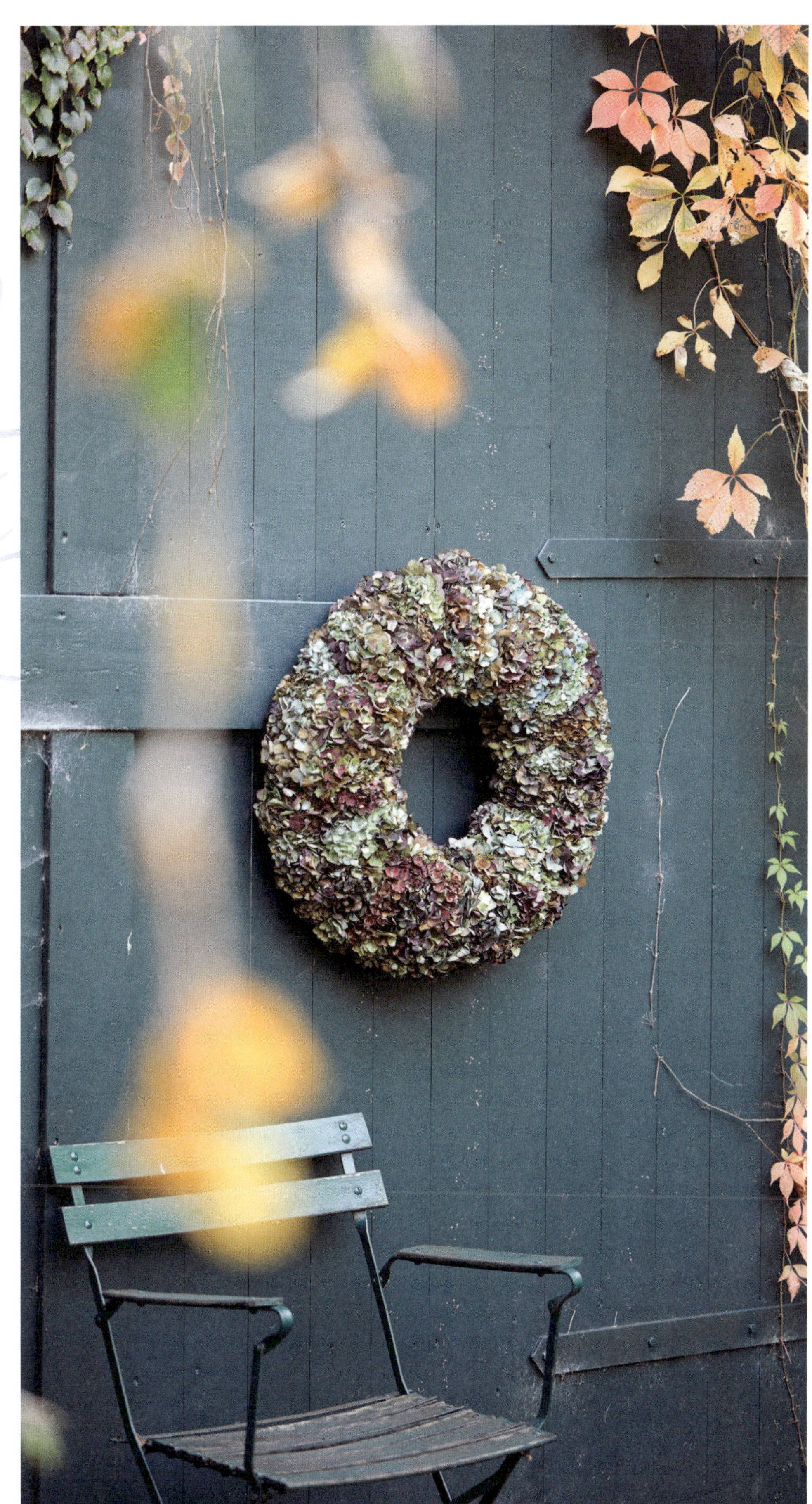

HORTENSIENKRANZ

Ein echter Klassiker ist solch ein Hortensienkranz. Da ich selbst nicht genügend Blütenbälle an meinen Gartensträuchern ernten kann, habe ich diese tollen Blüten bei meiner Floristenfreundin Evi Gerull bestellt. Sie hat eine große Hortensienplantage und verschickt die herbstlich gefärbten und damit gut haltbaren Blütenbälle an Floristen in ganz Europa. Als der Karton ankam, habe ich mich sofort ans Werk gemacht und die Blütenbälle dicht an dicht auf eine Strohkranzunterlage gehaftet. Mein Traumwerkstück hängt jetzt an unserem petrolblauen Scheunentor. Ein Hingucker par excellence, auf den ich sehr stolz bin!

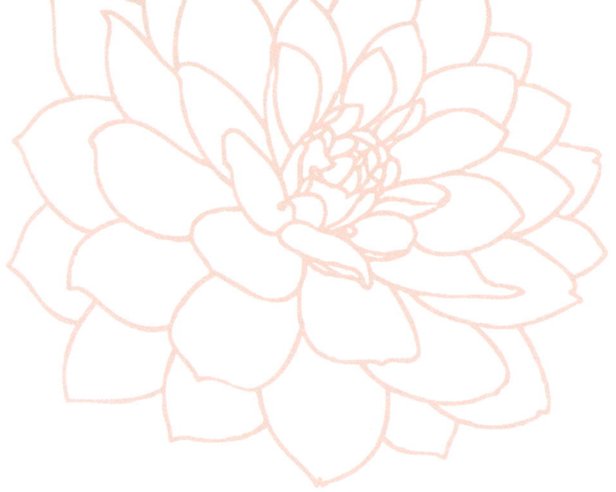

HERBSTGIRLANDE

Für Girlanden nehme ich immer einen stabilen Kokosstrick, auf den ich die Werkstoffe mit Wickeldraht binde. Hier sind es Erikatriebe und kleine Zweige mit herbstlichem Hagebuttenschmuck. Der Clou dieser Tischdekoration sind die beiden Spaten, die jetzt im Herbst nicht mehr anderweitig zum Einsatz kommen. Links und rechts vom Tisch in den Boden gerammt und den Strick daran befestigt, dienen sie der Girlande als Halt, die nun über der Tischfläche schwebt. Die in gläsernen Wasserröhrchen steckenden Chrysanthemen füge ich als letztes ein, damit ich sie perfekt positionieren kann.

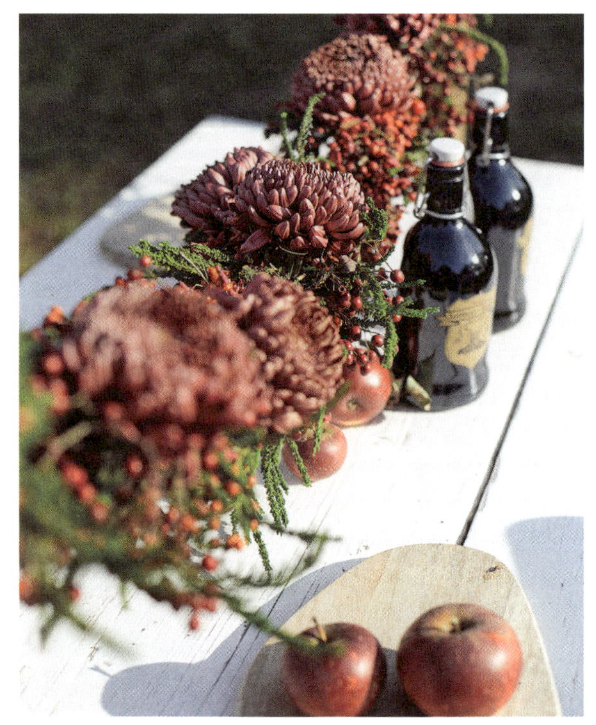

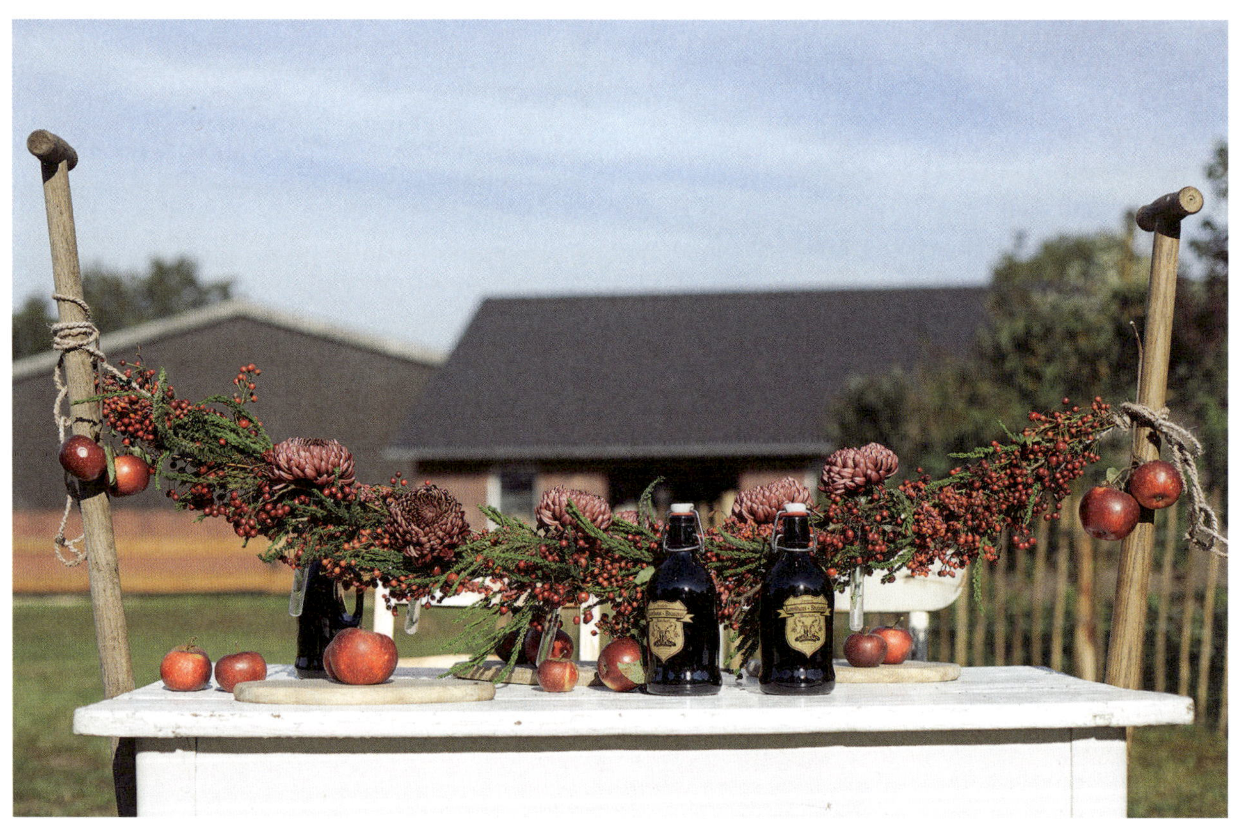

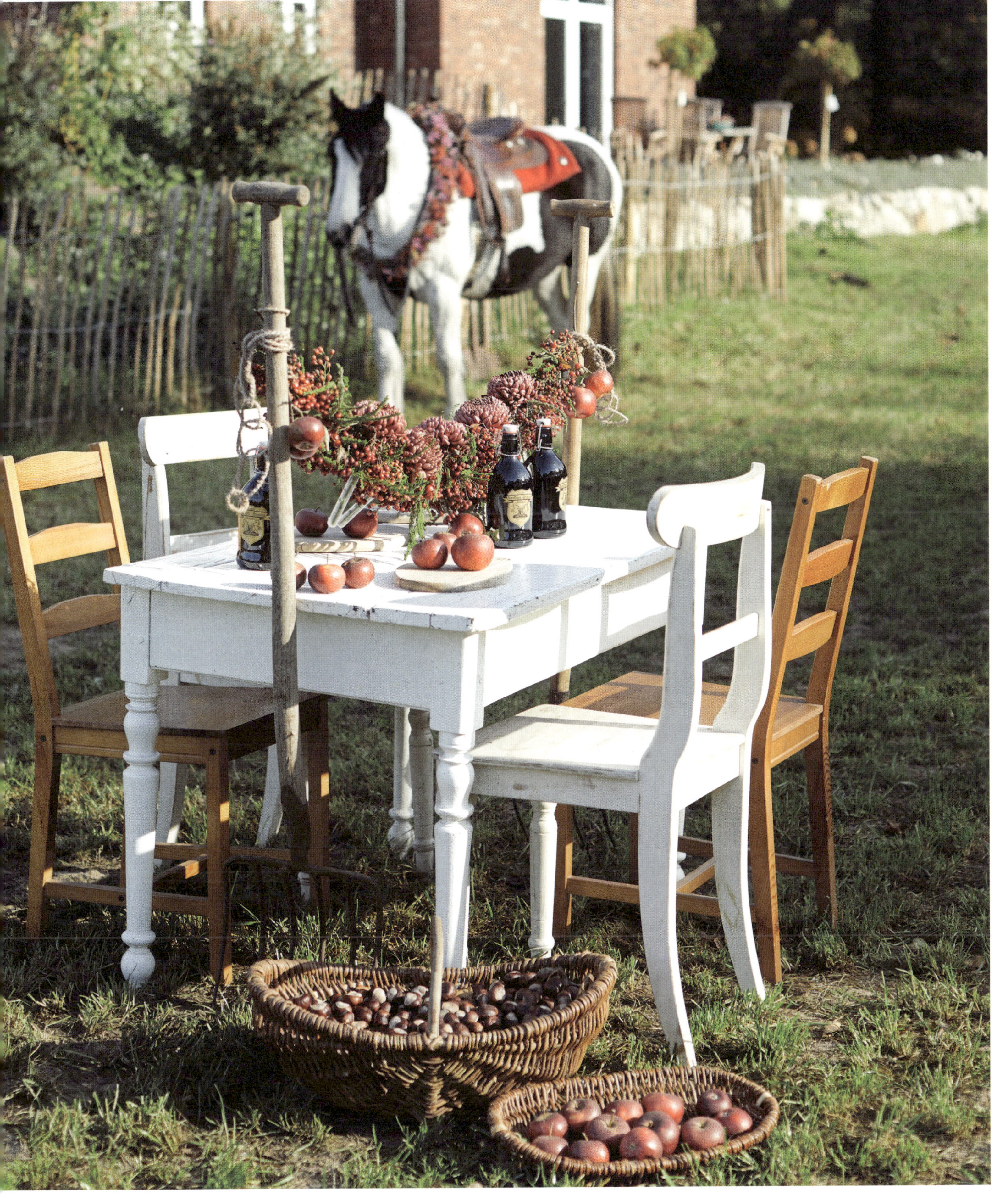

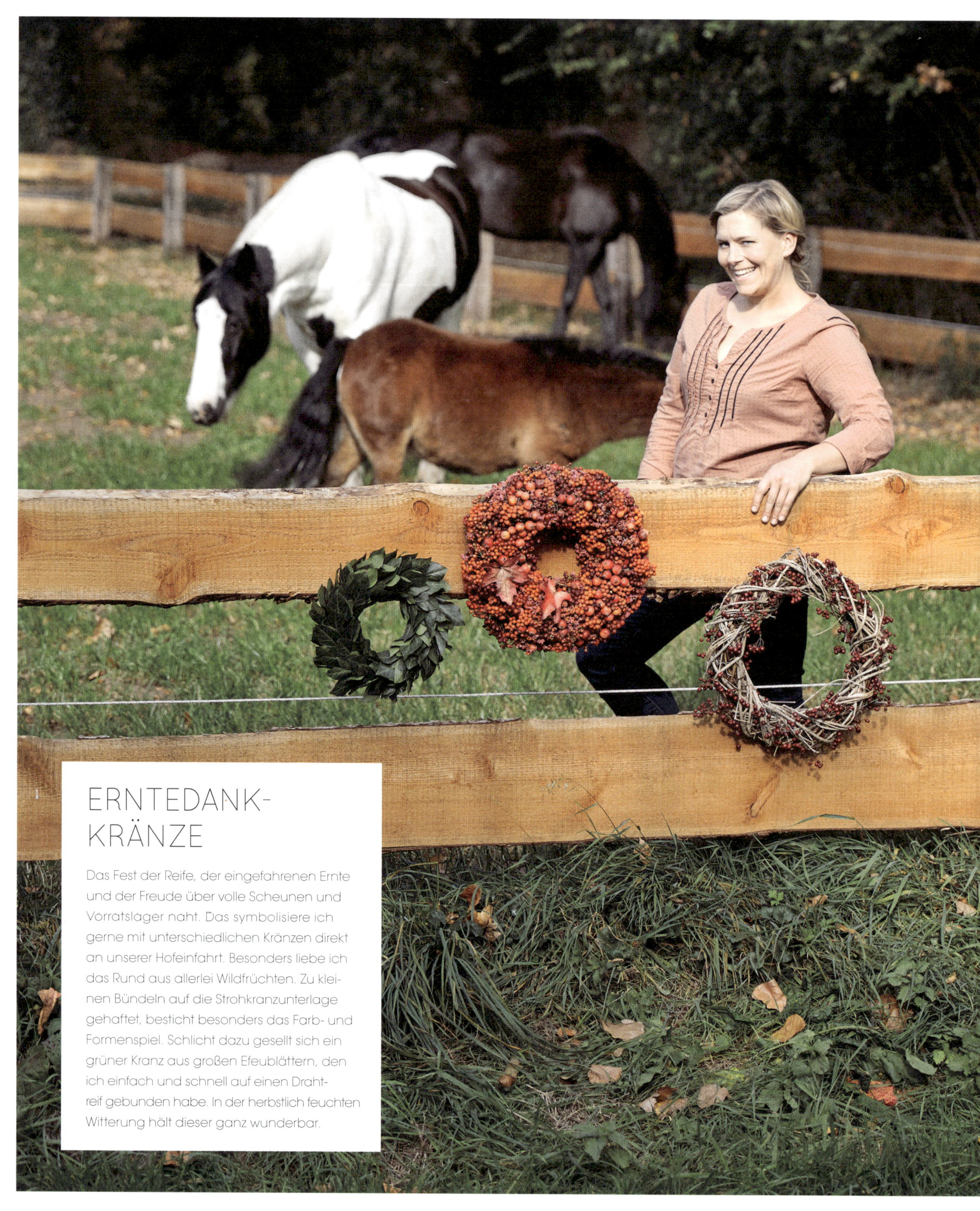

ERNTEDANK-KRÄNZE

Das Fest der Reife, der eingefahrenen Ernte und der Freude über volle Scheunen und Vorratslager naht. Das symbolisiere ich gerne mit unterschiedlichen Kränzen direkt an unserer Hofeinfahrt. Besonders liebe ich das Rund aus allerlei Wildfrüchten. Zu kleinen Bündeln auf die Strohkranzunterlage gehaftet, besticht besonders das Farb- und Formenspiel. Schlicht dazu gesellt sich ein grüner Kranz aus großen Efeublättern, den ich einfach und schnell auf einen Drahtreif gebunden habe. In der herbstlich feuchten Witterung hält dieser ganz wunderbar.

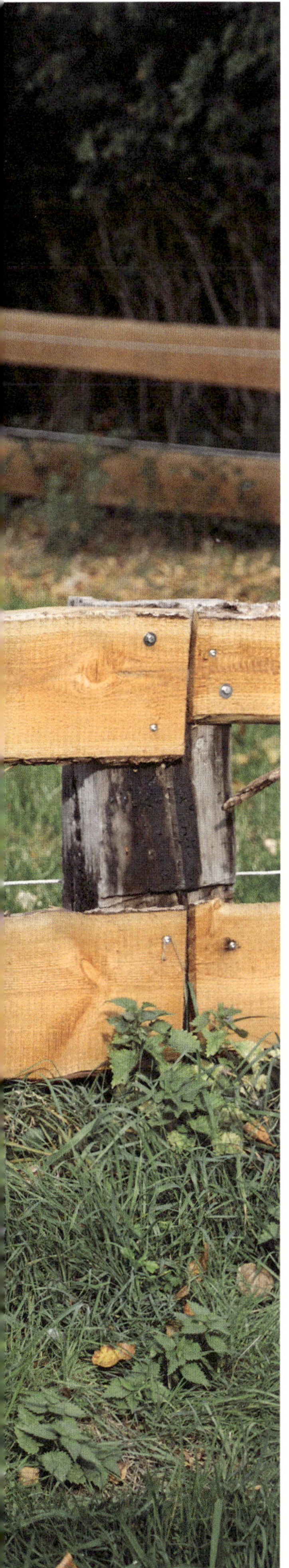

Des Weiteren fand sich in meinem Sammelsurium ein handelsüblicher Weidenkranz. Diesen habe ich blitzschnell mit ein paar Beerenzweigen herbstlich geschmückt. Die Vielfalt und das kreative Miteinander bewundern nicht nur die Nachbarn, sondern auch fremde Passanten.

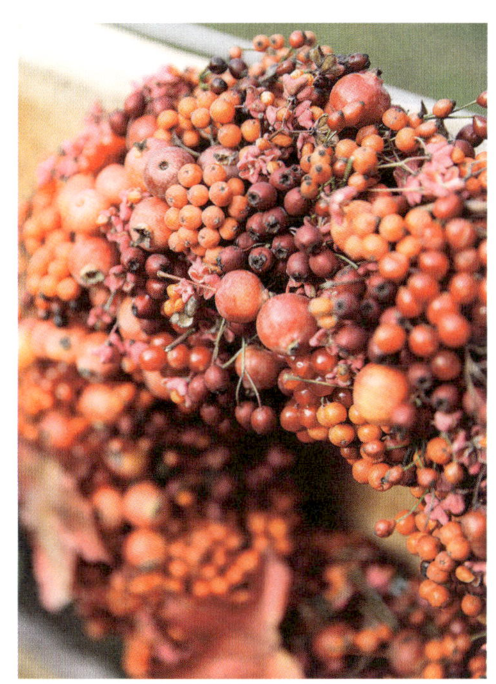

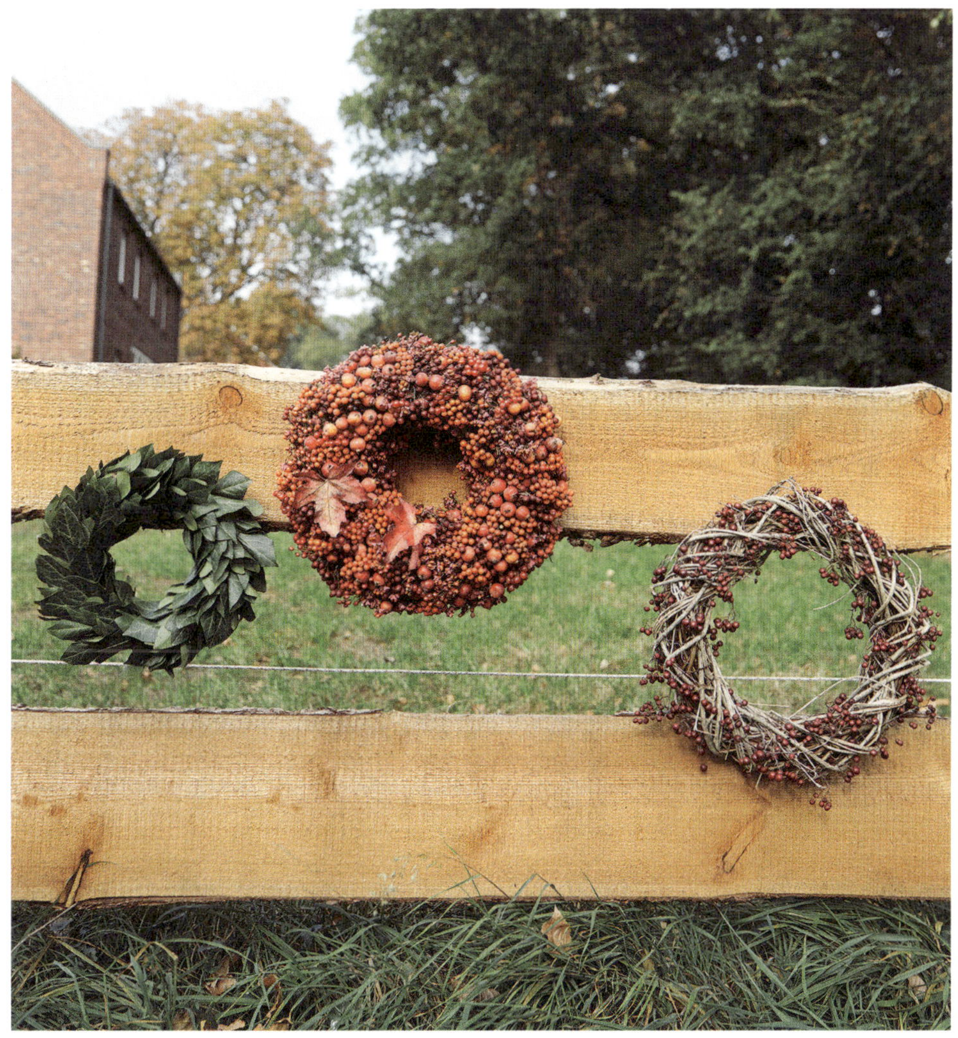

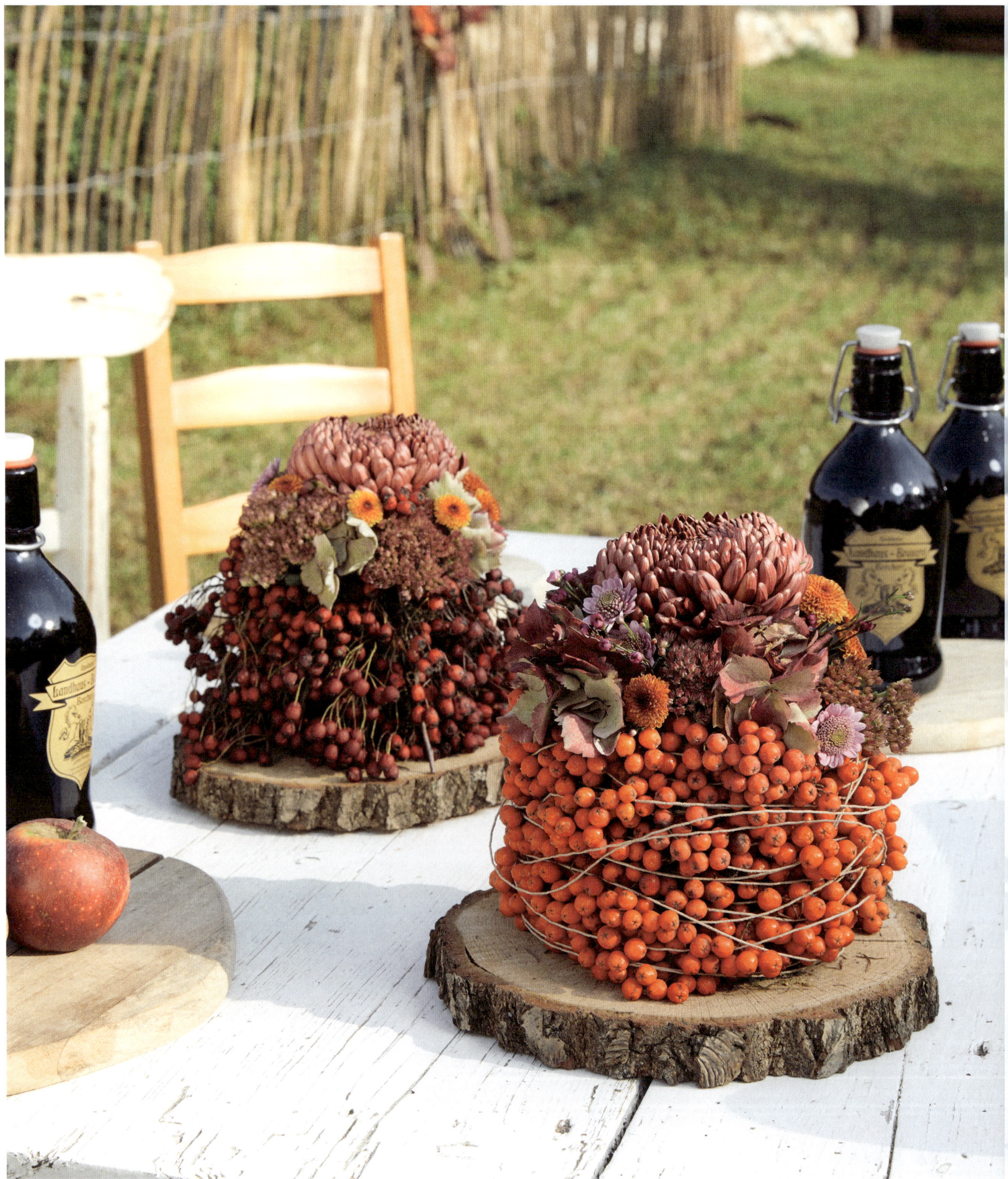

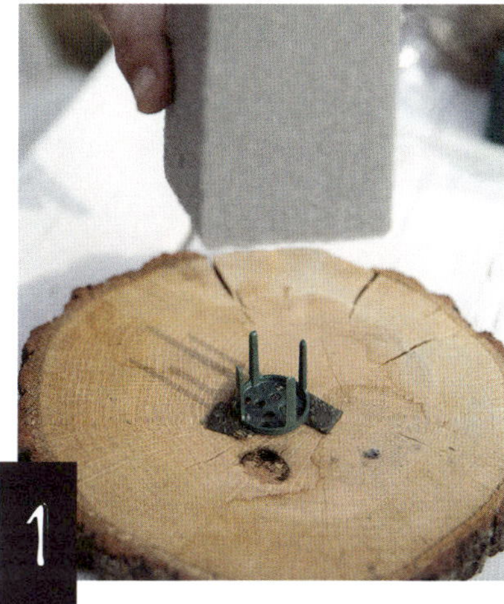

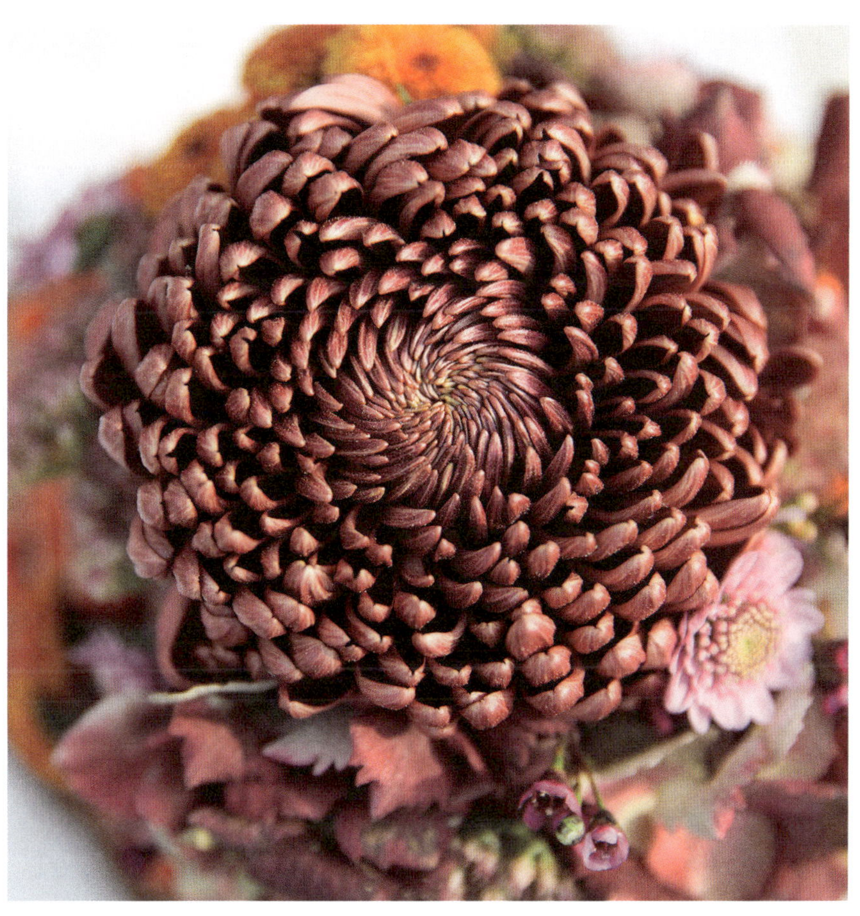

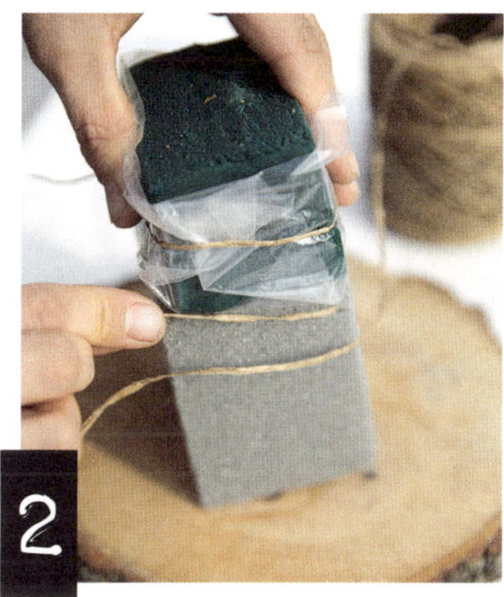

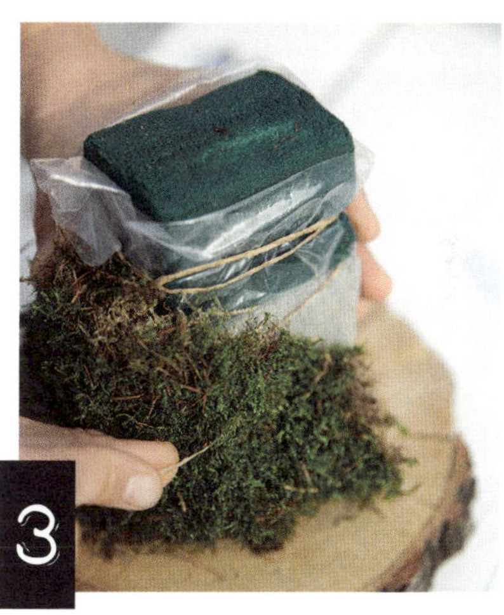

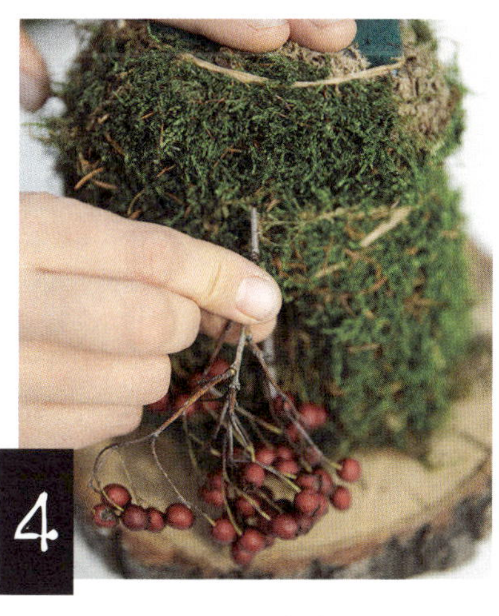

BEERIGE TISCH-DEKORATIONEN

Aus dem Vollen ließ es sich in diesem Herbst reichlich schöpfen! Bäume und Sträucher wie Ebereschen, Rotdorn, Weißdorn, Wildäpfeln waren voll des leuchtenden Beerenschmucks. Diesen setze ich nun bei meinen Tischgestecken wirkungsvoll ein. Zunächst klebe ich einen Pinholder auf eine Baumscheibe **(1)**, fixiere hierauf zunächst den Trockenblumensteckschaum-Block, setze auf diesen, getrennt durch eine Folie, einen passend großen Frischblumensteckschaum-Würfel und fixiere ihn durch mehrmaliges Umwickeln mit Bast **(2)**. Dann behafte ich den Außenbereich mit Moosplatten **(3)** und bestecke die Basis schließlich durch das Moos hindurch mit den Fruchtdolden **(4)**. Die obere, gewässerte Basis ist den bunten Herbstblühern, wie Hortensien, Chrysanthemen, Fetthenne, Astern und anderem, vorbehalten.

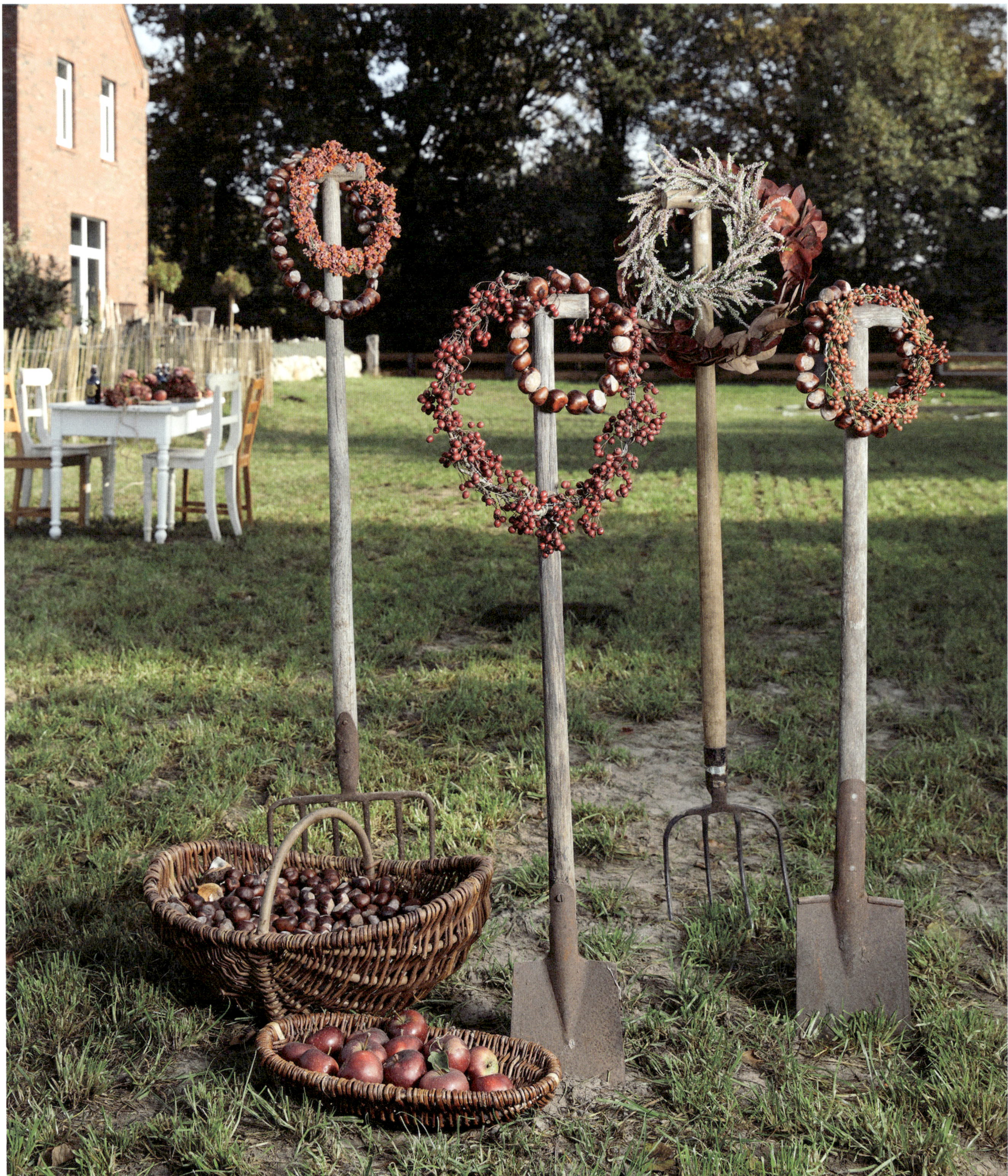

FRUCHTREIFEN AUF SPATEN

Bei dieser lustigen wie schmucken Gartendekoration zur Erntedankzeit helfen alle meine Freundinnen gerne mit. Dabei fädeln wir die Herbstfrüchte auf Drahtringe, wie die Kastanien und Eicheln, oder binden mit Wickeldraht Rotdornfrüchte, Hagebutten, Erikatriebe oder Blätter auf dünne Reifen. Das kann jeder. Und jeder macht es, so gut wie er es kann. Je mehr Ringe es sind und je unterschiedlicher sie ausfallen, desto schöner sieht es hinterher aus. Aber jedes Kränzchen besteht immer nur aus einem Werkstoff. Unsere ausgedienten Spaten und Forken haben noch einen letzten Einsatz, sie werden im Vorgarten mit diesen Schmuckringen behängt. Wenn ich dann die vorbeikommenden Menschen sehe, beobachte ich stets ein Lächeln, das ihnen der Anblick dieser Inszenierung ins Gesicht zaubert.

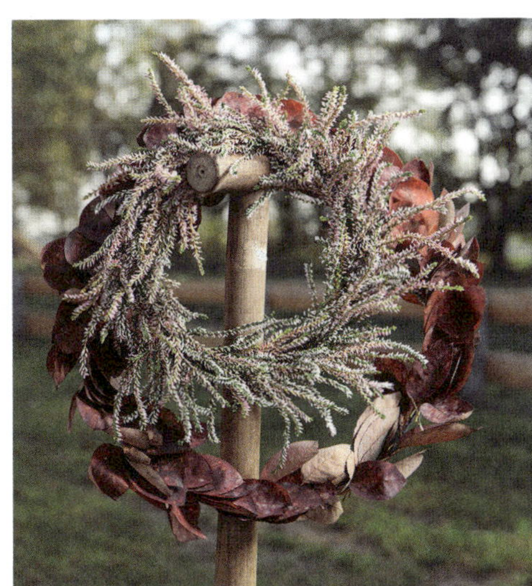

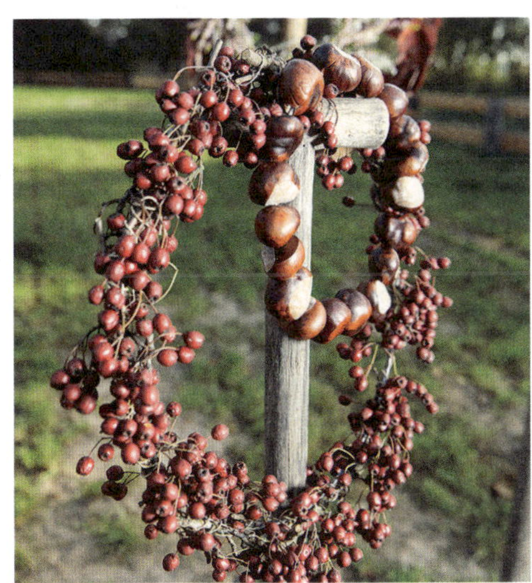

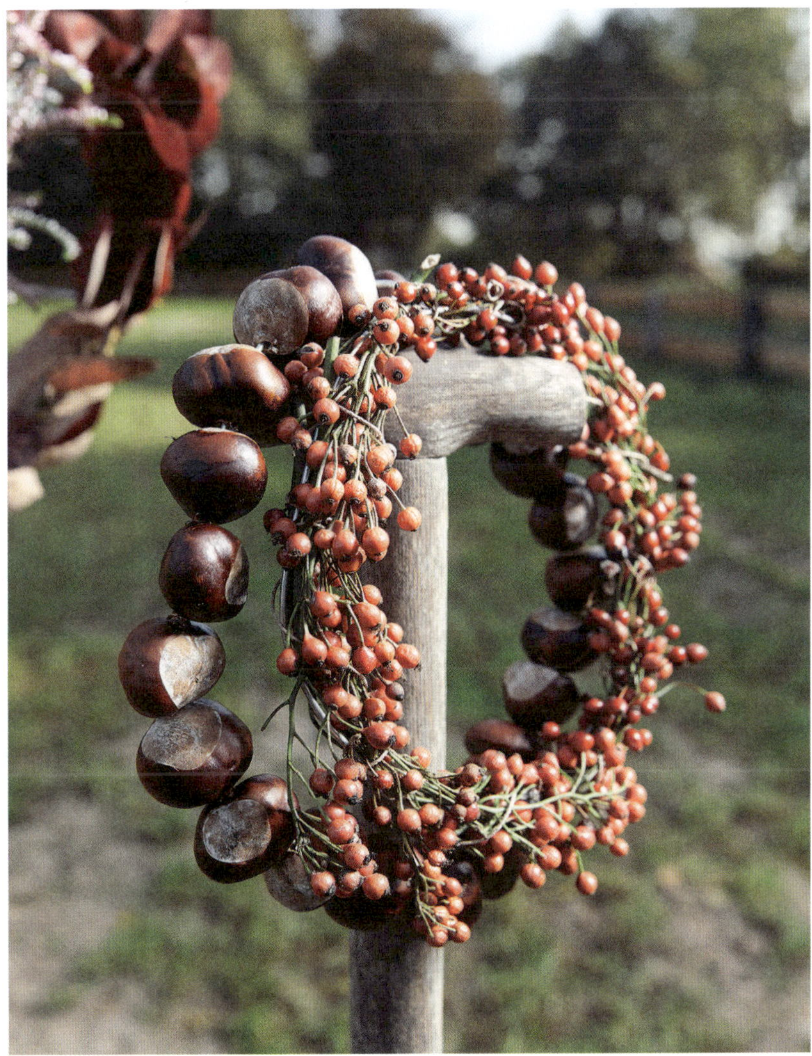

Ungestüme Leidenschaft!

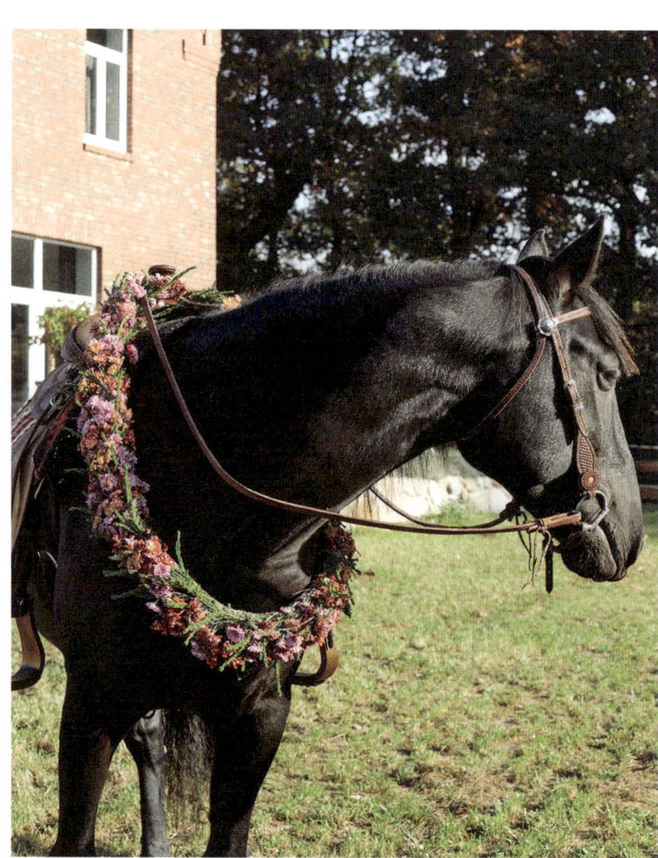

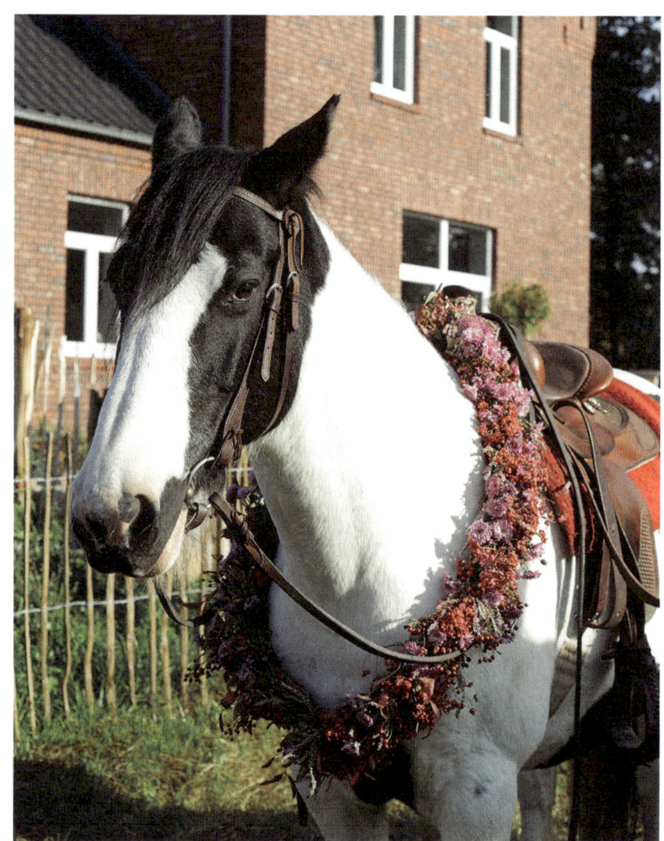

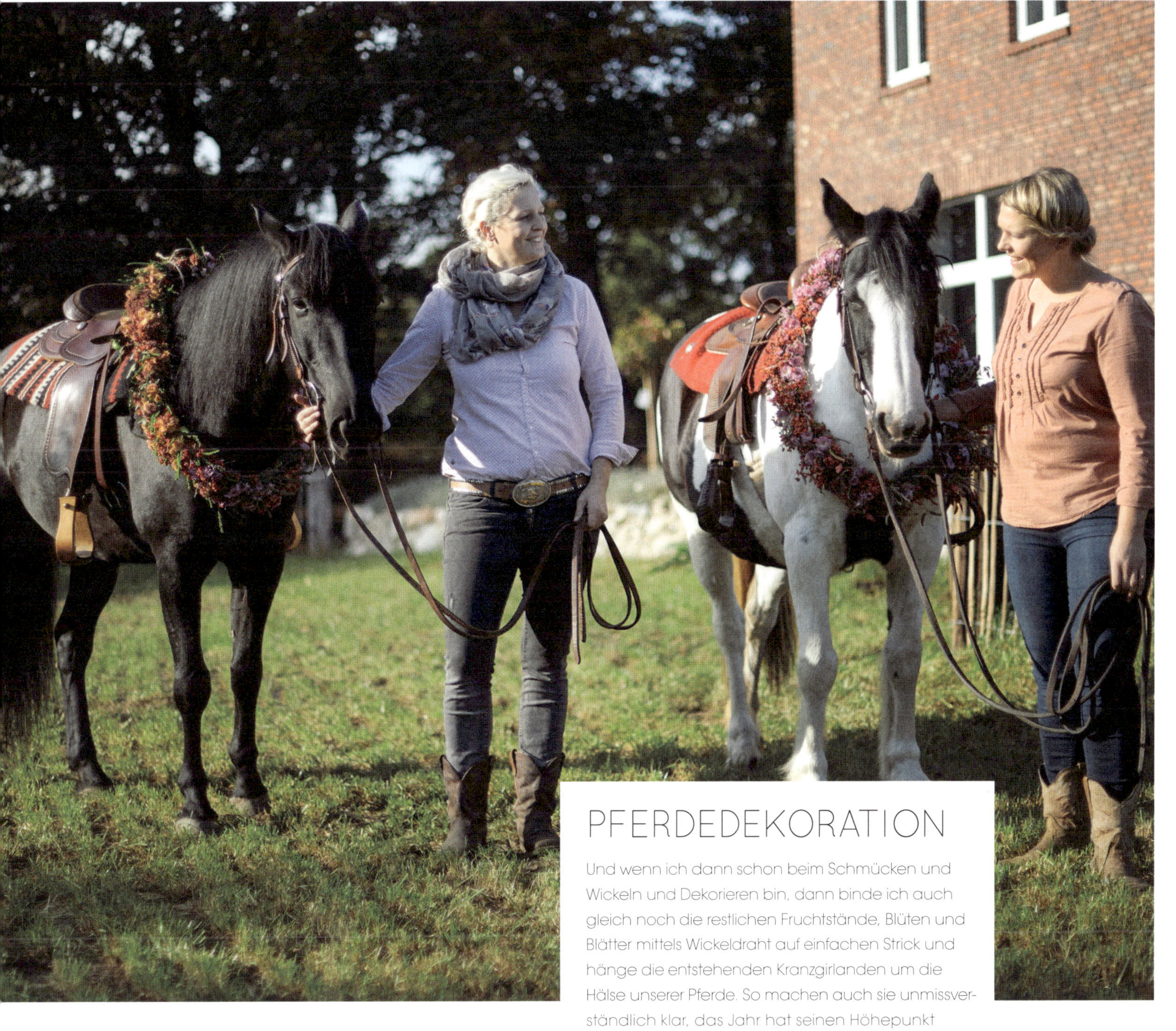

PFERDEDEKORATION

Und wenn ich dann schon beim Schmücken und Wickeln und Dekorieren bin, dann binde ich auch gleich noch die restlichen Fruchtstände, Blüten und Blätter mittels Wickeldraht auf einfachen Strick und hänge die entstehenden Kranzgirlanden um die Hälse unserer Pferde. So machen auch sie unmissverständlich klar, das Jahr hat seinen Höhepunkt erreicht, die Ernte ist reichlich gegeben und die Freude an diesem bunten Schatz ist groß. Erntedank bedeutet auch, Danke zu sagen für diese Schönheiten der Natur, die mich immer wieder aufs Neue herausfordern und beglücken. Meine Floristenseele wird wohl nie müde werden, alle Jahre wieder mit ihnen zu dekorieren. Und viele meiner Freunde und die Freunde unseres Kräuterhofes habe ich mit dieser Leidenschaft schon angesteckt.

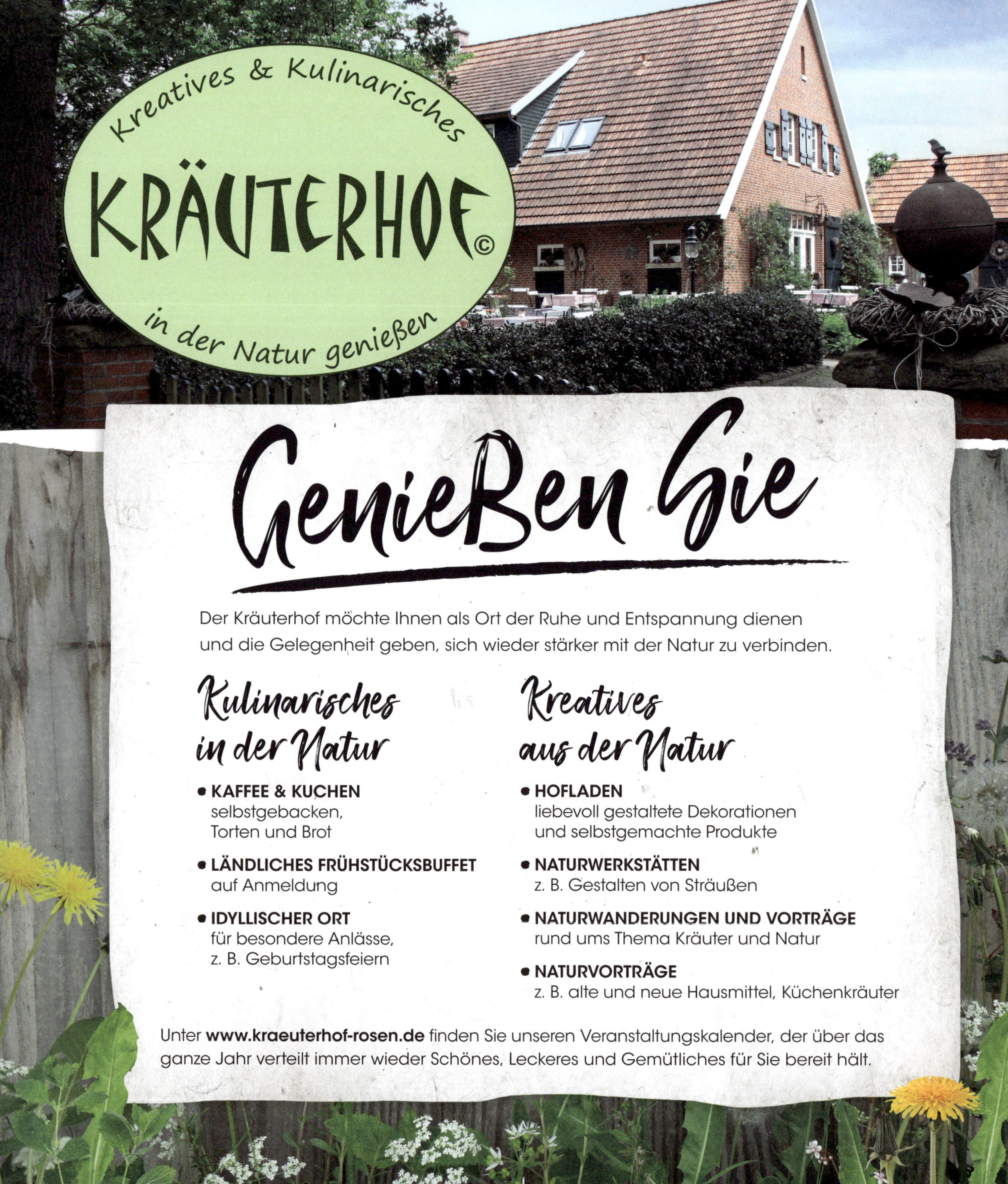
Kreatives & Kulinarisches
KRÄUTERHOF©
in der Natur genießen
Genießen Sie
Der Kräuterhof möchte Ihnen als Ort der Ruhe und Entspannung dienen und die Gelegenheit geben, sich wieder stärker mit der Natur zu verbinden.
Kulinarisches in der Natur
• KAFFEE & KUCHEN selbstgebacken, Torten und Brot
• LÄNDLICHES FRÜHSTÜCKSBUFFET auf Anmeldung
• IDYLLISCHER ORT für besondere Anlässe, z. B. Geburtstagsfeiern
Kreatives aus der Natur
• HOFLADEN liebevoll gestaltete Dekorationen und selbstgemachte Produkte
• NATURWERKSTÄTTEN z. B. Gestalten von Sträußen
• NATURWANDERUNGEN UND VORTRÄGE rund ums Thema Kräuter und Natur
• NATURVORTRÄGE z. B. alte und neue Hausmittel, Küchenkräuter
Unter www.kraeuterhof-rosen.de finden Sie unseren Veranstaltungskalender, der über das ganze Jahr verteilt immer wieder Schönes, Leckeres und Gemütliches für Sie bereit hält.

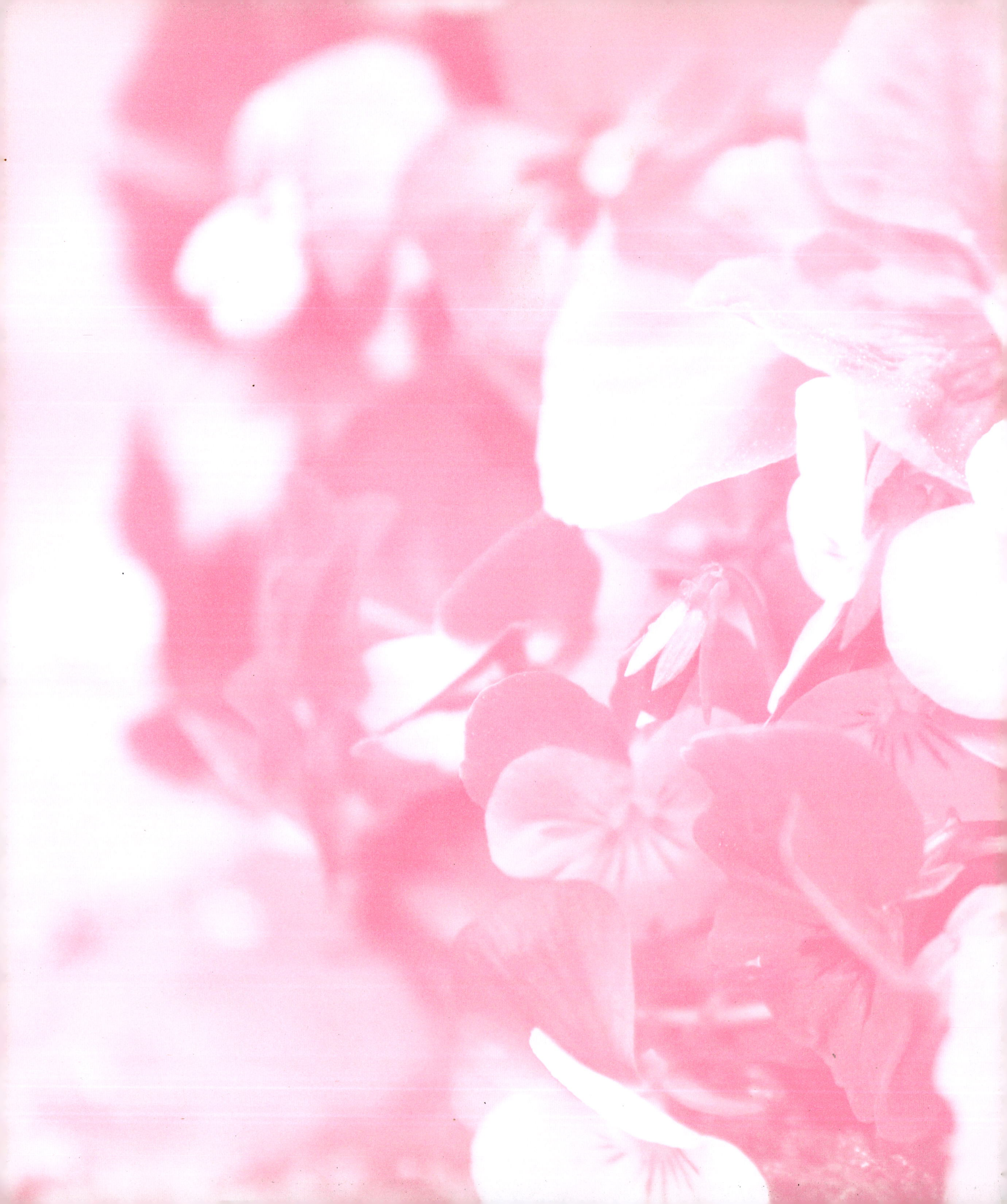